Heike Vesper ist Meeresbiologin und Direktorin des WWF Deutschland am Internationalen WWF-Zentrum für Meeresschutz, wo sie u. a. die Strategie des Ozean-Programms mit den Schwerpunkten internationale Meerespolitik, Erhaltung wichtiger Meereslebensräume, nachhaltige Fischerei sowie die Reduzierung von Plastikmüll verantwortet. Bereits 1999 trat sie dem marinen Team des WWF Deutschland bei, dort initiierte sie u. a. den Fischereimarktansatz, um nachhaltige Fischerei in europäischen Meeren zu etablieren. Heike Vesper lebt mit ihrer Familie in Hamburg.

Janina Jetten lebt und arbeitet als freiberufliche Autorin und Ghostwriterin in Hamburg. Zuvor war sie acht Jahre stellvertretende Chefredakteurin von *Petra*, *Bella* und *Mädchen*. Als Redakteurin hat sie außerdem für das TV-Format *Beckmann*, für die *Gala*, die *Hamburger Morgenpost* sowie für *TV Hören und Sehen* gearbeitet.

HEIKE VESPER

mit Janina Jetten

Wenn wir die
Meere retten,
retten wir die Welt

Wie ein nachhaltiger Umgang gelingt und
jeder Einzelne etwas bewirken kann

Rowohlt Taschenbuch Verlag

Originalausgabe

Veröffentlicht im Rowohlt Taschenbuch Verlag, Hamburg, März 2021
Copyright © 2021 by Rowohlt Verlag GmbH, Hamburg
Covergestaltung zero-media.net, München
Coverabbildung Sonja Ritter / WWF; Jacob Maentz / Getty Images
Satz aus Zenon und Cera bei Pinkuin Satz und Datentechnik, Berlin
Druck und Bindung CPI books GmbH, Leck, Germany
ISBN 978-3-499-00435-3

Die Rowohlt Verlage haben sich zu einer nachhaltigen Buchproduktion verpflichtet. Gemeinsam mit unseren Partnern und Lieferanten setzen wir uns für
eine klimaneutrale Buchproduktion ein, die den Erwerb von Klimazertifikaten
zur Kompensation des CO_2-Ausstoßes einschließt.
www.klimaneutralerverlag.de

Für
Franka und Cora

Inhalt

ÜBERFISCHUNG 78

KLIMAKRISE 134

«*Du kannst keinen Ozean überqueren, indem du einfach nur aufs Wasser starrst.*»

Rabindranath Tagore
(bengalischer Dichter)

Einleitung

Wenn wir am Strand stehen und Richtung Wasser schauen, sieht alles aus wie immer: Das Meer erscheint endlos und unveränderlich – ganz gleich, ob in St. Peter-Ording an der Nordsee, in einer idyllischen Bucht auf Mallorca am Mittelmeer oder auch weiter weg, sagen wir, auf einer Trauminsel der Malediven im Indischen Ozean.

Wir verlieren unseren Blick im unergründlichen Dunkelblau seiner Tiefen, holen erstaunt Luft, wenn wir auf einem Boot sitzend metertief auf den Grund gucken können, machen am puderzuckerfeinen Strand Fotos vom türkisfarbenen Wasser. Tauchen zaghaft unsere Zehen in eiskalte Wogen, zucken zurück, wenn der Bauch langsam nass wird, oder schmeißen uns vergnügt in sommerwarme Fluten. Wir genießen es, wenn das Meer ruhig daliegt, als wäre es ein Spiegel des Himmels – die leicht gluckernden Geräusche bringen jede Faser des Körpers zu einem friedvollen Innehalten. Oder wir schaudern beim Anblick seiner Wellen, weil wir wissen, wie kraftvoll, unaufhaltsam und zerstörerisch sie sein können.

Für die meisten Menschen hat das Meer eine Bedeutung. Sei es Erholung, sei es Lebensunterhalt, sei es Angst, sei es Freiheit.

Für mich persönlich ist es meine innere Heimat. Ich bin dort glücklicher als anderswo. Manche Menschen ziehen ihre Kraft aus dem Wald, manche fühlen sich in den Bergen zu Hause, ich ziehe meine Energie aus dem Wasser. Wenn ich meinen Blick übers Meer schweifen lasse, er ungestört bis zum Horizont wandern kann, kommt in mir ein unbeschreibliches Hochgefühl auf. Ich atme ruhiger, bewusster, kraftvoller. Ich fühle mich befreit.

Seit einigen Jahren wird diese unbändige Freude allerdings immer häufiger durch ein dumpfes, schweres Gefühl getrübt, weil ich weiß: Hier stimmt etwas nicht. Der Anblick der Wellen täuscht eine heile Welt vor, die unter der Wasseroberfläche nicht existiert. Die Realität stimmt nicht mit unseren positiven Assoziationen überein. Der Ort, der uns bei jedem Besuch Glück, Ruhe und Euphorie verschafft, wertvolle Momente, an die wir uns Jahre später noch erinnern, ist noch nie so bedroht gewesen wie jetzt. Der Ort, der uns unendlichen Reichtum durch seine Fische schenkt, wird von uns behandelt wie eine Müllkippe. Das Meer befindet sich in einer historischen Krise. Bedroht von menschgemachter Klimaerhitzung, von Übersäuerung, Plastikmüll und Überfischung.

Wir konnten uns bisher nicht vorstellen, dass wir dem Meer jemals bleibenden Schaden zufügen könnten. Wir glaubten, das Meer sei schlicht zu groß dafür. Aber dem ist nicht so. Deswegen ist es jetzt unsere Aufgabe, das Gleichgewicht wiederherzustellen.

Genau dafür kämpfe ich.

Als Meeresbiologin und leidenschaftliche Taucherin sehe ich mich als Anwältin der Meere. Mein Blick ist vor allem wissenschaftlicher Natur, aber meine persönliche Affinität für das Meer weckt meinen Beschützerinstinkt. Ich empfinde die Ozeane fragiler als andere Orte. Ist es nicht schon allein unglaublich faszinierend, sich in ein vollkommen anderes Element zu begeben, in dem wir nur kurze Zeit Besucher sein können? Wenn ich mir vorstelle, dass diese schillernde, reiche, geheimnisvolle Welt immer mehr zu einem grauen, vermüllten und leergefischten Ort wird, zerreißt es mich innerlich. Ich möchte die unglaubliche Vielfalt der Ozeane bewahren. Den Menschen zeigen, wie schützenswert die Meere sind, weil sie wiederum uns viel mehr beschützen, als wir es wahrhaben wollen.

Zu meinem Bestimmungsort ist das Meer in meiner Kindheit geworden. Geboren und aufgewachsen in Dortmund, mitten im Ruhrgebiet, sind meine Eltern mit mir und meiner Schwester Jahr für Jahr in den Sommerferien an die Ostsee gefahren. Das Meer hat damals etwas in mir ausgelöst. Ich fand es als kleines Mädchen ganz und gar unglaublich und fesselnd, dass alles Leben aus dem Meer kommt und die Ozeane der größte Lebensraum auf unserem Planeten sind. Ich nahm das Meer sogar mit nach Hause: Jahrelang träumte ich davon, unter Wasser atmen zu können. Wollte ich im Traum schnell rennen, habe ich mich mit einer Schwimmbewegung vom Boden abgehoben und schwamm los. Das fühlte sich so lebendig, so real an, dass ich immer wieder irritiert war, dass es in Wirklichkeit nicht funktionierte.

Als ich mit über 20 tauchen lernte, wurde mein Traum ansatzweise wahr. Die Bewegungen kamen mir so vertraut vor, und ich fühlte mich «angekommen». Die Schwerelosigkeit, verbunden mit dem, was ich unter Wasser sah, die Farbenpracht, die Lebewesen lösten eine ungeahnte Euphorie in mir aus, von der getragen ich durchs Wasser schwebte. Das ist bis heute so, wenn ich mal dazu komme, einen Tauchgang zu machen. Alle Sinneszellen ploppen auf, die Herzfrequenz verlangsamt sich, ich werde vollkommen ruhig. Unter Wasser zu sein, ist für mich, als käme ich nach Hause, als hätte ich ein verlorenes Puzzleteil meines Selbst wiedergefunden.

Dass es so etwas wie Meeresbiologie als wissenschaftliche Disziplin gibt, war mir als Jugendliche nicht klar. Nach meinem Realschulabschluss beschloss ich, gleich noch das Abitur zu machen. Einfach weil ich keinen blassen Schimmer hatte, was ich sonst tun sollte. An der weiterführenden Schule hatte ich das Glück, endlich Lehrer zu bekommen, die mich inspirierten, und ich begriff, was ich zuvor nicht kannte: dass Lernen Spaß machen kann und Neugierde etwas Gutes ist. Besonders Biologie hatte es mir angetan. Allein der menschliche Organismus als Wunderwerk aus 100 Billionen Zellen, die reibungslos Tag für Tag zusammenarbeiten – wie spannend war das denn?

Für meine Berufswahl maßgeblich verantwortlich war dann ein Erlebnis, das ich während einer kirchlichen Jugendreise in Schottland hatte. Ich saß an der Küste, den Blick aufs Meer gerichtet, als hinter mir ein Bus angefahren kam, aus dem eine große Gruppe junger Leute ausstieg. Sie wuselten geschäftig am Strand herum, nahmen dann etliche Wasserproben, zogen sich am Ende ihre Taucheranzüge an und sprangen ins Meer. Auf ihrem Bus stand «Meeresbiologische Abteilung der Universität Schottland». Sofort schoss mir durch den Kopf: «Ach was, so etwas gibt es? Das will ich auch machen.»

Gesagt, getan, und so bin ich fürs Studium nach Bremen gegangen. Zu der Zeit, 1991, herrschte dort Aufbruchstimmung. Neue marine Forschungsbereiche wurden ausgebaut und alles war spannend und neu: das Max-Planck-Institut für Marine Mikrobiologie, das Leibniz-Zentrum für Marine Tropenforschung, das Alfred-Wegener-Institut, Helmholtz-Zentrum für Polar- und Meeresforschung. Ich habe mein Studium genossen. Für meine Abschlussarbeit reiste ich nach Akaba in Jordanien, um dort etwas über die Ökologie von Korallenriffen zu lernen. Dafür durfte ich tauchen – und zwar nicht nur tagsüber, sondern auch mitten in der Nacht, weil das Plankton nachaktiv ist und nur dann wandert.

Meinen ersten Nachttauchgang werde ich nie vergessen. Es war so unfassbar dunkel: Die wissenschaftliche Station in Akaba liegt fernab der Lichter der Stadt, und außerdem war Neumond. Als ich bis zu den Knien im Wasser stand, konnte ich meine Füße schon nicht mehr sehen. Ich hatte ganz schön Angst, aber kneifen ging natürlich nicht. Wir sind zu zweit getaucht, und als ich meine Lampe angestellt hatte, war das Allererste, was ich sah, ein knapp drei Meter langer Tiefseefisch, das Licht reflektierend wie ein Spiegel, mit unglaublich langen und spitzen Zähnen. Vor lauter Schreck habe ich die Lampe sofort wieder ausgeschaltet. Gleich drauf aber wieder an, denn einen solchen Fisch wollte ich doch lieber nicht aus den Augen verlieren. Wiedergesehen habe ich ihn allerdings nicht. Dieser Tauchgang auf knapp zehn Meter Tiefe dauerte keine 20 Minuten, denn dann hatte ich meine 20-Liter-Sauerstoffflasche, die sonst etwa eine Stunde hält, schon leer geatmet. Ich war einfach wahnsinnig aufgeregt, permanent habe ich nach diesem Tiefseefisch Ausschau gehalten und bin meinem Tauchbuddy so auf die Pelle gerückt, dass der sich kaum noch bewegen konnte. Aber das blühende Riff in der Nacht gesehen zu haben, wenn die Korallen ihre Tentakel ausfahren, ist bis heute unvergesslich.

Ganz «nebenbei» ist aus diesem beeindruckenden, intensiven Erlebnis auch noch die Partnerschaft meines Lebens hervorgegangen: Meinen Tauchbuddy habe ich später geheiratet, wir sind inzwischen seit über 20 Jahren ein Paar und haben zwei Kinder miteinander. Viele Dinge verbinden uns – aber die Liebe zum Meer und das Engagement für den Schutz der Ozeane ist eines der stärksten Bänder, die wir zueinander haben.

Bei den Tauchgängen konnte ich allerdings auch das erste Mal mit eigenen Augen sehen, welche unmittelbaren Auswirkungen es haben kann, wenn etwas ins Meer gespült wird, was dort nicht hineingehört. Im Golf von Akaba ist das nördlichste Korallenriff der Welt angesiedelt. Akaba ist Jordaniens einziger Seehafen, und neben Tourismus ist der Export von Phosphatdünger ein wichtiger Wirtschaftszweig. Der Phosphatstaub, der beim Beladen der Schiffe entweicht, gelangt am Ende ins Meer und ließ mit der Zeit den Algenwuchs in der Bucht stark ansteigen. Während meiner Tauchgänge bei Tag konnte ich sehen, wie ein Teil der Korallenriffe unter dem Algenbewuchs regelrecht begraben wurde. Korallen brauchen aber Licht und klares Wasser, um überleben zu können. Mittlerweile steht das Riff unter Naturschutz.

1999, als ich meine Diplomarbeit schrieb, war aktiver Umweltschutz kein Thema für die Massen – doch schon damals häuften sich die Nachrichten über Missstände und Ungleichgewichte, verursacht durch uns Menschen. Wer hinsah und zuhörte, konnte mehr als genug davon mitbekommen, was bereits alles schiefflief. Für mich stand daher nach meinem Abschluss fest, dass meine Arbeit mit etwas Sinnvollem verbunden sein sollte, etwas, das einen Beitrag leistet, mit dem ich direkt etwas zum Besseren würde ändern können. Ich wollte mein Wissen dafür nutzen, Missstände abzustellen und anderen Zugang zu Informationen darüber zu verschaffen. Diese hehren Ziele hatten natürlich viele meiner Mitstudierenden – allein, es ist nicht einfach, auch wirklich einen der wenigen Jobs zu ergattern, die diese Ansprüche erfüllen.

Ich hatte einfach Glück. Gegen Ende des Studiums hatte ich den Vortrag eines WWF-Mitarbeiters an der Universität besucht, in dem er erzählte, wie eine Naturschutzorganisation arbeitet, welche Schwerpunkte der World Wide Fund For Nature hat und wie die Arbeit im Alltag konkret aussieht. Davon schwärmte ich einer Freundin vor, und sie erzählte mir, dass gerade eine Praktikumsstelle zum Thema Fischerei beim WWF ausgeschrieben sei. Ich bewarb mich sofort, konnte im Gespräch überzeugen und fing direkt nach Abgabe meiner Diplomarbeit als Praktikantin in der Zweigstelle Bremen im Fachbereich Meere und Küsten an. Bisher hatte sich der WWF vor allem intensiv für die Erhaltung des Wattenmeers eingesetzt, und das immerhin seit 1977. Die Arbeit zu einer umweltverträglichen Fischerei in Europas Meeren war jedoch ein neues Themenfeld, und wir mussten uns erst einmal in die Materie einarbeiten: Es ging um Überfischung, die Zerstörung der Lebensräume und den Beifang in der Nordsee.

Wir stellten uns genau zum richtigen Zeitpunkt auf, zum einen, weil die Probleme überhandnahmen und zum anderen, weil eine Reform der ersten gemeinsamen EU-Gesetzgebung in der Fischereipolitik aus den 1980er Jahren anlag – ein guter Zeitpunkt, um Verbesserungen der Gesetzentwürfe zu diskutieren. Meine Aufgabe und die meiner Kollegen war (und ist) es, auf die Missstände im Meer aufmerksam zu machen. Wir gucken uns die Gesetze an, die den Eingriff der Menschen ins Meer regeln, und versuchen zu intervenieren, wo wir ein Ungleichgewicht zulasten der Natur sehen. Wir überlegen uns, wie es eigentlich reguliert sein müsste, und nutzen Forschungsberichte von unabhängigen Wissenschaftlern, um weiter aufzuklären, damit die Schädigung der Ökosysteme gestoppt wird. Unser Credo dabei: konstruktive Lösungsvorschläge zu machen. Drastische Totalverbots-Forderungen müssen in Einzelfällen sein, haben aber auch zur Folge, dass sie als unrealistisch abgetan werden. Wir wollen unsere Forderungen gemeinsam mit *allen* Beteiligten, also der Politik, der Industrie, den Fischereibetrieben und auch den Supermärkten, umsetzen.

Dazu gehört es, der Öffentlichkeit all unser Wissen zur Verfügung zu stellen, damit diese Missstände bekannt werden. Jeder Mensch sollte wissen, wie es um die Meere steht.

Auf der Suche nach Blauwalen in Chile.

Aus meinem Praktikum wurde eine Festanstellung, und mittlerweile arbeite ich seit 20 Jahren für den WWF. Ich bin stolz auf das, was wir gemeinsam in dieser Zeit erreicht haben. Und dennoch: Auf das Große und Ganze gesehen, ist es leider noch zu wenig. Bei meiner täglichen Arbeit stoße ich immer wieder an Grenzen, wo längst keine mehr sein dürften. Dabei sitze ich ja schon an Stellen, an denen der «normale» Bürger nicht sitzt. Ich komme mit unendlich vielen Vertretern aus Wissenschaft, Wirtschaft und der Politik zusammen, gebe gebetsmühlenartig wieder, was getan werden muss – und komme doch nur in Millimeterschritten voran.

Eine Situation ist mir in diesem Zusammenhang besonders im Gedächtnis geblieben, sie veranschaulicht gut, was ich meine. Kurzzeitig war ich sogar so frustriert, dass ich gedacht habe: «Okay, Zeit, etwas anderes zu machen.» Als ich angefangen habe beim WWF zu arbeiten, gehörte es zu meiner Aufgabe, mit dem Landwirtschaftsministerium, das auch die Fischerei regelt, über Maßnahmen für eine umweltverträgliche Fischerei zu sprechen. Als ich in eine leitende Position aufrückte, übernahmen andere Referenten diese Aufgabe. Vor drei Jahren ergab es sich, dass ich mal wieder an einem dieser Gesprächstermine beim Landwirtschaftsministerium teilnahm. Der Zufall wollte es, dass ich genau demselben Ministeriumsmitarbeiter gegenübersaß wie vor 17 Jahren. Im Laufe des Gesprächs haben wir tatsächlich dieselben Argumente ausgetauscht wie die vielen Jahre zuvor – denn wie sich herausstellte, hatte sich in der Zwischenzeit kaum etwas getan. Dieselben Argumente und Gegenargumente wie vor 17 Jahren! Wir guckten einander etwas befremdet an – uns beiden war, glaube ich, bewusst, wie unmöglich die Situation war, und ich dachte: «Das ist doch eine Farce, was wir hier machen. Ich kann doch nicht fast zwei Jahrzehnte lang über die ewig gleichen Notwendigkeiten diskutieren! Wirkungslos!»

De facto wissen wir also seit Jahrzehnten, dass sich das Meer verändert, mittlerweile und in Zukunft sogar dramatisch – aber wir tun zu wenig, um diese Entwicklung aufzuhalten.

Wir wissen, dass die Ressourcen nicht unendlich zur Verfügung stehen, wenn wir weiter so leben und wirtschaften wie bisher. Aber dennoch tun wir es.

Bei all den halbherzigen Beschlüssen, die auf politischen Konferenzen gefasst wurden, bei all den Erfahrungen, die ich gemacht habe, kann ich es nicht anders sagen: Die Weltgemeinschaft hat sich dazu entschlossen, die brachialen Einschnitte in das Ökosystem Meer durch Überfischung, Verschmutzung und Erhitzung zu akzeptieren und die Katastrophe geschehen zu lassen.

30 Prozent aller kommerziell genutzten Fischarten sind massiv überfischt, 60 Prozent befinden sich am Rande des Tragbaren – doch

wir denken nur an das mit ausreichend Fisch gefüllte Eisfach im Supermarkt. Wichtige Lebensräume wie Mangroven, Seegraswiesen, Salzmarschen, die so vielen Meerestieren als Kinderstube dienen und mittlerweile bekannt sind als Kohlenstoffbinder, sind bis zu 50 Prozent zurückgegangen – wir aber bebauen weiter die Küsten und befischen sensible Lebensräume, die das nicht vertragen. Pro Stunde landen bis zu 400 Tonnen Plastikmüll im Ozean, und dennoch soll die Plastikproduktion, so die Hersteller, in den nächsten Jahren noch gesteigert werden – allen Protesten und No-Plastic-Initiativen zum Trotz. Korallenriffe, in denen zahllose Fischarten und Schalentiere groß werden, sterben, weil die Meere zu warm werden, versauern und sich dadurch die Kalkskelette auflösen. Vor vier Jahren ist durch eine Hitzewelle im Meer fast die Hälfte des Great Barrier Reefs abgestorben, das größte von lebenden Organismen errichtete Bauwerk der Erde – und wir widmen dem Thema gerade mal zwei, drei Tage in den Nachrichten. Es gibt mittlerweile zahlreiche große Gebiete im Meer, die völlig frei von Sauerstoff sind, sogenannte Todeszonen. Sie breiten sich immer weiter aus und sind ein beängstigendes Symptom dafür, wie schlecht es dem Meer geht. Eine der größten existiert übrigens in der Ostsee, gar nicht so weit weg. Aber diese Todeszonen befinden sich ja irgendwo da unten im tiefen Wasser – wir sehen sie nicht …

Wäre das Meer ein Mensch, müsste es dringend ins Krankenhaus, und zwar auf die Intensivstation, weil alle Organe schwer angegriffen sind. Wie lange der Patient noch durchhält? Schwer zu sagen.

Ich werde oft gefragt, wann der Point of no Return wohl erreicht sein wird. Diese Frage ist allerdings sehr schwer zu beantworten, weil es so ein komplexes System ist. Wie wenig Fisch kann das Meer vertragen? Wie viele abgestorbene Korallenriffe kann es verkraften? Wie warm darf das Wasser werden? Im Meer hängt alles miteinander zusammen – allein schon durch die Strömungen: Unter Wasser ist alles in Bewegung, die Fische wandern, sind mobil. Man kann den Punkt, an dem es kein Zurück mehr gibt, wissenschaftlich nicht berechnen.

Eine einfache visuelle Übersetzung für dieses Phänomen ist «Jenga»,

Ein philippinischer Kleinfischer hat Fangglück gehabt. Vom Verkauf eines solchen Gelbflossenthunfischs kann er eine knappe Woche leben.

ein Gesellschaftsspiel, bei dem Holzstäbe zu einem Turm aufgebaut werden und man versuchen muss, so viele Hölzer herauszuziehen wie möglich, ohne dass der Turm zusammenbricht. Das ist genau das, was wir mit dem Meer tun: Mit jedem Eingriff in die Natur schieben wir ein Stäbchen aus dem Turm raus. Das kann lange gutgehen. Doch nur ein Stäbchen zu viel – und das Konstrukt bricht zusammen. Welches Stäbchen es ist, das den Zusammensturz verursachen wird, wissen wir nicht. Aber eines ist klar: Stürzt der Turm ein, ist das unaufhaltsam.

Es wäre verheerend, wenn das Jenga-Türmchen, Edition Weltmeere, tatsächlich umfällt. Denn wir sind mit dem Meer verbunden, mehr noch, wir sind von ihm abhängig. Das Meer ist das Lebenserhaltungssystem unserer Erde: Es liefert die Hälfte allen Sauerstoffs zum Atmen, es reguliert das Klima und damit das Wetter. Die Ozeane haben bisher 90 Prozent des menschenverursachten Temperaturanstiegs aufgefangen und so die Erderhitzung gebremst. Außerdem sind sie ein wichtiger Wirtschafts- und Ernährungsfaktor: Eine Milliarde Menschen sind abhängig vom Fischfang. Entweder, weil sie durch Fischerei ihren

Lebensunterhalt verdienen, oder, weil der gefangene Fisch ihre Haupt-nahrungsquelle ist.

Wir sind also dabei, ein System zu zerstören, auf das wir existenziell angewiesen sind – es wird höchste Zeit, dass wir es retten. Das ist unsere Verantwortung. Aufzugeben, auch wenn die Lage noch so erdrückend ist, gilt nicht. Meine Grundhaltung ist es schon immer gewesen, dranzubleiben. Denn wer aufgibt, hat schon verloren.

«Erderwärmung» klingt zu kuschelig

Die Psychologie der Sprache im Umweltschutz

Wie ich die Menschen erreiche, ist eine der Hauptfragen meiner Arbeit. Sprache spielt dabei eine wichtige Rolle. Wie benenne ich die Probleme? Wie dringen die Worte durch? Der Vortrag von Elisabeth Wehling, einer deutschen Sprach- und Kognitionsforscherin an der US-amerikanischen Universität Berkeley, den sie bei einem Sommerempfang des WWFs hielt, war in diesem Zusammenhang sehr aufschlussreich. Sie erzählte vom Konzept des sogenannten Framings. Ein Frame ist ein Deutungsrahmen, den Wörter bei uns auslösen. Wer zum Beispiel Ingwer hört, assoziiert damit ganz selbstverständlich auch eine Reihe anderer Begriffe wie «gelb», «asiatisch», «Knolle», «scharf», «gesund» oder «Erkältung». Das Gehirn verknüpft darüber hinaus alle Begriffe aufgrund seiner Erfahrungen mit positiven oder negativen Konnotationen. Das Spannende daran ist: Das passiert meist unbewusst. Unglaubliche 98 Prozent unseres Denkens, so erklärte es uns Elisabeth Wehling, unterliegen unbewussten Prozessen. Die meisten unserer sozialen, ökonomischen oder politischen Entscheidungen treffen wir also unbewusst auf der Basis dieser sinngebenden Frames – und gerade mal erschreckende zwei Prozent basierend auf Fakten oder rationalen Erwägungen.

Das Wissen um die Funktionsweise von Framing machen sich Menschen oft zunutze, um eine Botschaft in ihrem Sinne auszulegen – unter Politikern ist das zum Beispiel weit verbreitet.

Auch in der Debatte um das Klima findet Framing statt, indem Wörter verwendet werden, die stark verharmlosend wirken. **Erderwärmung** ist so ein Wort. Erde, Wärme – mit diesen beiden Wörtern assoziiert unser Gehirn mehrheitlich positive Dinge. Bei Wärme fühlen wir uns wohl, uns wird heimelig zumute. Wer friert schon gern? Dieses Wort löst also ganz tief in uns positive Emotionen aus, sodass die Fakten, die hinter dem Wort stecken, nicht mehr ankommen, weil unser Gehirn sich bereits im Wollsocken-Sofamodus befindet. Würde man stattdessen von Überhitzung sprechen, werden völlig andere Assoziationen ausgelöst – und zwar keine so gemütlichen: Trockenheit kommt einem da womöglich in den Sinn, Fieber, Schwindel, Kraftlosigkeit oder Durst.

Eine Fehlbesetzung in der Debatte ist auch das Wort **Klimawandel**. Es rückt die Probleme, die wir bereits haben und noch bekommen werden, in weite Ferne. Denn Wandel kann ja auch positiv sein, oder? Außerdem suggeriert der Begriff einen natürlichen Prozess, den es seit Millionen von Jahren auf der Erde gibt. Er ist passiv und entpolitisierend. Was also sollte ich als Einzelne / als Politiker / als Industrie schon groß ausrichten können? Der Wandel passiert ja so oder so.

Richtig geärgert habe ich mich von Anfang an – natürlich – über das Wort **Klimahysterie**. Es ist zu Recht zum Unwort des Jahres 2019 gewählt worden, weil mit der Nutzung des Wortes Klimaschutzbewegungen oder -aktivisten diffamiert würden, so die Begründung der Jury. Und es stimmt ja auch, impliziert das Wort schließlich, dass man «hysterisch» sei, also unbeherrscht, irrational, übertrieben aggressiv ... Alle (guten oder schlechten) Argumente können mit der Verwendung des Wortes mit einem Schlag abgetan werden.

Insgesamt reden wir zu positiv über das Negative – Elisabeth Wehling sprach mir an diesem Tag jedenfalls aus der Seele. Begriffe wie Klimaschutz, -erwärmung oder -wandel sind angesichts der Fakten nicht klar genug. Unsere Sprache muss den Ernst der Lage zum Ausdruck bringen. Formulierungen wie «Klimakrise» oder «Klimakatastrophe» drücken viel eher aus, was uns Tausende von seriösen Wissenschaftlern vorhersagen. Sie verdeutlichen die Dringlichkeit des Problems. Seitdem haben wir uns beim WWF darauf verständigt, eindeutig in unserer Sprache zu sein: Wann immer wir uns dazu äußern, sprechen wir von Erderhitzung und Klimakrise. Mittlerweile werden diese eindeutigen Begriffe auch in den Medien häufiger genannt.

Erwähnenswert, weil es so einleuchtend darstellt, wie Sprache funktioniert, finde ich übrigens auch folgendes Zitat von Elisabeth Wehling: «Ich sage ja auch nicht, wenn ich mir anschaue, wie ein Eisbär vor 20 Jahren gelebt hat und wie es ihm heute geht: ‹Das Leben des Eisbären hat sich gewandelt›, sondern ich würde sagen: ‹Dem Eisbären geht es heute sehr viel schlechter.›»[1]

Ich bin mir sicher: Noch können wir es schaffen. Noch können wir die Ozeane retten. Das Meer hat immense Selbstheilungskräfte, es ist bemerkenswert anpassungsfähig. Mit umfassendem Klimaschutz und einer gesunden Nutzung würden wir den einzigartigen Lebensräumen der Meere und Küsten die Chance geben, sich zu erholen. So wie die Phoenix-Inseln in der Mitte des Pazifischen Ozeans: 2002 wurden die Korallenriffe dieser Inseln vom El Niño heimgesucht, ein klimatisches Phänomen, das ungewöhnliche Wetterbedingungen schafft wie zu warme Meeresströmungen, anhaltende Dürren oder extreme Niederschläge und Orkane. Drei Viertel der Korallenriffe wurden durch den El Niño zerstört. 2006 richtete man ein Schutzgebiet für die Riffe ein, niemand durfte in diesem Bereich fischen. Und siehe da: 2015 hatten sich bereits über die Hälfte der Riffe erholt.

Oder die Buckelwale. In den siebziger Jahren galten alle Populationen als bedroht, weil die Zahl der Tiere durch den kommerziellen Walfang stark zurückgegangen war. Man einigte sich darauf, die Wale weltweit zu schonen, damit sich die Bestände erholen können. Inzwischen schätzt man den Bestand wieder auf 115 000 Tiere[2] – eine echte ökologische Erfolgsgeschichte, zumindest für den Buckelwal, denn andere Walarten erholen sich trotz Schutzmaßnahmen lange nicht so gut.

Solche positiven Beispiele motivieren mich und zeigen mir, dass es sich lohnt zu kämpfen.

Was es bewirkt, wenn wir gemeinsam handeln, kann man beim Thema Plastikmüll sehen. Als vor wenigen Jahren aufgedeckt wurde, wie viel Plastik im Meer landet, ging ein Aufschrei durch Europa. Durch unzählige Dokumentationen im Fernsehen, Radio, in den Zeitungen und im Internet wurde sichtbar, was mit unserem Müll passiert: dass er nämlich selbst durch ordentliches Wegschmeißen nicht verschwunden ist. Durch diese Sichtbarkeit und den Einsatz und Protest vieler Menschen ist eine Lawine losgetreten worden, wie ich es in 20 Jahren Umweltschutz noch nicht erlebt hatte: Die deutsche Regierung nahm die Plastikvermüllung 2015 auf die Agenda des G7-Gipfels, es erschienen Bücher zum Thema, eine Zero-Waste-Bewegung setzte ein. Innerhalb einer Rekordzeit wurde ein EU-Gesetz erlassen, das bestimmtes, leicht ersetzbares Einwegplastik verbietet. So geht es also auch. Nun muss «nur noch» die plastikproduzierende Industrie mitspielen …

Zu sehen, was in so kurzer Zeit für die Umwelt erreicht werden kann, ist für meine Arbeit als Umweltschützerin ein riesiger Motivationsschub gewesen.

Gleichzeitig offenbart die Anti-Plastik-Bewegung einen menschlichen Schwachpunkt: Wir sind darauf gepolt, nur das als Problem anzuerkennen, was wir mit eigenen Augen sehen können bzw. am eigenen Leib verspüren. So wie im Fall der Plastikvermüllung: Über diese können wir nicht einfach hinwegsehen. Doch das, was wir unseren Meeren sonst antun (und was nicht weniger problematisch ist), ist in unseren Breiten (noch) zu wenig sichtbar. Ich habe schon unzählige Diskussio-

Korallen sterben, wenn sie von Plastik bedeckt werden.

nen mit meinen Kollegen darüber geführt, wie wir es schaffen, die Probleme sichtbarer zu machen, erlebbar, fühlbar, damit wir aus unserer Komfortzone kommen und anfangen zu handeln – bevor uns die Konsequenzen zu hart treffen.

Wie einfach wäre es, wenn wir alle eine Mülltonne für CO_2 zu Hause hätten, an der wir unmittelbar sehen könnten, wie viel CO_2 wir durch die Art und Weise, wie wir leben, täglich produzieren. Da das leider nicht der Fall ist, sehen wir keine Verbindung zwischen unserem Kurzstreckenflug ins schöne Wochenende und der Klimakrise. «So ein Flug lässt doch nicht gleich das Wetter wärmer werden», denken wir. Was uns fehlt, ist der unmittelbare Effekt, den wir durch unser Handeln auslösen. Natürlich finden wir es schlimm, wenn der Regenwald am Amazonas oder die Wälder Australiens brennen – aber der Funke kam ja nicht direkt von uns. Beim Meer ist es ganz genauso: Wir sehen nicht, wie massiv die Probleme sind, die wir durch unser Verhalten verursachen. Aber mit unseren Taten verändern wir es, auch wenn wir es gar nicht beabsichtigen. Unsere CO_2-Emissionen in Europa verursachen auch die Ozeanversauerung in der Karibik. Shrimps, die wir essen, kommen aus Aquakulturen in Asien, die wiederum Einfluss auf die dortigen Mangrovenwälder, Korallenriffe und lokalen Lebensgrundlagen haben. Wie wir hier leben, ist auf der anderen Seite des Globus sehr wohl spürbar. Und es wird früher oder später auch bei uns spürbar werden.

Unsere Erde wird heißer, das Eis der Gletscher und Polkappen schmilzt, der Meeresspiegel steigt an, das Wetter verändert sich, es gibt mehr Stürme und Starkregen, aber auch mehr Dürren und Waldbrände. Davon werden in den nächsten 30 Jahren weltweit Milliarden Menschen betroffen sein. Viele von ihnen könnten ihre Heimat verlieren. Auch das Wattenmeer, die Halligen, Hamburg und die deutschen Küstenregionen sind für einen Anstieg des Meeresspiegels, wie er bei einer Erhitzung der Erde von zwei Grad vorhergesagt wird, nicht ausreichend gewappnet. Wenn wir in Hamburg, der Stadt, in der ich arbeite, bis zu den Knien im Wasser stehen und die Häuser, in denen wir leben, nicht mehr bewohnbar sind, weil der Boden, auf dem sie stehen, durchweicht oder überschwemmt ist, wird der Groschen wohl fallen. Weil wir es dann «endlich» sehen, spüren, am eigenen Leib erleben. Aber für viele Menschen und Tiere ist es zu jenem Zeitpunkt schon zu spät. Jetzt kann das Schlimmste noch verhindert werden, wenn wir die Treibhausgasemissionen reduzieren und die Erderhitzung auf 1,5 Grad begrenzen.

Meine Tochter wirft mir angesichts der Fakten oft vor, dass ich zu wenig radikal bin. Sie findet, dass ich mit unseren Freunden und auch in der Familie zu wenig diskutieren würde, wenn diese auf ihrem Fleischkonsum beharren, die x-te Urlaubsreise mit dem Flieger gebucht oder das nächste, noch größere Auto gekauft haben. Vielleicht hat sie recht, aber Belehrungen und Vorwürfe bringen meiner Erfahrung nach nur wenig – das entgegne ich dann auch meiner Tochter.

Deswegen setze ich viel lieber darauf, jeden Einzelnen von uns über die Zustände aufzuklären. Hoffend, dass Wissen zu verändertem Handeln führt. Wir brauchen eine neue Wahrnehmung für Lebensqualität, eine Werteveränderung, die als positiv angesehen wird: Was macht ein schönes Leben aus? Was bedeutet Wohlstand?

Die meisten von uns sind mit kapitalistischen Werten groß geworden. Das Motto: Nur mehr ist gut. Mehr Geld, mehr Essen, mehr Urlaub, mehr Kleidung, ein größeres Haus, ein schnelleres Auto, vielleicht sogar zwei oder drei Autos. Das alles bitte möglichst billig. Oder so teuer, dass es jeder bemerkt.

Wie bekommen wir es hin, dass wir es als Mehrwert und Zugewinn empfinden, weniger zu wollen und damit schließlich auch etwas Gutes für die Umwelt, für das Meer, zu tun? Indem wir begreifen, dass Meeresschutz schon bei jedem Einzelnen zu Hause anfängt.

Brauchen wir wirklich das x-te T-Shirt? Ist es zu viel verlangt, wenn ich ab sofort meinen Mehrwegbecher, meinen Stoffbeutel bei mir habe? Ist es nicht den Preis wert, wenn ich für den Bio-Fairtrade-Kaffee etwas mehr bezahle, in dem Wissen, dass der Kaffeefarmer nicht in Armut lebt und die Bohnen nicht mit Pestiziden behandelt worden sind? Ein bewusstes Weniger könnte zudem gesünder für uns sein. Interessanterweise ist das, was für die Umwelt nicht gut ist, oft auch für uns Menschen nicht gut. Zu viel Plastik? Tut uns nicht gut. Zu viel Fleisch? Auch nicht gesund. Mir persönlich fehlt jedenfalls nichts, seit meine Tochter uns zum Fleischverzicht «verdonnert» hat. Fisch esse ich schon länger nicht mehr – Berufsrisiko, wenn man sich mit Fischerei befasst. Ich musste nur meine Komfortzone verlassen und mich mit vegetarischen Kochbüchern befassen. Wie man so schön sagt: reine Gewöhnungssache. Hat man sich erst einmal überwunden, bedeutet Wandel sogar Motivation. So hat zum Beispiel die Corona-Pandemie bei vielen zu weniger Konsum geführt, und wenn ich mich umgehört habe, fanden viele dieses Konsumfasten regelrecht erholsam.

Sobald man einmal angefangen hat, bewusst den Blick auf das eigene Konsumverhalten zu richten, fällt einem vieles auf, das man verändern kann. Und man fängt an, Schritt für Schritt die Nachhaltigkeit von allem, was wir konsumieren, zu hinterfragen. Dann merken wir, dass die Dinge nicht in Balance sind, dass zu wenig getan wird und wir handeln müssen. Und dann wird es politisch.

Das ist in meiner Wahrnehmung der größte Vorteil der Debatten durch Fridays for Future, Kampagnen gegen die Plastikvermüllung, gegen Lebensmittelverschwendung oder einen hohen CO_2-Verbrauch: Viele schauen nun aufmerksamer auf die Entscheidungsstellen. Viele Menschen spüren, dass es so nicht weitergehen kann. Die Politik beschäftigt sich nicht ausreichend mit diesen Themen und verfehlt die selbstgesteckten Ziele. Die Industrie muss viel stärker in die Verantwortung genommen werden, denn die Ressourcen der Welt sind nicht unerschöpflich. Wir brauchen mehr positive Anreize für nachhaltiges Wirtschaften oder, wenn es sein muss, auch Sanktionen für die ewig Gestrigen. Wir alle müssen umdenken. Es gibt leider keine einfache Lösung, für niemanden, denn die Probleme sind komplex – aber nur, weil es schwierig ist, darf das nicht heißen, gar nichts zu tun. Die Klimakrise wird den Meeren und uns nicht erspart bleiben. Ob es aber anderthalb, zwei, drei oder gar vier Grad werden, um die sich die Erde erhitzt, lässt sich jetzt noch steuern.

Was ist denn auch die Alternative? Sich nicht verantwortlich fühlen dafür, dass die Bäuche von Walen, Vögeln und Fischen voller Plastik sind, für die Millionen Fische, Delfine, Haie und Schildkröten, die als sinnloser Beifang in den Fangnetzen sterben, für die Korallenriffe, die seit Jahrtausenden existieren und nun in kürzester Zeit absterben? Wenn sich niemand verantwortlich fühlt, dann lastet die Schuld auf uns allen. Wenn wir nichts verändern, angefangen bei uns selbst, dann werden wir gemeinsam den Meeren beim Sterben zusehen.

Ich möchte mich in diesem Buch dem widmen, was getan werden muss. Ich möchte begreiflich machen, wie alles zusammenhängt, welche Erfahrungen ich gemacht habe, welche Schwierigkeiten, aber auch, welche Lösungen existieren. Nur wenn wir gemeinsam anpacken, retten wir die Meere – und damit uns selbst.

«*Die kleinste Bewegung
ist für die ganze Natur von Bedeutung;
das ganze Meer verändert sich,
wenn ein Stein hineingeworfen wird.*»

*Blaise Pascal
(französischer Mathematiker)*

Plastikmüll

Das kann kein Meer mehr schlucken – und dennoch kippen wir unvorstellbare Mengen Plastik hinein. Darunter leiden Pflanzen, Tiere und am Ende wir selbst. Wie ein Sehnsuchtsort zur Müllhalde wird.

Es war eine Sensation: 1991 haben sich auf Helgoland zwei Basstölpel-Paare zum Brüten niedergelassen. Vielleicht gefielen ihnen die roten Steilwände, die mehr als 50 Meter senkrecht ins Wasser stürzen, vielleicht wollten sie einen Tapetenwechsel von den Bassfelsen an der schottischen Küste, wo sie eigentlich brüten, vielleicht ist die Nordseeinsel Helgoland, 70 Kilometer weit draußen in der deutschen Bucht, auch einfach der perfekte Platz zum Verschnaufen. Die beiden Pärchen waren mit der Wahl ihrer neuen Kinderstube allerdings längst keine Trendsetter, denn der rotsandige Lummenfelsen, mit einer Fläche von einem guten Hektar eines der kleinsten Naturschutzgebiete Deutschlands, war und ist ein Magnet für Tausende brütende Seevögel. Aber zwischen den Eissturmvögeln, den Dreizehenmöwen und Trottellummen waren die eleganten Neuankömmlinge eindeutig die Stars für die Ornithologen.

Von der Uni aus hatten wir damals eine Woche Meereskunde in der Biologischen Anstalt Helgoland. Nicht nur wegen der Hochseevögel, sondern auch, weil Helgoland das einzige Watt in Deutschland hat, das aus Felsen besteht. Hier findet man einen echten Kelpwald, ein küstennahes Ökosystem unter Wasser, das aus Großalgen besteht – einmalig in der deutschen Nordsee. Das Tolle am Lummenfelsen ist seine Zugänglichkeit: Man kann die brütenden Tiere gut beobachten, ohne sie zu stören. Und so konnte auch ich sie aus nächster Nähe betrachten, die vier Basstölpel mit ihrem Nachwuchs: gänsegroß, mit cremefarbenem Gefieder, einem blassgelben Kopf, die Augen wie mit einem Kajal schwarz umrandet, und langen schmalen Flügeln, die eine Spannbreite von bis zu zwei Metern erreichen. Erhaben sehen sie aus, wenn sie durch die Luft davongleiten, um für den Nachwuchs frischen Fisch zu ergattern. Dafür fliegen sie weit raus Richtung Hochsee, um dort mit ihren scharfen Augen Ausschau nach Makrelen oder Heringen zu halten – Hauptsache schön fett. Wenn sie Beute erblickt haben, fackeln sie nicht lange, stürzen sich aus 40 Metern herab und schießen mit einer Geschwindigkeit von bis zu 100 km/h ins Meer. Ihr stromlinienförmiger Körper erlaubt es ihnen, bis zu fünf Meter tief zu tauchen. Mein Ausflug machte mich zum Fan der Flugakrobaten, und ich horche immer gerne nach, wie es den Basstölpeln auf Helgoland geht.

Aus Schottland zu uns gekommen: ein Basstölpelpärchen auf Helgoland

Mit der Zeit hat sich bei den Basstölpeln offensichtlich herumgesprochen, dass der Lummenfelsen ein überaus geeigneter Nistplatz ist, denn es blieb nicht bei den beiden Paaren. Jahr für Jahr siedelten sich immer mehr der Hochseevögel an. Heute, über 20 Jahre später, sind es mehr als 1100 Paare, die, dicht gedrängt, höchstens eine Schnabellänge voneinander entfernt, an den Klippen ihre Nester bauen. Es wird gehackt und reichlich gemeckert. Friedliche Nachbarschaft mag anders aussehen, aber die Tiere sind sesshaft geworden.

Noch immer ist der Lummenfelsen ein Mekka für Ornithologen, noch immer sind die Basstölpel eine der Hauptattraktionen. Doch leider wird die Erfolgsstory mittlerweile massiv getrübt – man könnte vielmehr sagen, sie entwickelt sich zur Tragödie. Wer den Nistplätzen heute einen Besuch abstattet, wird mit einem tieftraurigen Anblick konfrontiert: Auf den Felsen liegen zahlreiche Basstölpelleichen, manche hängen an ihnen herab. Die Vögel haben sich stranguliert an dem, was sie selbst in ihren Nestern verarbeiten: orange und blau leuchtende Fäden aus Plastik.

Normalerweise bauen Basstölpel ihre Nester aus Algen, Seetang und zerriebenen Baumrinden, die sie in Strandnähe aus dem Wasser fischen. Doch offensichtlich hat es ihnen hier in der Gegend etwas anderes angetan, etwas, das in großen Mengen und gut sichtbar auf der Wasseroberfläche oder am Strand zu finden ist: sogenannte Dolly Ropes, Scheuerfäden, die in der industriellen Fischerei die Fischernetze vor dem Durchscheuern schützen, wenn sie den Meeresboden berühren. Früher waren diese aus Hanf oder Sisal, heute bestehen sie aus Plastik. Mit ihren Schnäbeln verweben die Basstölpel die Fasern schön fest ins Nest, um darin ihr gelegtes Ei zu wärmen und später dem Küken Schutz zu bieten. Wenn aber der Nachwuchs geschlüpft ist, flügge wird und unbeholfen durch das Nest torkelt, verheddert er sich schnell in den Fäden. Getrocknete Algen würden reißen, Plastik aber ist natürlich stärker als ein zarter Vogelhals. So verhungern die Basstölpel qualvoll oder strangulieren sich zu Tode bei dem Versuch, sich zu befreien. Und dann liegen ihre leblosen Körper nur eine Schnabellänge entfernt von

Dem Plastik zum Opfer gefallen: Basstölpel-Kadaver an den Lummenfelsen

ihren Artgenossen, bis sie von der Seeluft zersetzt werden – im Gegensatz zu den unverrottbaren Dolly Ropes, die weiterhin als Todesfalle in den Nestern existieren.

Im Rahmen einer Studie[3] wurden 2015 sieben Basstölpelnester außerhalb der Brutzeit aus dem Felsen genommen und auf ihren Plastikanteil untersucht: Man wog insgesamt zehn Kilogramm! Bei über 1000 brütenden Paaren kann man sich leicht ausrechnen, welche erschreckend hohe Menge Plastik im Felsen steckt. Inzwischen bestehen die Nester zu 80 Prozent aus eben jenen Dolly Ropes, aber auch aus den Teilen alter Fischernetze und anderem Plastikschnurgeflecht. Der tödlichen Gefahr im eigenen Zuhause fallen mittlerweile jährlich zwischen drei und zehn Prozent der Jungvögel zum Opfer.[4] Das ist zwar nicht artbedrohend, immerhin, aber die strangulierten Tiere im Felsen sind ein Mahnmal für unseren sorglosen Umgang mit Plastik.

Zur Henkersmahlzeit etwas
«Fake Fisch»

Den Felsennachbarn der Basstölpel, den Eissturmvögeln, ergeht es übrigens nicht unbedingt besser: Sie verenden sehr oft an mit Plastik gefüllten Mägen. 97 Prozent[5] der gestrandeten toten Eissturmvögel an der Nordsee haben laut Umweltbundesamt Plastik im Magen. Diese Tiere leben außer in der Brutzeit ausschließlich auf See und ernähren sich vor allem von Fischen und Tintenfischen. Und genau dafür halten sie das, was da im Meer so schön irisierend schillert. Nur handelt es sich dabei leider nicht um schmackhafte Beute, sondern um Plastikteile. Damit nicht genug, siedeln sich mit der Zeit Mikroalgen auf den Fetzen an, die einen beutespezifischen fischigen Geruch entwickeln. Das heißt, dieses Plastik sieht nicht nur so aus, es riecht auch noch nach Futter und zieht die Tiere magisch an.

Die Eissturmvögel schnappen sich den «Fake-Fisch» und fressen sich daran satt. Im Gegensatz zu Möwen würgen sie Unverdauliches nicht wieder aus. Ist der Plastikmüll erst einmal im Magen verschwunden, ist es reine Glückssache, wie lange der Vogel ohne Konsequenzen weiterlebt. Früher oder später aber ereilt ihn meist ein Tod, den man niemandem wünscht: Entweder ist der kleine Magen des Eissturmvogels so voller unverdaulichem Plastik, dass einfach kein Platz mehr für echte Nahrung ist – er verhungert bei gefülltem Magen. Oder die kleinen scharfkantigen Plastikteile schädigen den Darmtrakt – er wird von innen aufgeritzt. Manchmal verschnüren die Polyesterfäden auch die Innereien, und der Vogel stirbt an den Verstopfungen.

Um eine Vorstellung von der Menge zu bekommen, die ein Eissturmvogel zum Zeitpunkt seines Todes im Magen angesammelt hat: Auf das Gewicht eines Menschen hochgerechnet, wäre das ein Teller voll Plastik.

Unverdaulich ist auch diese Prognose: Bis 2050, so die Schätzung, wird fast jeder Meeresvogel Plastikteile im Magen haben – sofern Plastik weiterhin ungebremst in unsere Meere gelangt.

Den Meeresbewohnern unter Wasser macht die Vermüllung ebenso zu schaffen wie den Vögeln. Schildkröten halten die aufgeplusterten durchsichtigen Plastiktüten für gemächlich vorbeischwimmende Quallen, Teile vom Fischernetz hingegen sehen aus wie appetitliches Seegras – beides, Quallen und Seegras, zählt zur Leib- und Magenspeise von Meeresschildkröten –, und so werden sie ebenfalls Opfer der falschen Beute: Mehr als ein Drittel aller Lederschildkröten haben Plastikknäuel im Magen[6]: vor allem junge Schildkröten sind betroffen. Bereits ein einziges Stück Plastik kann tödlich sein.

Die Nachrichten über angeschwemmte tote Wale mit Mägen voller Plastik häufen sich. 20, 40, sogar 100 Kilo Plastik werden aus den verendeten Tieren herausgeholt. Ein gestrandeter Pottwal, der Ende 2018 in Indonesien untersucht wurde, hatte 115 Becher, 25 Tüten, zwei Flipflops und mehr als 1000 weitere Plastikteile geschluckt. Eimer, Waschmittelpackungen, Kaffeekapseln, Einmalrasierer, Schläuche, Luftballons oder Einwegteller – es gibt eigentlich nichts aus Plastik, was nicht schon einmal in den Mägen toter Meeressäuger gefunden wurde.

Bei kleineren Meerestieren ist es nicht dieses Makroplastik, was mir Sorgen bereitet, sondern es sind die kleinen Bruchstücke, das Mikroplastik. Als Mikroplastik zählen Teilchen mit weniger als fünf Millimetern Durchmesser, die mit dem bloßen Auge nicht zu erkennen sind. Doch kleine Fische, Krebse, Wattwürmer, Muscheln – all die Arten, die am Anfang der Nahrungskette stehen – fressen genau diese Miniteile. Sind sie noch feiner, werden sie vom Zooplankton gefressen, jenen Kleintieren, die kleinen Fischen oder Walen als Nahrung dienen.

Das treibende Mikroplastik enthält darüber hinaus nicht selten Schadstoffe. Sie verleihen zwar dem Produkt bei Gebrauch die gewünschten Eigenschaften, schaden aber Tieren und Menschen. Sie können unfruchtbar machen, das Erbgut schädigen, krebserregend sein. Zu diesen Stoffen gehören die Weichmacher Bisphenol A, Phthalate, teilweise sogar noch die Giftstoffe PCB, die schon in den 1980er Jahren verboten wurden. Für uns Menschen war das Verbot damals gut, aber ihre negativen Auswirkungen auf das Meer bleiben weiterhin bestehen.

Kleinste Plastikteilchen, am Strand gesammelt.

All die Plastikteile inklusive PCB sind noch immer da. Und wie das so ist mit der Nahrungskette: Das belastete Material gelangt durch die Kleinstlebewesen letztlich auch in die Mägen der Großen, der Jäger wie Robben oder Wale, die mit den Folgen der Gifte leben. Und wer steht noch am Ende der Nahrungskette? Wir! Mikroplastik ist in den Mägen von Dorsch, Makrele, Flunder & Co gefunden worden. Ob Kleinstteile auch im Muskelfleisch der Fische enthalten sind, wird derzeit intensiv erforscht, ebenso, ob dadurch ein Gesundheitsrisiko für Fischesser besteht. Gut möglich, dass das Mikroplastik so auch auf unsere Teller gelangt – zurück beim Verursacher.

Tödlich verstrickt
in unseren Abfällen

Was nicht in den Mägen landet, wird von außen zur Gefahr: Eine Vielzahl der Meeresbewohner verheddert und verfängt sich im Müll. Die Bilder kennt mittlerweile wohl jeder – ohne diese schlimmen Beweise hätte es kaum eine solche Empörung gegen den Plastikmüll in den Meeren gegeben. Darauf zu sehen: Schildkröten mit komplett deformierten Körpern, weil sie in jungen Jahren in einen Sixpack-Ring reingeraten und einfach drum herumgewachsen sind. Junge Robben, deren Hälse sich in alten Fischernetzen verwickeln und denen davon, wenn sie größer werden, quasi in Zeitlupe die Kehle durchgeschnitten wird. Korallenstöcke, die von Plastikplanen abgedeckt und somit vom Licht abgeschnitten werden. Wale, Delfine, Mantarochen und Haie, deren Extremitäten so in Plastikteilen verheddert sind, dass sie nicht mehr navigieren können. Oft sterben die Flossen langsam ab, weil der abgeschnürte Teil nicht mehr ausreichend durchblutet wird. Natürlich versuchen die Tiere sich zu befreien, dadurch wird es aber nur schlimmer, denn das Plastik schnürt sich immer tiefer ins Fleisch. Ich kenne den Fall eines Wals, der so verzweifelt an seiner eingeschnürten Brustflosse gezerrt hat, dass er sie sich selbst amputierte und an den Folgen starb. Es zerbricht einem das Herz, wenn man diese Fotos sieht und sofort weiß: Allein haben die Tiere keine Chance, sich jemals daraus zu befreien.

Fischfang ohne Fischer

Warum Geisternetze aus Plastik eine große Bedrohung für die Meeresbewohner sind

Der Anblick eines Geisternetzes ist einfach nur grausam: Es schwebt ungestört im Meer herum, im schlimmsten Fall in voller Größe, und macht, wofür es erschaffen wurde: Es fischt. Und fischt. Und fischt. Nur, dass kein Fischer mehr kommt und die Beute einholt. Geisternetze sind herrenlos, und alles, was sich in ihnen verheddert, stirbt sinnlos. Tatsächlich sind die Meere voll von ihnen, sie treiben, unbemerkt von Badegästen, in Küstennähe oder fischen auf offener See – fernab jeglicher Zivilisation. Neuesten Studien zufolge machen sie 30 bis 50 Prozent des Meeresplastiks aus. Allein in der Ostsee kommen jährlich 10 000 herrenlose Netzteile dazu.

Nur um eine Vorstellung zu bekommen, welche Ausmaße ein solches Netz haben kann: Beim industriellen Fischfang in Deutschland kommen Netze zum Einsatz, die bis zu 15 Kilometer lang sind. Geisternetze sind immer eine große Bedrohung für die Meeresbewohner. Wer das Pech hat, in eines hineinzuschwimmen, hat keine Chance mehr – unabhängig von der Größe. So verfangen sich Tonnen von Fischen darin[7] und die wiederum locken Robben, Meeresschildkröten, Haie und Seevögel an, die sich dann selbst verheddern und einen oft langen Todeskampf führen, bevor sie sterben. In der Ostsee machen sie bis zu fünf Prozent des Gesamtfangs aus, das sind in etwa 37 500 Tonnen Geisternetz-Beute[8]. Selbst Wale verfangen sich immer wieder in den Netzen oder fressen sie aus Versehen.

Die Gründe, warum so viele Netze verloren gehen, sind vielfältig: Fischer, die illegal fischen, lassen sie absichtlich im Meer zurück, wenn sie Kontrollen entgehen wollen. Oder die Netze reißen sich im Sturm los, bleiben an Wracks oder Steinen hängen.

Manche mussten aus Sicherheitsgründen abgeschnitten werden: Ich kenne Fälle von Touristen, die in gecharterten Booten über Befestigungen düsen, ohne zu wissen, dass sie bei ihrer Slalomfahrt ein wertvolles Netz zerstören und es zum Geisternetz machen. Kein Fischer, der legal fischt, verliert gerne – aus welchen Gründen auch immer – sein Netz, denn sie sind viel wert.

Die Geisternetze müssen raus aus den Meeren. Eine Sisyphusarbeit, aber was ist die Alternative? Sie brauchen über 600 Jahre, um zu verrotten, zerfallen zu Mikroplastik und richten in der Zeit davor, solange sie groß genug sind, etwas zu fangen, immensen Schaden bei über 344 Tierarten an[9].

Eigentlich müssen verloren gegangene Netze im jeweiligen Staat gemeldet werden, dieser sollte sich um die Bergung kümmern. So sieht es zumindest die Gemeinsame Fischereipolitik der EU vor. Leider wird das bisher nicht gut umgesetzt: Stand Herbst 2020 gibt es keine systematische staatliche Erfassung oder gar ein gut finanziertes, funktionierendes Bergungssystem.

Deshalb nehmen sich Umweltverbände oder Vereine der Aufgabe an, die Geisternetze zu bergen – ein zweischneidiges Schwert, denn das kann dazu führen, dass sich die Verantwortlichen zurücklehnen, statt die Entfernung der Netze wirklich zur Ländersache zu machen.

Seit 2011 arbeitet der WWF an der Ostsee an der Lösung dieses Problems. Neben konkreten Bergungen war es uns ein besonderes Anliegen, die richtige Technik zum umweltverträglichen Auffinden, Bergen und für die mögliche Wiederverwertung zu finden und zu erproben. Nachdem damit in den USA gute Erfahrungen gemacht worden sind und uns ein Spezialist ehrenamtlich bei der Erprobung unterstützt hat, suchen wir mittlerweile sehr effektiv mit einem besonders konfigurierten Seitensicht-Sonargerät den Ostseeboden nach verlorenen Netzen ab. Bei Probefahrten vor Rügen und Kiel konnten wir an einem Tag etwa eine Quadratseemeile absuchen und haben auf dieser Fläche bis zu 50 Objekte

Ein Taucher birgt ein Geisternetz aus der Ostsee.

entdeckt, darunter Reifen, Kabel und acht Geisternetze. Die Netze dann an Bord zu bekommen, ist kein leichtes Unterfangen. Sie sind schwer, groß und liegen bisweilen tief unten im Meer, wo sie sich zum Teil um Schiffswracks oder Felsen gewickelt haben.

Bisher haben wir gemeinsam mit Tauchern und Fischern über 18 Tonnen Geisternetze geborgen. Das ist schon ein immenser Erfolg. Inzwischen gibt es auch die App WWF Geistertaucher, mit deren Hilfe Taucher, Fischer, Angler und andere Wassersportler Geisternetze melden können, die dann im zweiten Schritt von Berufstauchern geborgen werden.

Schon zwei Wochen nach Freischaltung der App konnten wir das erste grüne Häkchen setzen: gemeldetes, noch fangaktives Netz und mehrere alte Fischreusen erfolgreich geborgen!

Das, was wir sehen, ist nur ein Bruchteil der Verschmutzung. Und es ist schier unmöglich, allen Tieren zu helfen. Natürlich gibt es etliche Organisationen, die es trotzdem versuchen, aber angesichts der Größe der Meere ist das Gute, das sie tun, natürlich auf lokale Bereiche begrenzt.

Als ich zuletzt in Ecuador auf Reisen war, traf ich den Direktor der Fundacion Megafauna Marina de Ecuador. Vor der Küste Ecuadors gibt es das weltweit größte Vorkommen von Mantarochen, majestätischen Fischen, die eine Spannweite von bis zu sieben Metern erreichen können, und für deren Schutz sich die Organisation besonders engagiert. Mantarochen sind vor allem durch den massiven Schiffsverkehr und die Fischerei bedroht, aber auch durch die Plastikvermüllung. Der Leiter berichtete mir, dass manche Tiere regelrecht die Nähe der Taucher suchen, wenn sie sich verheddert haben und Hilfe brauchen. Sie bleiben geduldig, während ihnen die Taucher die Plastikschnüre von den Flügeln schneiden oder alte Angelhaken aus der Haut ziehen.

Es wird geschätzt, dass mehr als 800 Arten von Meereslebewesen unmittelbar durch die Reste unserer Wegwerfgesellschaft betroffen sind, sei es, weil sie diese verschlucken, sich darin verheddern oder ihr Lebensraum schlichtweg vermüllt ist. Weltweit kostet das über 100 000 Walen, Delfinen, Robben, 40 Prozent aller jungen Schildkröten und einer Million Meeresvögeln das Leben. Die genaue Anzahl kennt niemand. Klar ist nur, dass es definitiv mehr werden: weil immer mehr Müll in die Meere gelangt.

Ein paar Sekunden benutzt, Tausende von Jahren in der Natur

Seit Beginn der industriellen Plastikproduktion in den 1950er Jahren wurden geschätzt 8,3 Milliarden Tonnen Plastik hergestellt. 50 Prozent davon wurden sogar erst in den letzten 20 Jahren erzeugt. Wir könnten unseren gesamten Erdball sechs Mal in Plastikfolie einwickeln, so viel ist das. Und jedes Jahr kommen viele Millionen Tonnen hinzu, hergestellt aus Rohöl, einer endlichen Ressource. Wie konnte es so weit kommen? Warum die Geschichte des Plastiks eine Erfolgsgeschichte ist, ist einfach nachzuvollziehen. Sie gründet sich auf seine ökonomischen und technischen Vorteile: Die Produktion ist vergleichsweise kostengünstig und das Material ungemein vielseitig. Es kann in großer Härte hergestellt werden und ist dabei dennoch relativ leicht. Es ist klar wie Glas, aber viel weniger zerbrechlich. Es ist widerstandsfähig, kann trotzdem auch elastisch sein, schützt vor Temperaturschwankungen und vor Abnutzung beim Transport. Ich kann mich beim Kauf überzeugen, in welchem Zustand sich ein Produkt befindet oder was überhaupt enthalten ist. Und Plastik ist ja auch nicht nur schlecht. Fahrradhelme, Airbags, viele medizinische Utensilien aus diesem Material retten Leben. Unser Essen bleibt länger frisch, sodass nicht alles nach kurzer Zeit weggeschmissen und somit neu produziert werden muss. Sauberes Wasser, abgepackt in Plastikflaschen, kann dorthin gebracht werden, wo Menschen keine Quellen haben, und Strohhalme helfen Menschen mit Einschränkungen beim Trinken.

Das Problem ist nur leider, dass Plastik nicht sparsam und sinnvoll eingesetzt wird – es hat Einzug in alle Bereiche unseres Lebens gehalten und wird in ungeahnten Dimensionen und für die unnützesten Dinge produziert. Was früher aus Glas, Pappe, Stoff, Holz oder Metall war, ist jetzt aus Plastik. So viele Billigprodukte würde es nicht geben, gäbe es kein Plastik. Wir alle haben wohl schon mal etwas Tolles, Buntes, Blinkendes aus Plastik erworben, das dann in Rekordzeit kaputtging …

Der tägliche Plastikkonsum nimmt absurde Ausmaße an. Die meisten Sachen benutzen wir wie Klopapier nur ein einziges Mal. Einwegplastik und Verpackungsmaterial machen weltweit 40 Prozent des gesamten Plastikmülls aus: die dünne Hülle um die Geschenkpapierrolle. Das Plastik um die drei Sorten Paprika. Die Haube im Karton der Schokoküsse. Die Folie um die Pizza, die ohnehin schon im Karton liegt. Die hauchdünne Plastiktüte, auch «Hemdchen» genannt, die man am Gemüsestand bekommt. Der Deckel des Bechers, in dem man sich jeden Morgen seinen Kaffee aus dem Lieblingscafé holt. Nach dem Trinken weg damit – im besten Fall ab in die Mülltonne. Aus den Augen, aus dem Sinne.

Den Müll nach Hause liefern lassen

Deutschland, das hören wir nicht besonders gern, ist Verpackungsweltmeister. In Europa nehmen wir damit den vierten Platz von 47 möglichen Plätzen ein.[10] Schlimmer noch: Die Menge an Verpackungsmüll ist im Jahr 2018 sogar noch gestiegen. 18,9 Millionen Tonnen fielen laut Umweltbundesamt an. Pro Person bedeutet das 227,5 Kilogramm und drei Prozent mehr als im Vorjahr.[11] Drei Dinge seien maßgeblich schuld an diesem Aufwärtstrend: Erstens der Trend zu kleineren Portionen, weil es immer mehr Single-Haushalte gibt – da frage ich mich, wie meine alleinstehende Oma damals überleben konnte, wenn sie ihre Ananas nicht mundgerecht vorgeschnitten in einem Plastikbehälter kaufen konnte. Zweitens der Onlineversand, mit dem wir uns die neuesten Produkte bequem nach Hause schicken lassen, schön verpackt in großen Pappkartons, Plastik und Styropor. Und drittens: Essen und Trinken zum Mitnehmen. Die vielen Lieferservices dieser Welt bringen das Lieblingsessen portionsweise nach Hause – in schön festen Plastikverpackungen, die wiederum noch mal verpackt sind in Plastiktüten. Laut einer Forsa-Umfrage[12] kaufen zwei Drittel der Menschen unter 30 Jahren mindestens einmal im Monat Essen to go – diese Zahl dürfte sich während der Corona-Pandemie sicher deutlich nach oben bewegt haben.

Und noch immer werden in Deutschland pro Stunde etwa 320 000 Coffee-to-go-Becher verbraucht. Allein in Berlin werden jeden Tag 460 000 Becher genutzt und sofort weggeschmissen. Pro Jahr sind das fast 3 Milliarden Einwegbecher.[13] Ich liebe Kaffee, aber: Muss das sein? Zumal es heute so schöne Mehrwegbecher gibt, die man ohne Probleme mitbringen beziehungsweise vor Ort ausleihen kann.

«Was soll die ganze Aufregung, bei uns wird doch eh alles recycelt», höre ich häufig bei Diskussionen darüber. Das Märchen vom Recycling-Wunderland Deutschland hat dazu geführt, dass sehr viele von uns diese «Ach, bei uns ist doch alles tipptopp»-Einstellung haben und deshalb sorgenfrei konsumieren und wegwerfen.

Und es stimmt: Beim Gesamtrecycling ist Deutschland stark. Vom Verpackungsabfallaufkommen gehen knapp 70 Prozent ins Recycling. Wir haben definitiv ein funktionierendes Abfallwirtschaftssystem. Was Glas und Papier angeht, haben wir tatsächlich eine sehr gute Recyclingquote, zwischen 70 und 80 Prozent. Bei Plastik hingegen sieht es leider anders aus, da sind es nur 47 Prozent. Diese gehen zwar in die Recyclinganlage rein, doch das heißt noch lange nicht, dass so viel am Ende auch recycelt wird. Beim Sortieren nämlich stellt sich heraus, dass viel weniger recycelbar ist als das, was vorne reingegeben wurde. Die Pressestelle des Europäischen Parlaments geht von gerade einmal 30 Prozent aus, viele Verbände, darunter auch der WWF, schätzen, dass es höchstens 12 Prozent sind. Das Problem: Nur wenig Plastik kann wirklich recycelt werden. Eine PET-Flasche? Kein Problem. Daraus lassen sich neue Kosmetikflaschen machen, Klamotten, Socken, sogar Teppiche. Aber die meisten Abfälle sind verschmutzt und werden den Recyclinganforderungen nicht gerecht, oder die Weiterverarbeitung ist zu kompliziert – wie beispielsweise bei der Folie, in der sich Wurstscheiben befinden: Die besteht zum Teil aus bis zu sieben verschiedenen hauchdünnen Schichten Plastik. Die kann man nicht mehr voneinander trennen, womit die Folie nicht wieder verwertbar ist.

Was also passierte? Müll wurde zum Geschäft. Deutschland exportiert zwar vor allem Industrie- und Gewerbemüll (wie große Folien), aber eben auch Teile unseres Verpackungsmülls. «Ab nach Asien damit», lautete lange die Devise. China importierte containerweise unseren Müll – im Jahr 2016 immerhin über 500 000 Tonnen, Deutschland war der drittgrößte Exporteur von Plastikabfällen weltweit; nur die USA und Japan exportierten noch mehr.

Fast alle Industrieländer nutzten diesen Weg der «Entsorgung»: 14 Millionen Tonnen wurden 2016 exportiert, China nahm die Hälfte davon. Das Problem wurde also hübsch auf die andere Seite der Erde verlagert. Beide Seiten hatten ihre wirtschaftlichen Vorteile von diesem Handel, bis China im Januar 2018 ein Einfuhrverbot für unsortierte und verschmutzte Kunststoffabfälle verhängte. Das Land will Fortschritte im Umweltschutz machen und hat mittlerweile selbst große Mengen an eigenem Plastikmüll, der meist alles andere als sauber entsorgt wird.

Ein Charakterzug des globalen Handels ist, dass sich in der Regel sofort neue Märkte eröffnen, wenn einer sich verschließt. So wurde Malaysia in Rekordzeit zum Top-Kunststoffmüll-Abnehmer. Aber auch Indonesien, Vietnam und die Türkei übernahmen große Mengen.

Diese Länder sind allerdings weit weniger in der Lage als Deutschland, den Müll nachhaltig zu entsorgen. Den meisten von ihnen fehlt ein gutes Abfallentsorgungssystem. Stattdessen gibt es riesige ungesicherte Müll-deponien, die Wind und Wetter ausgesetzt sind. Der Müll wird verweht, in der Regenzeit weggeschwemmt und landet in den Flüssen. Manchmal,

Das Ergebnis einer fehlenden Abfallwirtschaft: der Strand auf der Insel Phu Quoc, Vietnam – eigentlich ein Meeresschutzgebiet.

gerade auf den kleinen Inseln, gibt es nicht mal Deponien, da stapelt sich der Müll direkt hinter den Palmen. Ein Großteil des Plastiks gelangt so vom Land in die Meere. Studien ergaben, dass China, Indonesien, die Philippinen, Thailand und Vietnam die Hälfte der Plastikflut verantworten. 67 Prozent des Plastikmülls, der weltweit in den Ozeanen schwimmt, wird von nur 20 verschmutzten Flüssen ins Meer befördert: Allein über den chinesischen Jangtsekiang landeten 2015 333 000 Tonnen Plastik im Ostchinesischen Meer. Er gilt als der dreckigste Fluss der Welt.[14] Auch das sogenannte Korallendreieck, ein Gebiet, das sich zwischen den Salomonen-Inseln, Papua-Neuguinea, Borneo und den Philippinen erstreckt, ist plastikvermüllt. Ausgerechnet dort, wo weltweit die allergrößte Artenvielfalt im Meer zu finden ist.

Wer also glaubt, mit seiner Mülltrennung in Deutschland dafür zu sorgen, dass garantiert kein Plastikmüll im Meer landet, der irrt – leider. Bitte trotzdem nicht verzagen: Für die 12 bis 30 recycelten Prozent lohnt es sich, weiter zu sortieren.

Plastikflaschen im Mittelmeer

Auch Tourismus spielt eine große Rolle beim Plastikmüllproblem. Wenn sich zur Ferienzeit die Einwohnerzahl in den Urlaubsorten vervielfacht, und damit auch der Konsum und der Müll, geht vielerorts gar nichts mehr.

Auf der größten Insel Vietnams, der Insel Phu Quoc, verneunfacht sich die Anzahl der Menschen zur Reisezeit und somit auch die Müllmenge. Die Unterwasserwelt von Phu Quoc ist legendär, es gibt Seegraswiesen mit friedlich grasenden Seekühen, ein Korallenriff mit Meeresschildkröten. Darum sind hier auch ein Nationalpark und ein Meeresschutzgebiet eingerichtet worden. Als einer meiner Kollegen von seiner ersten Reise auf die Insel zurückkam, war er dennoch erschüttert: Überall war Müll, die Einheimischen kommen kaum dagegen an. Gut möglich, dass die Corona-Pandemie der Natur eine Verschnaufpause verschafft, aber vor der Krise schätzte man, dass die Anzahl an Urlaubern bald auf fünf Millionen anwachsen wird. Staat und Tourismusbetreiber sind bemüht, sich der Müllflut entgegenzustellen, und der WWF unterstützt sie dabei. Das Plastik muss eingesammelt werden, es braucht gesicherte Deponien, Verbrennungsanlagen und Anlagen für die Sortierung und das Recycling.

Wer meint, ihn ginge das alles nichts an, das sei ja weit weg, den lade ich ein, mit mir gemeinsam auf das Mittelmeer zu schauen, eines unserer beliebtesten Reiseziele. Jeden Sommer reisen über 220 Millionen Menschen[15] für die Ferien ans Mittelmeer – in den kommenden Jahren wird diese Zahl garantiert noch anwachsen, weil Fernreisen durch Corona weniger geworden sind. Das Mittelmeer ist die Heimat von 25 000 Pflanzen- und Tierarten, und 60 Prozent davon gibt es nirgendwo anders auf der Welt. Wale, Delfine, Schildkröten, Haie, Seegraswiesen und Fische – es ist alles vorhanden, was das Taucherherz begehrt. Und jene, die den Kopf lieber über Wasser lassen, werden alleine schon vom betörenden Blau zum Baden verlockt. Mir geht es jedenfalls so. Ob über oder unter Wasser – ganz egal, ich liebe das Mittelmeer. Dort bin ich bei einem Tauchgang einem riesigen Zackenbarsch begegnet, der in einer Höhle bei den spanischen Medas-Inseln wohnte. Er war sicher an die zwei Meter groß, und als ich um die Ecke schwamm, schauten wir uns direkt an. Ich glaube, wir waren beide ein bisschen erschrocken ob der unerwarteten Begegnung. Ich hatte das Gefühl, einem Tier von der Größe eines Kleinwagens zu begegnen. Den Rückwärtsgang habe dann ich eingelegt, um den Weg freizugeben, denn es war klar, wer hier wen störte. Eigentlich ist der Zackenbarsch im Mittelmeer durch zu viel Fischerei bedroht, aber die Gewässer um die Inseln sind ein Schutzgebiet, in dem das Fischen verboten ist. Deshalb konnte der Zackenbarsch so beeindruckend alt und groß werden.

Mit uns Reisenden kommt allerdings auch der Müll: Im schönen Mittelmeer landen jedes Jahr eine halbe Millionen Tonnen Plastikmüll.

Der WWF hat ausgerechnet, dass dies einer Menge von 34 000 Plastikflaschen pro Minute entspricht. Um mehr als ein Drittel steigt die Müllmenge im Sommer an, die Verantwortlichen vor Ort sind mit der Abfallentsorgung überfordert. Der Müll landet deshalb auf illegalen oder offenen Mülldeponien und gerät so wie in Asien durch Wind und Wetter früher oder später in die Umwelt. Eine WWF-Analyse hat gezeigt, dass zwei Drittel des Plastikmülls im Mittelmeer aus Ägypten, der Türkei und Italien stammen. Ein trauriger Europa-Rekord wird von Italien gehalten: Hier werden 32 Millionen Plastikflaschen am Tag benutzt.

Und so versinkt unendlich viel Plastik in den Meeren: Dieses setzt sich zusammen aus Tourismusabfällen, unrecyceltem exportiertem Müll, aus Abfällen von Kreuzfahrt-, Handels- und Sportschiffen und aus entsorgten oder verlorengegangenen Fischernetzen. Aber auch versteckte Plastikeinträge wie der Abrieb von Synthetikfasern, Schuhsohlen und Autoreifen treten hinzu. Insgesamt geschätzt rund fünf bis 13 Millionen Tonnen Müll finden jedes Jahr ihren Weg in die Ozeane. Pro Minute landet der Inhalt eines ganzen Müllwagens im Meer. Das sind 400 Tonnen pro Stunde. Von einem Material, das nicht einmal besonders viel Gewicht auf die Waage bringt.

Das Fatale: Wenn man sich die Prognosen vieler Unternehmen ansieht, soll noch mehr Plastik hergestellt und sollen noch mehr Produkte in Plastik verpackt werden, allen Anti-Plastik-Bewegungen zum Trotz. Die Verpackungsdesigner kommen auf die wahnwitzigsten Ideen, was sie noch alles in Plastik einschweißen können: Eine Freundin von mir hat in einem Supermarkt Kartoffeln gesehen, die einzeln in Plastik verpackt waren, und ich stand beim Einkaufen schon vor geschälten (!) Bananen auf einem Plastikteller, der in Plastikfolie eingewickelt war.

Es wundert nicht, dass durch simple Hochrechnungen Zukunftsprognosen wie diese existieren: 2050 werden sich mehr Plastikteile im Meer befinden als Fische. Um noch einmal die Müllwagen zu bemühen: 2030 wird es bereits der Inhalt von zwei Müllwagen pro Minute sein, der in unsere Ozeane gelangt, und 2050 sind es dann schon vier Ladungen.[16] Wenn sich nichts ändert.

Willkommen auf den neuen Plastikkontinenten

Ist der Plastikmüll erst einmal im offenen Gewässer, bleibt er dort Hunderte von Jahren. Gerade einmal 15 Prozent werden wieder zurück an die Strände gespült. Jedes Stück, jedes Fitzelchen Plastik, das vor 50, 30 oder zwei Jahren einmal ins Meer gelangte, ist also buchstäblich noch da. Die Teile werden von Strömungen erfasst und gehalten und ziehen nahezu unverrottbar ihre Kreise. Aus Plastikflaschen, Tüten, altem Spielzeug, Bojen, Geisternetzen, Werkzeugen und Kosmetikflaschen werden nach und nach, durch Sonne, Meersalz und Wind, kleine Fetzen von Plastik, die wie ein endloser Strom von Müllpartikeln in allen Schichten des Meeres schweben. Zusammen ergeben diese Millionen von Teilchen regelrechte Plastikkontinente. Manchmal werden sie auch Plastikteppiche genannt, beides irreführende Bezeichnungen, suggerieren sie doch eine Ansammlung von Müll an der Oberfläche. «Strudel» trifft es eigentlich eher. Fünf dieser Müllstrudel gibt es weltweit, der größte von ihnen befindet sich im Nordpazifik, der sogenannte North Pacific Garbage Patch, und er alleine ist schon größer als Europa.

In diesem gigantischen Plastikozean befinden sich die Midway-Inseln. Sie liegen in der Mitte des Nordpazifiks, weit weg von jeglicher Zivilisation: Die Küste Kaliforniens ist über 4000 Kilometer entfernt, die von Japan über 5000 Kilometer, und obwohl sie zu den Hawaii-Inseln gehören, sind es bis dahin auch noch über 2000 Kilometer.

Die Midway-Inseln sind im Gegensatz zu Hawaii allerdings nahezu unbewohnt. Es kommen höchstens Wissenschaftler zu Studienzwecken vorbei, weil die Inseln seit 2006 zu dem marinen Schutzgebiet Papahanaumokuakea gehören. Die vielen Seevögel können hier in Ruhe und Sicherheit ihren Nachwuchs großziehen oder einfach nur verschnaufen, hier gibt es für sie keine natürlichen Feinde. Zur Brutzeit macht es sich auch die größte Albatros-Kolonie der Erde auf den Inseln gemütlich: Bis zu zwei Millionen Tiere brüten in der Abgeschiedenheit.

Die Midway-Inseln wirken auf den ersten Blick paradiesisch mit ihren feinen weißen Sandstränden, vulkanischen Felsen und der üppigen Vegetation. Auf den zweiten Blick jedoch sind die Inseln leider nicht ganz so idyllisch: Sie sind überschwemmt mit Plastikmüll – so weit das Auge reicht. Und dazwischen liegen verendete Albatrosse, die Mägen voller Plastik. Mit Gegenständen, die man im eigenen Supermarkt finden könnte: Verschlusskappen, kleine Fläschchen, Feuerzeuge, Kugelschreiber und Stücke von Zahnbürsten. Die Albatrosse tauchen im Meer hauptsächlich nach Tintenfischen und Tintenfischeiern – doch was sie in diesem riesigen Müllstrudel schnappen, sind immer häufiger Plastikteile. Die unberührten Inseln und die reiche Tierwelt werden mit dem konfrontiert, was die Menschen Tausende von Kilometern entfernt vor Jahrzehnten, Jahren und Monaten einmal weggeschmissen haben.

Nun sind die Midway-Inseln unfassbar weit weg – so weit wie für die meisten die gesamte Problematik. Aber das ist sie nicht. Auch bei uns, ganz nah, auf Mellum, einer kleinen Nordseeinsel nahe Wilhelmshaven, findet sich jede Menge angeschwemmter Plastikabfall am Strand. Sie ist nicht bewohnt, und es gibt keinen Tourismus. Es ist also wie bei den Midway-Inseln: Vor Ort wird kein Müll verursacht. Deshalb sind die Insel und ihr Strand eindeutige Indikatoren für die Verschmutzung der Nordsee – auf 200 Metern Strand wurden bei einer systematischen Strandmüllkontrolle über 700 Teile Müll gefunden, das meiste davon – natürlich – Plastik.

Müll, in jeden Winkel dieser Meere verteilt

Häufig werden wir vom WWF gefragt, ob es nicht möglich ist, diesen Müll abzuschöpfen, mit Netzen herauszufischen oder -zufiltern. Auf Mellum und an vielen Stränden weltweit wird der Strandmüll von ehrenamtlichen Helfern eingesammelt, aber sobald es darum geht, es aus dem Wasser zu holen, ist das Problem ungleich schwieriger. Genauso könnte man vorschlagen, Deutschland einmal durchzufegen. Oder die Sahara durchzusieben. Der Großteil des Mülls besteht eben aus kleinsten Stückchen, die nur mit einem feinmaschigen Netz erwischt werden könnten. Was wiederum bedeuten würde, auch Tonnen von Plankton zu entfernen – die Basis der gesamten marinen Nahrungskette. Wäre der Müll tatsächlich in Form eines großen «Müllteppichs» konzentriert, den man von der Wasseroberfläche abschöpfen könnte, wäre er vielleicht entfernbar. Aber er verteilt sich eben über ein unfassbar großes Gebiet in einem Strudel, der viele Kubikkilometer groß ist. Die Teilchen schweben in allen Tiefen und sinken langsam auf den Meeresgrund, wo sich mittlerweile der Großteil des Plastiks befindet. Wenn man dann noch die Kosten und Schwierigkeiten bedenkt, überhaupt an diesen Ort in der Mitte des Pazifiks zu gelangen, die Tiefe nicht mit einberechnet, sollte klar sein, dass es auf offener See so gut wie unmöglich ist, den Wirbel zu säubern. Erfolgversprechender ist es, an Flussmündungen zu sammeln: Es gibt erste vielversprechende Projekte (siehe Kasten).

In den entlegensten Gebieten der Erde, an den Polen, in den größten Tiefen des Meeres – unser Plastikmüll ist überall. Er liegt an Stellen, an denen wir selbst noch nie waren. Eine Forschungsgruppe hat im Marianengraben, dem tiefsten Punkt der Erde, in 7000 Metern Tiefe, eine neue Art entdeckt. Ein kleiner Kerl, der zur Familie der Flohkrebse gehört. Nun galt es, dem Neuzugang einen Namen zu geben, der möglichst charakteristisch für diese neue Art ist. Dieser Flohkrebs, der im März 2020 das erste Mal von Wissenschaftlern beschrieben wurde, trägt nun den Namen *Eurythenes plasticus* – denn in seinem Körper fanden die Forscher Mikroplastik. Wir haben diese neu entdeckte Spezies nie ohne Plastik kennengelernt.

Einfach abschöpfen klappt nicht

Warum es schwierig ist, all das Plastik
aus den Ozeanen zu holen

Wie bekommen wir das Plastik aus den Meeren? Welches Gerät kann eine solche Aufräumarbeit leisten? Und dabei auch noch zwischen Plastikpartikeln und Plankton unterscheiden, die in etwa die gleiche Größe wie Mikroplastik haben? Ein feiner Filter würde alles aus dem Wasser holen. Dann hätten wir zwar sauberes Wasser – es wäre aber quasi frei von Leben.

Es bleibt also erst einmal nur, die größeren Teile zu bergen. Vielleicht haben Sie schon von dem jungen Holländer Boyan Slat gehört, der mit seinem Gerät Ocean Clean Up den North Pacific Garbage Patch reinigen möchte. Sein System musste einiges an Rückschlägen einstecken, eben weil der Plastikmüll nicht, wie er es sich anfänglich vorstellte, von der Oberfläche abfischbar war. Aber Boyan Slat lässt sich nicht abbringen und hat mittlerweile ein neues System entwickelt: Eine Art Schiff, dass er an Flüssen positioniert, um dort das Plastik herauszufischen. Eine kluge Maßnahme, denn 80 Prozent der Plastikverschmutzung wird durch Flüsse ins Meer geführt, und an den Mündungen sind die Plastikteile in der Regel noch nicht klein zersetzt.

Auch Marcella Hansch, eine Architektin aus Aachen, nimmt sich des Themas an: Sie hat das Projekt Pacific Garbage Screening ins Leben gerufen, in dessen Rahmen sie und ihr Team eine schwimmende, kammähnliche Plattform in die Mündungen von Flüssen setzen wollen, die kleinere Teile herausfischen kann. Ich bin gespannt, wann und wo sie den Prototyp testen werden.

Gut ist auch der Seabin, eine Art schwimmender Mülleimer, der mit Hilfe einer Pumpe im Wasser treibende Abfälle sammelt, die dann recycelt werden können. Er wird vor allem in Häfen genutzt, mittlerweile sind bereits 700 seiner Art im Einsatz.

Trotz dieser Bemühungen werden unsere Ozeane noch jahrhundertelang voller Kunststoffe bleiben. Deswegen darf nicht noch mehr hinzukommen. Der Blick ans andere Ende, hin zu Produktion und Verbrauch, ist daher immer noch wichtiger als jede gute Erfindung.

Wo genau geht es hier zum Planeten B?

Angesichts der katastrophalen Vermüllung müssen wir dringend handeln. Immerhin könnte es sein, dass Exporte von stark verschmutztem, unsortiertem Plastik, das nicht zu recyceln ist, zukünftig verboten werden könnten. Deutlich schärfere Regeln und verbesserte Kontrollen haben die 187 Staaten der Basler Konvention im Mai 2019 beschlossen, nach der man verschmutztes Plastik nun als gefährliche Stoffe einstuft und der Export damit genehmigungspflichtig ist. Und nach China haben nun auch Malaysia und die Philippinen die Einfuhr von Plastikmüll beschränkt, sie schicken stark verschmutzten Müll sogar per Container zurück in die Herkunftsländer – Return to Sender. Ein starkes Signal an die Industriestaaten, sich selbst um ihre Müllprobleme zu kümmern.

Bisher wird in Deutschland ein Teil des nicht recycelbaren Plastiks verbrannt, und diese Praxis wird durch die Basler Konvention und die Einfuhrbeschränkungen der ehemaligen Importländer noch zunehmen. So gewinnen wir immerhin Wärmeenergie, und der Rohstoff ist nicht ganz und gar sinnlos als Müll verloren. Dennoch, auch wenn es um Längen besser ist, als ihn auf Müllkippen zu sammeln, wirklich gut ist das Verbrennen auch nicht, weil es nicht dort ansetzt, wo es nötig wäre: bei Herstellung und Verbrauch.

Es wäre sinnvoller, wenn generell weniger Plastik produziert und dieses als Wertstoff betrachtet würde, der immer und immer wieder verwendet und recycelt werden müsste.

Vor allem sollte es keine Konsumprodukte mehr geben, die nur weni-ge Sekunden oder Stunden benutzt werden und dann weggeschmissen werden – Einweg ist wirklich nicht mehr zeitgemäß. Wir verbrauchen jetzt schon jedes Jahr einen halben Planeten mehr an Ressourcen, als eigentlich vorhanden sind. Wir haben aber keinen Planeten B, auf den wir zurückgreifen können.

Wir alle, also die Verbraucher, müssen den Unternehmen und der Regierung deutlich machen, dass es nicht in unserem Interesse ist, wei-terhin so viel oder womöglich noch mehr Plastik zu verwenden. Denn wenn wir die Produktions-, aber auch die eigenen Konsumgewohnhei-ten nicht jetzt ändern, werden die Meere immer weiter zugemüllt. Und dann stehen wir eines Tages am Strand, die Füße umspült von Wasser – und Abermillionen Fetzen aus Plastik, das wir einst weggeschmissen haben.

Ein Seeigel auf dem Meeresgrund –
und ein Plastikbecher, wo er nicht hingehört.

Fangen wir bei uns an

Wer von uns möchte, dass Schildkröten sich in der Plastikfolie des Six-packs verfangen, das wir gekauft haben? Wer möchte, dass Robben sich die Schwanzflosse amputieren beim Versuch, unsere alte Angelrute ab-zuzerren? Wer möchte, dass seine Kaffeekapsel im Magen eines Wals landet? Niemand möchte das.

Und doch verursacht unser Müll unendliches Leid in den Ozeanen. Es fällt uns schwer, uns selbst in Verbindung zu bringen mit diesem Leid. Zum einen, weil es unsere Vorstellungskraft übersteigt. Zum an-deren denken wir zu wenig über den eigenen Konsum nach, wägen uns dank des deutschen Recyclingsystems in Sicherheit und fühlen uns schlicht und einfach ohnmächtig angesichts der Plastikflut im Alltag. Wir zucken mit den Achseln und sagen: «Was kann ich allein schon aus-richten?» Zum Glück sind wir nicht gänzlich hilflos. Jeder Einzelne, jede Einzelne von uns hat durchaus die Macht, etwas zu verändern. Pas-sagen, die im Folgenden durch diesen Stempel gekennzeichnet sind:

sollen in jedem Kapitel aufzeigen, dass es sich sehr wohl lohnt, bei sich selbst anzufangen: Denn aus einem Menschen werden schnell viele – eben «Ich hoch wir». Und wir alle gestalten den Wandel mit!

Gerade beim Thema Plastikvermeidung haben wir allen Grund, stolz auf uns zu sein. Als vor etwa fünf Jahren an die Öffentlichkeit kam, welche Ausmaße die Vermüllung der Meere angenommen hatte, führte das zu einem öffentlichen Aufschrei. 80 Prozent aller EU-Bürger, von Schweden bis Spanien, waren sehr besorgt darüber, welche Aus-wirkungen Plastik auf die Umwelt hat.

Und: Die Politik reagierte! Im Mai 2019 erließ die EU das Verbot von bestimmten Wegwerfprodukten aus Plastik und Styropor, die erheblich zur Meeresverschmutzung beitragen. Es wird 2021 in Kraft treten und gilt in allen EU-Staaten. Zuerst werden die Wegwerfprodukte verschwinden, die an den Stränden am häufigsten angespült werden – wie Strohhalme, Wattestäbchen, Plastikbesteck und -geschirr. Acht Jahre später müssen 90 Prozent der Plastikflaschen getrennt gesammelt und recycelt werden und neue Flaschen aus mindestens 25 Prozent recyceltem Material bestehen. Außerdem werden die Produzenten, zum Beispiel von Zigarettenfiltern und Fischernetzen, dazu verpflichtet, sich an den Kosten für Sammelaktionen zu beteiligen.

Der gesamte, mehrstufige und aufwendige Gesetzgebungsprozess in der EU hat in diesem Fall gerade einmal sechs Monate gebraucht. In den 20 Jahren, in denen ich mit meinem Team gegen die Überfischung der Meere ankämpfe, haben wir nicht so viel politische Veränderungen bewirken können, wie es die Empörung der vielen einzelnen Menschen über den Plastikmüll vermocht hat. Die verhedderten und verhungernden Tiere bekamen eine Lobby. Der Fisch bisher (noch) nicht.

Ein weiterer Beweis für die Macht des Einzelnen: Plastiktüten werden in Deutschland ab Januar 2022 verboten. Nach über einem Jahr politischem Ringen – aber das Ergebnis zählt. Bis dahin verlangt der Einzelhandel immerhin nach wie vor einen Aufpreis für Tüten: Schon diese Maßnahme zeigt Wirkung – viele Konsumenten verzichten auf die Tüten an der Kasse. Der Pro-Kopf-Verbrauch von Plastiktüten hat sich mehr als halbiert, jeder Deutsche griff im Schnitt nur noch 24-mal im Jahr an der Ladenkasse zur Plastiktüte – das Einsparziel der EU von 40 Tüten pro Kopf wurde also unterboten. Dennoch sind 24 Tüten pro Kopf im Jahr immer noch zwei Milliarden Tüten, sodass sich viele Bürger weiterhin gefragt haben: «Wenn Plastiktüten ein Umweltproblem sind, warum nicht ganz verbieten?» Immerhin gibt es in vielen anderen Ländern, wie zum Beispiel in Bangladesch oder Kenia, schon seit Jahren ein Plastiktütenverbot.

Ich persönlich wäre glücklich, wenn auch die Hemdchen verschwinden würden, die dünnwandigen Tüten für Obst und Gemüse. Landen sie in der Umwelt, verfangen sie sich in Bäumen und Sträuchern und hängen dort jahrelang. In Bäche und Flüsse geweht, werden auch sie irgendwann ins Meer gespült, wo sie von den Meeresbewohnern mit Quallen verwechselt und gefressen werden.

Eigentlich sind alle Einwegtaschen ein unnötiges Problem, selbst Papier- und die sogenannten biologisch abbaubaren Plastiktüten. Entweder sind ihre Produktion oder ihre Entsorgung problematisch. Die biologisch abbaubaren Tüten beispielsweise verrotten mitnichten auf dem hauseigenen Komposthaufen, sondern nur auf industriellen Kompostieranlagen. Die Ökobilanz der Papiertüten wiederum ist eine Katastrophe, weil bei ihrer Herstellung unglaublich viel Wasser verbraucht wird und sie darüber hinaus mit chemischen Substanzen behandelt werden, damit sie nicht so schnell reißen. Leider bringt das nicht wirklich viel – sie reißen dennoch.

Die Alternativen sind so viel umweltfreundlicher: Mehrweg-Tragetaschen, die vorwiegend aus recyceltem Material hergestellt werden, oder Stoffbeutel. Die müssen zwar mehrmals benutzt werden, um eine befriedigende Ökobilanz vorweisen zu können – aber was spricht dagegen, sie wirklich viele, viele Male zu verwenden? Ich persönlich trage seit zehn Jahren meinen kleinen, knüllbaren Einkaufsbeutel bei mir. Der passt in meine Handtasche, ist superleicht und immer zur Hand, wenn ich spontan in den Supermarkt gehe. Wie viele Plastiktüten ich dadurch NICHT benutzt habe? So an die 300 bis 400 dürften es locker sein, wenn ich mir den Durchschnittsverbrauch von 68 Tüten pro Jahr vor der Empörungswelle ansehe, und den von 24 Tüten von 2018.[17]

Sicher: Es brauchte eine Weile, sich daran zu gewöhnen, schon vor dem Einkauf an die Taschen zu denken – aber im Nachhinein war es dann doch nicht allzu kompliziert, neben dem Einkaufszettel noch an eine Transportmöglichkeit zu denken. Wir können hier mit Stolz sagen, dass wir mit einer Gewohnheit gebrochen haben. Dem Meer und der Umwelt zuliebe.

An meine Haut lasse ich nur Wasser und ...
ja, was denn eigentlich?

Ein weiteres Erfolgsbeispiel: Der BUND hat 2014 aufgedeckt, was sich alles unerwartet in Duschgels, Cremes und Peelings tummelt: mikroskopisch kleine Plastikartikel. Bis dato wusste das kaum jemand. Die Hersteller mussten es zwar deklarieren, doch wirklich verstanden hat es kaum jemand. Wer weiß schon, was sich hinter Abkürzungen wie PP und PUR verbirgt? Als es aber publik wurde, haben wir angemessen reagiert: angewidert. Keiner wollte sich mit kleinsten Plastikteilchen die Zähne putzen oder das Gesicht waschen. Die Hersteller haben daraufhin schnell einen Rückzieher gemacht und das Mikroplastik aus vielen Produkten freiwillig entfernt. Leider verzichten sie noch nicht gänzlich darauf: In vielen Kosmetikprodukten stecken nach wie vor Polymere in gelöster oder flüssiger Form, zum Beispiel Filmbildner, die dafür sorgen, dass bestimmte Produkte auf unserer Haut bleiben, oder Füller, die gelartige Konsistenzen schaffen. Bei Kosmetikprodukten gibt es plastikfreie Alternativen, wie beispielsweise zertifizierte Naturkosmetik, die ohne mineralölbasierte Bestandteile auskommt. Konkret weiter hilft sonst auch der *Einkaufsratgeber Mikroplastik* vom BUND im Internet.

2018 wurden immer noch 922 Tonnen Mikroplastik in Kosmetik verarbeitet[18], eine erschreckend hohe Zahl – und dabei ist das nicht mal ein Prozent der Gesamtmenge, die an Mikroplastik in die Umwelt gelangt! Den größten Teil machen Auto- und Fahrradreifen aus, Schuhsohlen, die künstlichen Fasern in unserer Kleidung oder in Teppichen oder auch der Abrieb vom Kunstrasen auf dem Fußballplatz ...

Dennoch: Die Anfänge im Kampf gegen den Plastikmüll sind gemacht. Nun heißt es dranbleiben. Und bereit sein für weitere Veränderungen, indem wir uns Sachen abgewöhnen, die nicht überlebenswichtig sind, oder indem wir die eigenen Lebensgewohnheiten hinterfragen. Mir hilft im Alltag und beim Einkauf oft ein innerer Check: Brauche ich das wirklich? Brauche ich es so häufig? Benutze ich es aus Bequemlichkeit? Gibt es Alternativen, mit denen ich etwas ersetzen kann? Hat neben dem Stoffbeutel nicht auch noch ein Kaffeebecher oder eine Wasserflasche Platz in der Handtasche oder dem Rucksack, die ich mehrfach benutzen kann? Es hätte keinerlei Einfluss auf unsere Lebensqualität, wenn wir vieles reduzierter, lokaler und bewusster konsumieren.

Ich denke nicht, dass wir gleich auf *alles* verzichten müssen – das würde nur zu Frust und Resignation führen. «Zero Waste» – die Trendbewegung, deren Anhänger versuchen, gänzlich auf Plastik zu verzichten – ist nicht von heute auf morgen umzusetzen. Die Menschen, die in ihren Selbsterfahrungsberichten auf Blogs oder Instagram berichten, wie sie viele Produkte des täglichen Gebrauchs, zum Beispiel Geschirrspülmittel oder Shampoo, selbst anfertigen, sind allerdings wichtig, weil sie uns in die richtige Richtung führen. Diese «First Mover» oder «Early Adopter» sind Menschen, die als Pioniere neue Wege beschreiten. Es muss sie zwingend geben, damit wir inspiriert werden. Wenn sie uns veranschaulichen, wie eine mögliche nachhaltige Alternative zu diesem oder jenem Plastikprodukt aussähe, können wir uns eher vorstellen, sie auch selbst zu benutzen. Einem guten Trend folgen nach und nach immer mehr Menschen – so entstehen neue Konsumbewegungen. Je mehr Menschen sich gegen Plastik entscheiden, desto früher wird die Industrie Alternativen anbieten. Und zwar nicht nur für die Besserverdienenden – denn die Bio-Label, das Bauern-Kombinat und der Unverpackt-Laden haben ihren Preis. Sondern *allen* Konsumenten, denn wenn ein Trend in der breiten Masse ankommt, reagieren selbst die Discounter.

Wie gesagt, so radikal wie die First Mover müssen wir dabei gar nicht unbedingt vorgehen. Wir nehmen uns ja auch nicht vor, nach zwei Wochen Joggen direkt einen Marathon zu laufen oder in einem Monat zehn Kilo abzunehmen. Viel besser klappt es, sich realistische Ziele zu setzen, die zum eigenen Leben passen. Auf dem Weg zu «Zero Waste» gibt es «Less Waste». Weniger Kleidungsstücke, weniger Deko-Artikel, weniger aufwendig verpackte Lebensmittel, weniger Lieferservicenutzung, weniger Onlinebestellungen.

Ich habe zum Schluss noch ein schönes Beispiel bei den Kollegen von Prowildlife gefunden, wie viel der Einzelne bewirken kann: Die Kollegen rechneten aus, dass ein Mensch über 14 Jahre hierzulande alle zwei Monate eine Flasche Shampoo verbraucht, also sechs im Jahr. Da kommen bei 71,6 Millionen Menschen über 14 einige Plastikflaschen zusammen. Würde nur ein einziges Prozent auf verpackungsfreie Haarseife umsteigen, würden pro Jahr schon an die 4,3 Millionen Plastikflaschen eingespart. Ist das nicht gigantisch?

Was Gesetzgeber und Industrie leisten müssen

Die Welt beginnt zu verstehen, dass der Plastikvermüllung nicht allein mit Entsorgung und Recycling beizukommen ist und auch in der Hand der Verbraucher liegt. Schon in fünf Jahren wird die produzierte Plastikmenge so hoch sein, dass heutige Recyclingsysteme nicht in der Lage wären, diese Menge an Müll zu bewältigen.[19] Vernichtend ist auch diese Zahl: 11 Prozent. Nur so viel von der Gesamtmenge wurde überhaupt bisher weltweit recycelt. Die beste Lösung ist auf den letzten Seiten immer wieder angeklungen: Gar nicht erst so viel Plastik zu produzieren. Es gibt zu wenige verbindliche Regelungen, die jene in die Verantwortung nehmen, die das Plastik überhaupt produzieren. Die Konzerne, die die Plastikpellets, die Rohform von Kunststoffen, herstellen, die Produktdesigner, die auf immer andere Verpackungsideen kommen, und der Einzelhandel, der uns gern weismachen möchte, dass wir ohne Kleinstverpackungen für mundgerecht geschnittene Stücke nicht mehr leben können.

Warum ist das so?

Durch gezielten Lobbyismus einiger mächtiger Unternehmen wird die Vermüllung mit Plastik als reines Entsorgungsproblem dargestellt. Es gibt Konzerne, die für diese Lobbyarbeit eigene Teams beschäftigen, damit sie Einfluss auf Regierungen nehmen – und das funktioniert erschreckend gut. In Amerika, so der BUND und die Heinrich-Böll-Stiftung in ihrem sehr lesenswerten *Plastikatlas* von 2019, werden für diese Art von Arbeit jährlich 89 Millionen Euro ausgegeben. Dies schränkt die Verantwortung der Produzenten ein – und bürdet uns die Last auf. Natürlich ist es großartig, wenn die Bundesregierung noch bessere Recyclingsysteme und noch effektivere Filter in den Kläranlagen einbauen möchte. Natürlich freut sich jeder Umweltverband, wenn man sich gemeinsam am Strand zum Müllaufsammeln trifft. Aber wenn in derselben Minute der Bericht eines Plastikherstellers veröffentlicht wird, der eine Umsatzsteigerung prognostiziert und damit ein Mehr an nicht recycelbaren Verpackungen, ist das ein Hohn. Gut ist nur, dass das Plastikthema durch die öffentliche Aufmerksamkeit immer noch weit oben auf der politischen Agenda steht. Solange gibt es auch die Motivation, an Lösungen und Alternativen zu arbeiten.

ICH WIR

Eine gute Maßnahme, selbst mit anzupacken, sind Aufräumaktionen an Strand und Flussufern. Sogenannte Coastal Clean Ups werden weltweit von etlichen Verbänden, Vereinen oder auch kleinen privaten Initiativen organisiert – jedes Jahr im September gibt es zum Beispiel den internationalen Coastal Clean Up Day. Entweder man schließt sich da an oder nimmt beim nächsten Strandurlaub / -besuch / -spaziergang einfach eine Tasche mit und sammelt alleine, mit Freunden oder der Familie alles auf, was nicht an den Strand gehört. Wie viel schöner ist es schließlich, das Handtuch auf sauberem Sand ausbreiten zu können, statt neben alten Mie-Nudelverpackungen, Tüten oder Feuerzeugen zu liegen? Selbst Zigarettenstummel aufzulesen, ist sinnvoll, schließlich enthalten auch ihre Filter Plastik. Coastal Clean Ups kann man sogar im Urlaub machen – sie sind ein schönes Geschenk an die Natur und damit an uns selbst.

Das Ziel unseres Wirtschaftssystems sollte eine hundertprozentige Kreislaufwirtschaft sein. Den unsinnigen Umgang mit unseren natürlichen Ressourcen wie Rohöl für die Plastikproduktion können wir uns einfach nicht mehr leisten. Wir können sie nicht immer nur verbrauchen, zumal sie ja auch noch Jahrzehnte oder gar Jahrmillionen brauchen, um sich zu regenerieren. Was hergestellt werden muss, weil es sich nicht vermeiden lässt, sollte in einer Art und Weise produziert werden, dass es auch wieder recycelt werden kann, sodass es niemals den Kreislauf verlässt.

Diese Kreislaufwirtschaft muss politisch festgelegt werden. Es sollte beispielsweise Auflagen für die Produktion geben: Stoffe, die nicht recycelt werden können, müssen besonders teuer für den Hersteller werden. Damit alles, was wiederum recycelbar ist, am Ende weniger Geld kostet.

Bei Podiumsdiskussionen mit Herstellern oder Vertretern des Einzelhandels wird gern der Kundenwille als Begründung für die vermehrte Plastikproduktion angeführt. Gegenfrage: Wer kam auf die Idee, Gurken, die einzeln eingeschweißt sind, Gel, das besonders geschmeidig ist, in Folie eingeschweißte Kinderzeitschriften mit billigen Spielzeugen aus Plastik und mundgerecht fertig zerlegte Ananas in Hartschalenverpackung anzubieten? Ich denke nicht, dass bei diesen Verpackungsneuerungen der Wunsch des Verbrauchers im Vordergrund stand. Ja, wir haben zugegriffen. Aber das entbindet die Hersteller nicht von der Verantwortung.

Es muss geregelt werden, dass die Industrie nur sinnvolle Verpackungen im Sinne der Nachhaltigkeit herstellt. Außerdem sollten sich die Produzenten an den Kosten für eine gute Entsorgung beteiligen müssen. Damit können dann Abfallmanagementsysteme in den Ländern aufgebaut werden, denen bisher die finanziellen Mittel dafür fehlten, wodurch der Müll bisher ungehindert ins Meer gespült wurde. Hier die Forderungen im Einzelnen:

Weg mit steuerlichen Begünstigungen

Es ist kein Witz: Die Plastikproduktion wird subventioniert, indem auf das zur Herstellung benötigte Rohöl keine Steuern erhoben werden. Neues Einwegmaterial zu produzieren ist somit viel preiswerter, als es aus Recyclingmaterial anzufertigen. Solange es aber billiger ist, für kurzlebige Produkte wie PET-Flaschen eine wichtige und endliche Ressource wie Rohöl zu verschwenden, statt Recyclingmaterial dafür zu verwenden, wird sich kaum etwas ändern. Deshalb sollte Rohöl besteuert werden. Die Steuerlast muss dabei von den Herstellern selbst getragen und darf nicht an uns Verbraucher weitergegeben werden. Es kann nicht sein, dass die Konzerne von den steuerlichen Begünstigungen profitieren und die Gewinne privatisieren, die Kosten für die Müllentsorgung und Umweltzerstörung aber auf die Gemeinschaft, auf uns alle, abwälzen.

Her mit den richtigen Anreizen

Es sollte darüber hinaus ökonomische Anreize geben, also Begünstigungen für Firmen und Unternehmen, die recyceltes Material verwenden. Es könnten zum Beispiel nur Kredite vergeben werden, wenn bestimmte Nachhaltigkeitskriterien berücksichtigt werden. Denkbar wäre auch die Entwicklung eines staatlichen Labels, das eindeutig anzeigt, welche Produkte aus recyceltem Material gefertigt wurden.

Auf Innovationen setzen

Plastik ist erfunden worden. Dann ist es auch möglich, «besseres» Plastik zu machen, eines, das recyclingfähig ist. Zum Glück lassen sich immer mehr Start-ups kluge Sachen einfallen, was sich aus Müll herstellen lässt. Oder sie produzieren selbst Güter, die entweder vollständig biologisch abbaubar oder so hergestellt sind, dass alle Materialien zu neuen Produkten weiterverarbeitet werden können. In beiden Fällen gibt es keinen Abfall. So entsteht eine Kreislaufwirtschaft, das sogenannte Cradle-to-Cradle-Prinzip, frei übersetzt «Ursprung zu Ursprung».

Keine Ausweichbewegungen

Wenn Gesetze beschlossen werden, dürfen Ausweichbewegungen, die das Verbot kreativ umgehen, nicht akzeptiert werden. Gute Kontrollen sind also wichtig. Nehmen wir das Beispiel Strohhalme: Die können beispielsweise einfach dicker gemacht werden, sodass der Produzent sie als Mehrwegprodukt deklarieren kann. Aber mal ehrlich, wer nimmt den Strohhalm aus seinem Milchshake mit nach Hause, wäscht ihn und benutzt ihn noch einmal? Eben.

Zur Not das Verbot

Freiwillige Vereinbarungen mit der Industrie sind ein erster Schritt. Aber die Umsetzung muss auch überprüft werden, und wenn sie nicht stattfindet, muss es konsequente Verbote geben – anders geht es nicht. Wenn ich mit Verbrauchern spreche, sagen sie oft: «Aber wenn das so schlecht ist, warum wird es dann überhaupt angeboten?» Genau dafür gibt es Verbote: Damit uns Dinge, die schädlich für uns oder die Umwelt sind, eben NICHT angeboten werden. Es geht nicht darum, uns eine Alternative zu nehmen. Ein Verbot kann insofern auch sehr positiv für uns sein.

Deutschland als Pionier

Ich weiß nicht, wie oft ich den folgenden Satz schon gehört habe: «Wenn nur wir hier in Deutschland etwas ändern, dann bringt das global gesehen gar nichts.» Richtig. Richtig ist genauso: Wenn Deutschland nichts unternimmt, dann löst sich das Problem erst recht nicht. Denn wenn die Menschen in einem der reichsten Länder dieser Erde es nicht für nötig halten, große Anstrengungen zu unternehmen, warum sollten dann arme Länder den ersten Schritt machen, die weder die technischen noch die finanziellen Möglichkeiten dazu haben, die mit Hunger- und Krankheitskrisen und Bildungsdefiziten kämpfen? So drehen wir uns im Kreis. Wir sind nun einmal ein Land, auf dem die Blicke ruhen, selbst wenn kleinere Länder wie Dänemark oder die Niederlande uns in Sachen Innovation voraus sind. Allein deshalb war es gut, dass Deutschland das Plastikproblem beim G7-Gipfel auf die Agenda gesetzt hat und es bis heute tut: Andere Länder schauen ganz genau hin, was die Wirtschaftsriesen dieser Erde thematisieren. In Sachen Klimaneutralität und Plastikvermeidung voranzuschreiten kann sogar eine Chance für die deutsche Wirtschaft sein, denn unser Know-how in Sachen Abfallwirtschaft und Recyclinganlagen ist immens. Wieso nicht davon profitieren und Lösungen in Länder exportieren, die noch nicht so weit sind wie wir?

Die Welt muss zusammenhalten

Anreize, aber auch Sanktionen müssen mindestens auf EU-Ebene durchgeführt werden. Anderenfalls besteht die Gefahr, dass Firmen in andere Länder abwandern und dort wie gewohnt weitermachen. Aber ich gehe noch weiter: Die Vermüllung der Meere durch Kunststoffabfälle und Mikroplastik stoppt nicht innerhalb europäischer Grenzen, sondern ist weltumspannend – deshalb brauchen wir auch eine globale Abkehr von der Wegwerfgesellschaft. Am besten wäre eine Einigung auf internationaler Ebene mit länderübergreifenden Gesetzen. Leider ist Anfang 2019 ein geplantes Plastikmüllabkommen bei der UN-Umweltversammlung UNEA am Veto zweier Länder gescheitert. 188 wären dafür gewesen, sogar China, der Hauptproduzent allen Plastiks. Allen voran die USA mit ihrer mächtigen Industrielobby vereitelten den Fortschritt, und auch Kuba wollte nicht mitziehen. Auch wenn es diesmal nicht geklappt hat, stimmt es mich zuversichtlich, dass eine Plastikkonvention in Sicht ist. Erstrebenswert ist ein gemeinsames Ziel aller Länder. Dabei ist es dann egal, wie jede einzelne Regierung dieses umsetzt, nur dass sie es macht, ist wichtig. Die Gegebenheiten sind in allen Ländern unterschiedlich; man kann Deutschland nicht mit China vergleichen. Know-how- und Technologie-Transfer und die finanzielle Unterstützung der ärmeren Länder sind essenziell, damit sie dieses Ziel erreichen können.

Den Armen nicht die Einkommensquelle nehmen!

Die Abschaffung von Deponien ist erstrebenswert, und dennoch sind sie in Entwicklungsländern oft die einzige Einnahmequelle der dortigen Bevölkerung. Die Bilder von Kindern, die auf den Deponien alles einsammeln, was auch nur im Entferntesten einen Wert hat, sind jedem von uns bekannt. Natürlich sollten sie bessere Alternativen haben, als im Müll zu wühlen. Diese müssen in der Entwicklungszusammenarbeit gefunden werden, zum Beispiel durch die Vergabe von Mikrokrediten oder Social Business, also Unternehmen, die nicht auf Gewinnmaximierung ausgerichtet sind, sondern auf die Lösung sozialer Probleme.

«Mein schöner neuer Flauschpulli»

**Der Weg eines Synthetikpullis
und warum Fast Fashion zum gigantischen
Plastikproblem geworden ist**

Ein bisschen schlägt es höher, das Herz, wenn wir ihn überziehen, diesen neuen Pulli, der so herrlich anschmiegsam ist. Das flauschige Teil war zudem auch noch supergünstig – fast zu schön, um wahr zu sein. Und so ist es auch: Denn mittlerweile verursachen die meisten Kleidungsstücke bei ihrer Entstehung, der Pflege und selbst bei ihrer Entsorgung riesige Umweltprobleme; ein Umstand, der den wenigsten wirklich klar ist. Deswegen möchte ich stellvertretend für viele andere Kleidungsstücke erzählen, wie ein solcher Flauschpulli in die Welt kommt – und wie er endet.

Der Großteil unserer Kleidung wird für Modeketten produziert, die gern schnell und extrem viel herstellen, um immer den neuesten Trend anbieten zu können – sogenannte Fast Fashion. Damit die Firmen diese schön günstig verkaufen können, muss die Herstellung so billig wie nur irgendwie möglich sein. Solche Produktionsbedingungen können, wie die meisten von uns wissen, vor allem asiatische Länder bieten. Als Beweis nachzulesen im Etikett: «Made in India … Indonesia … China».

Noch billiger macht den Pulli der Umstand, dass er aus Plastik besteht. Kaum zu glauben, dass die flauschigen Fasern meist zu 100 Prozent aus kleinen, harten, linsenförmigen Kügelchen aus Plastik hergestellt wurden, oder?

Diese sogenannten Plastikpellets haben einen langen Lieferweg über Land und Wasser hinter sich, bevor sie in der Fabrik ankommen. Schon beim Verladeprozess und Transport entstehen die ersten Verluste: Unterdruckschläuche saugen die kleinen Linsen an, und an den Anschlussstellen treten Tausende von Pellets aus, die vom Wind verweht oder im Hafen ins Wasser gespült werden. Bisher wird das einfach hingenommen, die kleinen Kügelchen gelten nicht als Gefahrengut.[20]

Nicht selten passiert es sogar, dass ganze Container voller Pellets durch schlechtes Wetter und raue See von Bord eines Schiffes fallen. Als Ursache für Mikroplastik in den Meeren rangieren die kleinen Kügelchen weltweit auf Platz sieben. So gelangen groben Schätzungen zufolge jährlich mehr als 250 000 Tonnen Granulat ins Wasser. Und da sie Plankton oder Fischeiern zum Verwechseln ähnlich sehen, werden sie in rauen Mengen von Fischen, Vögeln und größeren Meeressäugern gefressen. Fatalerweise sind die Pellets auch noch regelrechte Schadstoffabsorbierer und nehmen Umweltgifte auf – je dunkler die kleinen Kügelchen, desto giftiger.[21] Welche gesundheitlichen Folgen das für die Tiere hat, ist noch nicht zuverlässig untersucht, aber die so aufgenommenen Stoffe, zum Beispiel PCB, gelten als krebserregend. Am Ende verteilen sie sich durch die gesamte Nahrungskette und landen vielleicht sogar bei uns auf dem Tisch. Dabei sollte daraus doch ein Flauschpulli werden …

Pellets, die unbeschadet in der Textilfabrik ankommen, werden dort eingeschmolzen und zu Garn für die Strickmaschinen verarbeitet. Durch den Abrieb in den Maschinen entstehen wieder Verluste in Form von Fusseln und Flusen, die sich in der Halle verteilen und schnell nach draußen in die Umwelt gelangen. Wind und Regen verteilen die Plastikfasern, sie landen in den Abwässern, den Flüssen, den Ozeanen.

Der fertige Pulli wird am Ende verpackt und nach Deutschland verschifft, wo wir ihn entweder online (in Plastik verpackt) oder analog ergattern. Beim Ausschütteln und Überziehen fliegen dann die ersten Fasern durch die Luft – die wir einatmen. Und bei der ersten Wäsche? Da kommt der schöne neue Pulli häufig erst einmal gesondert in die Maschine – er könnte ja färben oder einlaufen. Durch die «Bewegungsfreiheit» in der Trommel gibt es einen unfassbar hohen Garnabrieb. Von einer neuen Fleecejacke wissen wir, dass bei der ersten Wäsche 1900 Fasern ins Abwasser geraten. Diese gehen weiter auf die Reise. Manche Fasern können die Filtersysteme unserer Kläranlagen herausfiltern, die Ergebnisse schwanken zwischen 60 und 90 Prozent, manche sind aber so klein und dünn, dass sie durchflutschen und in die Flüsse und ins Meer gespült werden. Am Ende verwickeln sich Kleinstlebewesen wie Muscheln oder Plankton darin. Der Klärschlamm übrigens, in dem sich die herausgefilterten Fasern befinden, wird gern genutzt, um Felder zu düngen. Und zack landen die Fasern in der Erde, in der unser Getreide oder Gemüse wächst.

Und der neue Pulli? Irgendwie steht uns die Farbe doch nicht so gut oder er ist irgendwann nicht mehr flauschig, er leiert aus – und haben wir da nicht gerade erst neulich diesen anderen, noch viel flauschigeren Pulli gesehen? Gerade vier Mal tragen wir ein Kleidungsstück im Durchschnitt, bevor wir es aussortieren.[22]

Neu wird viel schneller alt – kein Wunder, wenn man bedenkt, dass große Modeketten uns mit bis zu 24 Kollektionen im Jahr verlocken, den Namen Fast Fashion also wörtlich zu nehmen. Durchschnittlich 60 Kleidungsstücke kauft jede/r Deutsche im Jahr. Damit besitzen wir heute viermal so viele Klamotten wie 1980 – mit zunehmendem Synthetikanteil. 98 Millionen Tonnen Rohöl waren

2015 für die Herstellung von Kleidung nötig, bis zum Jahr 2050 könnten es 300 Millionen Tonnen sein.[23]

Auch der CO_2-Abdruck der Modebranche, das ist sicher den wenigsten bekannt, ist mittlerweile brutal hoch. Die weltweite Textilproduktion verursacht mehr Kohlendioxid als alle internationalen Flüge und die Seeschifffahrt zusammen![24]

Es ist zwar besser, den Kleidern ein zweites Leben zu geben, als sie auf den Müll zu werfen, aber im Altkleidercontainer macht der Flauschpulli nicht nur Freude. Seit Mitte der 1990er Jahre ist die Altkleiderflut um 20 Prozent angestiegen – rund eine Million Tonnen Textilien geben wir jährlich in die Altkleidersammlungen.[25]

Wir Europäer und Amerikaner sind nur leider oft von größerer und kräftigerer Statur als die Bewohner der Hauptabnahmeländer in Afrika und Asien, und so müssen Berge zu großer Klamotten wieder entsorgt werden: in Ländern, die über kein gutes Abfallsystem verfügen. Da liegt er also am Ende auf irgendeiner Deponie, der Flauschpulli. Kein Happy End an dieser Stelle.

Shoppen, das machen die meisten gern – auch eine Meeresbiologin, die genau weiß, zu welchem Preis ein Kleidungsstück angefertigt ist. Ich habe zum Beispiel ein Faible für Ringelshirts und graue Pullis. Die reden mit mir, wenn ich sie im Geschäft hängen sehe. Was genau ich mir von dem x-ten Ringelshirt verspreche, weiß ich nicht, aber leider belohnt unser Gehirn uns beim Kauf tatsächlich mit einer kleinen hormonellen Glücksinfusion, und wer eine harte Woche hinter sich hat, kann die gut gebrauchen. Dennoch: Der Weg des Flauschpullis zeigt, wie dringend der Handlungsbedarf ist. Ein nachhaltiger Lebensstil ist bei unserem Umgang mit Textilien unumgänglich, um der Plastikverschmutzung Einhalt zu gebieten. Auf Kunststofffasern komplett zu verzichten ist sicherlich unrealistisch, dazu sind sie zu verbreitet – dennoch ist auch hier weniger mehr. Das Ziel sollte sein, Fast Fashion auszubremsen, in dem wir grundsätzlich weniger kaufen. 60 Kleidungsstücke, das heißt, wir kaufen mehr als ein Stück pro Woche. Wie wäre eine kleine, feine Stoffdiät, bei der wir «nur» 50, 40 oder 30 ausgewählte Stücke im Jahr shoppen? Und stattdessen vielleicht mal Flohmärkte oder Secondhandläden besuchen, um zu kaufen oder verkaufen? Und muss man die Jacke gleich wegschmeißen, wenn da ein kleines Loch am Saum ist? Laut Greenpeace hat die Hälfte aller Deutschen noch nie etwas zum Schuster oder zum Schneider gebracht – dabei wäre es doch mal einen Versuch wert, Kleidung zu reparieren und zu erhalten, schon aus Kostengründen.

Ich halte es mittlerweile am liebsten mit dem Motto von Vivienne Westwood, die einmal sagte: «Kaufe weniger, wähle sorgfältig, behandle es gut.» Das heißt für mich: Ich liebe und trage meinen grauen Flauschpulli sehr, sehr lange. Ich wasche ihn stets in Gesellschaft, denn eine volle Waschmaschine spart nicht nur Wasser, sondern verringert ganz ungemein den Faserabrieb. Ich reinige mein Fusselsieb über den Mülleimer und nicht im Waschbecken. Ein kleiner persönlicher Umweltbeitrag ohne großen Aufwand.

«Die begrenzten Ressourcen der Welt
dem Konsum zu opfern,
ist eine Katastrophe.»

Dalai Lama
(spiritueller Lehrer)

Überfischung

Fisch ist wichtig für unsere Ernährung, aber: Viele Fischbestände sind am Limit, über ein Drittel sind überfischt. Wir lassen ihnen keine Zeit, sich zu erholen.

Orcas gelten als lebendig, frech, verspielt, aber auch grausam, Blauwale als gemütlich und sanftmütig. Delfinen wird nachgesagt, sie seien neugierig, klug und hilfsbereit. Meeressäugern werden immer wieder Charaktereigenschaften zugeordnet. Die Frage ist: Vermenschlichen wir sie? Wenn ein Delfin einen Menschen wegstupst, weil er ihn vor einem Hai schützen will: Ist das dann Beschützerinstinkt oder eine bewusste Handlung? Verhaltensforscher sind der Meinung, dass Letzteres zutrifft. Sie trauen Delfinen und Walen ein Ichbewusstsein zu.[26]

Als Meeresbiologin hatte ich lange Zeit einen nüchternen, neutralen Blick auf die Bewohner der Meere, doch nachdem ich einige Tiere live erlebt habe, würde ich mich der Einschätzung anschließen. Spätestens nach meiner Begegnung mit Blauwalen vor fünf Jahren ist es mir nicht mehr möglich, diesen beeindruckenden Giganten nicht Eigenschaften wie Sanftmut, Friedfertigkeit und Entspanntheit zuzusprechen. So geht es den meisten Menschen, die Meeressäuger beobachtet haben, mit ihnen getaucht sind oder über einen längeren Zeitraum mit ihnen zusammenarbeiten durften.

Schweinswale, mit ein bis zwei Metern Länge die kleinste Walart, sind definitiv extrem scheu. «Unseren» heimischen Schweinswal könnte man in der Nord- und Ostsee antreffen – tut es aber selten, denn es gibt kaum eine Walart, die so unauffällig ist. Er springt nicht einfach so aus dem Meer, und die Nähe zu Menschen, wie beispielsweise Delfine, sucht er schon gar nicht. So ist er mit seiner geringen Größe und der grauen Erscheinung in einer bewegten dunkelgrauen See kaum aus-zumachen. Sein Rücken und das Blasloch tauchen nur knapp aus dem Wasser zum Luftholen auf – weg ist er wieder. Die besten Chancen, ihm zu begegnen, haben Segler: Weil sie so lautlos mit ihren Booten übers Wasser gleiten, erhaschen sie regelmäßig einen Blick auf Schweinswale. Die Geräusche eines Bootsmotors hingegen setzen dem empfindlichen Gehör des Tieres zu, und es bleibt lieber auf Distanz.

Ich weiß, wovon ich spreche: Seit über 20 Jahren bin ich nun beim WWF, und so lange schon begleitet mich der Schweinswal als mein «Partner» im Kampf gegen die Überfischung in Nord- und Ostsee. Mehrmals habe ich auf ein Rendezvous mit ihm gehofft, aber in freier Wildbahn war da bisher nichts zu machen.

Ein kleiner Botschafter für eine große Sache

Im Jahr 2000, ich war gerade frisch beim WWF, lag die erste Reform der Gemeinsamen Fischereipolitik der EU an, in der die Gesetzeslage für die Fischerei überprüft und aktualisiert werden sollte. Für uns im Team ein Grund, Aufmerksamkeit auf diesen Vorgang zu lenken, denn es gab akuten Handlungsbedarf: Schon damals war die Situation bei den Fischbeständen prekär, das heißt, es wurde mehr Fisch gefangen, als natürlicherweise nachwachsen kann. Die breite Öffentlichkeit hatte allerdings noch nicht viel davon mitbekommen – und das ist nie gut, wenn man in der Politik etwas bewirken möchte.

Also grübelten wir, wie wir es anstellen könnten, den Menschen das

Problem nahezubringen. Keine leichte Aufgabe: Überfischung ist nicht gerade ein Thema, das emotional aufrüttelt, und Fakten alleine überzeugen nur selten. Das Schicksal der Fische berührt uns Menschen nicht so wie zum Beispiel das der Orang-Utans, die bei Rodungsbränden für Palmölplantagen sterben, oder wie das der Elefanten und Nashörner, die ihrer Stoßzähne und Hörner wegen gewildert werden.

Zu Fischen haben die meisten Menschen eine nüchterne Beziehung: Sie essen sie gern, aber Mitgefühl? Schwierig. Es war also ein bisschen so, als würde man eine herzergreifende Geschichte über saure Gurken erzählen müssen.

Gut ist immer, wenn ein Thema ein «Gesicht» bekommt, einen Botschafter – und dafür, das fanden wir alle, eignete sich unser einziger heimischer Wal doch geradezu perfekt. Wenige Menschen wussten bis zu diesem Zeitpunkt, dass in unseren Gewässern überhaupt ein Tümmler zu Hause ist. «Warum muss er nur ausgerechnet Schweinswal heißen», stöhnte eine Kollegin damals. «Wie soll man den denn mit einem solchen Namen gernhaben?» Mir war da allerdings nicht bange: Zu dem Zeitpunkt war der Fußballer Bastian Schweinsteiger auf dem Höhepunkt seiner Karriere, und der wurde schließlich auch von allen liebevoll «Schweini» genannt.

Also war die Entscheidung getroffen – zumal sich anhand des Schweinswals gut aufzeigen ließ, was schieflief bei der Fischerei. Die Population des heimischen Schweinswals war in bestimmten Regionen schon damals besorgniserregend klein, und zum Teil ist sie es bis heute. Nicht, weil er gegessen wird – nein, er stirbt vor allem als Beifang, weil er in die Netze schwimmt, die für Speisefische wie Dorsch, Kabeljau und Steinbutt aufgestellt werden. Die Netze sind so haarfein, dass er sie nicht sehen kann und sich darin verfängt. Und dabei sehen Kleinwale ziemlich gut – wenn auch mit ihren Ohren. Sie senden eine schnelle Abfolge von Klicks aus, Schallimpulse, die als Echo zurückgeworfen werden. Das funktioniert besser als die Orientierung über die Augen, denn Ost- und Nordsee sind an vielen Stellen sedimentgetrübt und dunkel – oft kann man nur wenige Zentimeter weit sehen. Man kann

Unser einziger heimischer Wal – ihn zu sehen, ist ein Glücksfall.

es sich in etwa so vorstellen: Ist eine Schweinswalmutter mit ihrem Kind unterwegs, klicken die beiden sich permanent zu, um sich zu vergewissern, dass sie noch da sind: «Hallo, ich bin hier, und wo bist du?», klickt die Mutter, und ihr Kind klickt zurück: «Hier bin ich. Und du?» So verständigen sie sich mit anderen Artgenossen und nehmen auch den Boden, Gegenstände wie Boote und ihre Beute wahr.

Die sogenannten Stellnetze können sie jedoch auf diese Art nicht orten. Diese Netze hängen wie Gardinen im Wasser, unten beschwert mit Blei, oben mit bojenähnlichen Auftriebskörpern versehen, über eine Länge von bis zu 15 Kilometern. Das Fatale: Die hauchdünnen Maschen werfen keinen Schallimpuls zurück und werden den Schweinswalen somit zum Verhängnis. Einmal berührt, verheddern die Tümmler sich sofort, bleiben hängen, können zum Atmen nicht mehr auftauchen und ersticken langsam und qualvoll.

Kurz vor der Fischereireform gingen wir also unter dem Motto «Retten Sie die Nordseewale» mit einer Reihe von Aktionen an die Öffentlichkeit: Es gab eine neue Studie darüber, dass jährlich an die 7500 Schweinswale als sinnloser Beifang in den Netzen landeten und ertranken. Als Symbolaktion ließen wir zwei naturgetreue Modelle anfertigen, wickelten sie in ein Stellnetz und überreichten diese Renate Künast, die damals Bundesministerin für Ernährung, Landwirtschaft und Verbraucherschutz war. Sie durfte die beiden mit einer Schere «befreien».

Ein richtiger Glücksfall war, dass der Fernsehsender VOX unbedingt eine Doku über den Schweinswal und die Missstände der Fischerei in seiner Sendung «Tierzeit» produzieren wollte – mit dem Wal als Protagonisten und mir als Nebendarstellerin.

Wer sich für die Dreharbeiten nur nicht blicken ließ, war der Schweinswal. Es war zum Verzweifeln. Etliche Male waren wir mit dem Boot draußen auf Nord- und Ostsee, hatten aber kein Glück – die Kleinwale zogen es vor, sich rar zu machen. Dafür erlebte ich die heftigste Schiffsfahrt meines Lebens. Wir machten im Zuge der Dreharbeiten eine Ausfahrt an Bord eines Stellnetzfischers in Dänemark, der uns seine Sicht der Dinge schildern sollte. Schon im Hafenbecken zeigten sich kleine Schaumkronen auf dem Wasser – kein gutes Omen für die anstehende Bootstour. Der Wellengang wurde kurz hinter der Hafenausfahrt immer heftiger – sehr zum Leidwesen einiger Crewmitglieder, aber vor allem zu meinem. Dem Fischer hat es ganz offensichtlich einen Heidenspaß gemacht, zuzusehen, wie wir immer grüner im Gesicht wurden. Ich saß völlig bewegungslos auf einem Sitz neben dem Kapitän, schweißgebadet und extrem darauf konzentriert, mich nicht zu übergeben. Bei einer so heftigen Schaukelbewegung durch ein Objektiv zu schauen, verstärkt den Effekt immens – für den Kameramann und den Fotografen muss die Fahrt daher noch schlimmer gewesen sein. Trotz heftiger Seekrankheit hat das Team tolle Aufnahmen eines wilden

Ritts auf der Nordsee gemacht. Mein einziger Beitrag bestand darin, die Spucktüte für den Fotografen zu halten – was tut man nicht alles für seine Leidenschaft und einen kamerascheuen Hauptdarsteller …

Wir bekamen dann aber doch noch unsere Aufnahmen vom Schweinswal, allerdings mussten wir uns damit behelfen, zwei Tiere zu filmen, die sich (bis heute) in Gefangenschaft befinden. Es gibt in Kerteminde an der dänischen Ostseeküste das Forschungszentrum Fjord & Bælt. Dort leben das Weibchen Freja und das Männchen Eigil – sie hatten sich beide in Stellnetzen verfangen, konnten aber gerettet werden. Ihre neue Heimat ist ein vom Meer abgetrenntes Hafenbecken. Durch die Haltung der beiden Tiere erhoffen sich die Mitarbeiter der Forschungsstation, mehr über den scheuen kleinen Wal zu erfahren, als es in freier Wildbahn möglich wäre. Zuverlässige Informationen sind unabdingbar, um die richtigen Rückschlüsse ziehen zu können, was gut und was nicht gut für die Tiere ist und was zu ihrem Schutz beigetragen werden kann. Hier wurden zum Beispiel akustische Frühwarnsysteme ausgetestet, die an den Stellnetzen befestigt werden können.

Ich durfte bei den Aufnahmen neben der Trainerin sitzen, als diese die Schweinswale mit einer Art Hundepfeife zu sich rief. Die beiden kamen gleich angeschossen, ganz ohne Scheu – zur Begrüßung stupsten sie mit ihrer Schnauze die Hand der Trainerin an. Dieses tägliche Ritual dient vor allem dazu, die Tümmler im Schnellverfahren auf körperliche Unversehrtheit zu untersuchen. Die Trainerin guckte Freja und Eigil blitzschnell ins Maul und tastete ihre Körper ab. So stellte sie sicher, dass es den Tieren in der Gefangenschaft physisch gutgeht.

Bei der Gelegenheit durfte ich einen der Wale sogar streicheln. Er fühlte sich an wie ein nasser Gummistiefel! Diesen Moment werde ich niemals vergessen. Seitdem habe ich eine starke emotionale Bindung zum Schweinswal. Er hat einen festen Platz in meinem Herzen – bei mir hat das mit der Emotionalisierung also wunderbar geklappt …

Die WWF-Kampagne und die Tierdoku «Moby Dünn – Schweinswale in Not» waren ein Erfolg, das Thema Überfischung fand ein breites Echo in den Medien, und wir konnten vielen Menschen zeigen, dass Überfischung und Beifang nicht nur weit weg stattfinden, sondern direkt vor unserer Haustür, an Deutschlands Küsten; wir konnten vermitteln, dass die Idylle der Nord- oder Ostseehäfen mit ihren hübschen Fischkuttern, wo man sich sein Krabbenbrötchen kauft, trügerisch ist.

Seitdem wird regelmäßig in den Nachrichten über die jährliche Festlegung der Höchstfangmengen berichtet. Auf dem Papier wurden vor über zehn Jahren sogar Schutzgebiete für Schweinswale und andere wichtige Lebensräume eingerichtet. Leider ist davon bis zum Herbst 2020 zu wenig umgesetzt worden – die Verantwortlichen in den beteiligten Ministerien können sich nicht einigen. De facto wird in den Schutzgebieten also noch immer gefischt. Und so bleibt der Schweinswal weiterhin prominentes Beifangopfer.

Heute kommt er in der südlichen Nordsee zwar wieder recht häufig vor, aber in der zentralen und östlichen Ostsee ist die Population mittlerweile vom Aussterben bedroht: Dort leben weniger als 500 Tiere.

Leider beeinträchtigen nicht nur Stellnetze das Vorkommen der Schweinswale. Vor allem die Ostsee ist ein sehr intensiv genutztes Binnenmeer. Die Kadetrinne in der Mecklenburger Bucht ist einer der am stärksten befahrenen Seewege Europas; Schadstoffbelastungen, Müll und Nährstoffeinträge von Land gefährden die Wale. Auch Lärmverschmutzung durch Schifffahrt und Offshore-Industrie machen ihnen zu schaffen. Ein weiterer Aspekt ist Altmunition: Bis heute liegen viele Sprengkörper aus dem Zweiten Weltkrieg in den Meeren. Werden diese gezielt gesprengt, töten sie jedes Mal zahlreiche Schweinswale: Deren sensible Gehörgänge werden durch die Detonation so stark geschädigt, dass sie innerlich verbluten. So ist es auch gerade erst wieder im Sommer 2019 passiert, als die Nato 42 britische Minen sprengte, ohne zuvor Schutzmaßnahmen für die Tiere getroffen zu haben, die sich genau in dieser Gegend besonders gern aufhalten. Dutzende Schweinswale wurden tot an die Ostseestrände gespült.

Aussterben wegen einer großen Schwimmblase

Den Verwandten des Schweinswals geht es noch wesentlich schlechter. Vom Vaquita, wie der kalifornische Schweinswal genannt wird, existieren noch geschätzt 19 Tiere. Weltweit. Auch er ist ein Beifangopfer: Die Stellnetze, in denen er sich tödlich verheddert, werden für den heiß begehrten Totoaba aufgestellt. Von März bis Dezember versammeln sich diese zwei Meter großen Fische ausgerechnet im Golf von Mexiko, dem einzigen Lebensraum des Vaquita, um sich fortzupflanzen. Anders als der Vaquita ist der Totoaba ein wertvoller Fang. Seine Schwimmblase ist außergewöhnlich groß und gilt in der traditionellen chinesischen Medizin als Heilmittel für diverse Krankheiten, als hautverjüngend und Aphrodisiakum. Die mexikanische Regierung hat den Fang 2015 zwar verboten, das hält allerdings die meist bettelarmen mexikanischen Fischer nicht davon ab, sie illegal weiterzufischen. Sie verkaufen den Totoaba an Drogenhändler, die dann den Hauptanteil des Gewinns einsacken – und der liegt auf dem chinesischen Schwarzmarkt bei an die 100 000 Dollar für ein Kilo Schwimmblase. Das Organ des Totoaba wird daher auch als «Kokain des Meeres» bezeichnet.

Unsere WWF-Kollegen vor Ort tun noch immer alles, um das Aussterben des Kleinwals zu verhindern. Sie versuchen, aufzuklären, alternative Einnahmequellen für die Fischer zu finden und die Fangnetze aus dem Meer zu bergen – eine Sisyphusarbeit: Gegen die mafiösen Machenschaften kommen sie nicht an, zu schwer drückt die Armut. Ich weiß noch, wie mir eine völlig verzweifelte Kollegin am Telefon erzählte, dass ihnen alle illegalen Netze, die sie mühevoll eingesammelt hatten, über Nacht aus einem gut gesicherten Schuppen gestohlen worden waren. «Damit fahren die doch gleich wieder aufs Meer», sagte sie. «Die ganze Arbeit völlig umsonst.»

Nicht selten werden die Umweltschützer sogar bedroht – die Kollegin berichtete, dass ihr Fotos ihrer Kinder auf dem Schulweg aufs

Handy geschickt worden waren – ein sicheres Mittel, um Menschen einzuschüchtern und Angst zu verbreiten.

Alle Versuche, die letzten noch lebenden Vaquitas zu fangen und sie in einem abgeschlossenen Bereich zu schützen, sind gescheitert. Ein Team der weltweit renommiertesten Wissenschaftler für Kleinwale hat es in einer letzten verzweifelten Rettungsaktion probiert. Der kleine Wal ist aber so scheu, dass er aus Stress einen Herzstillstand erleidet, sobald man versucht, ihn zu transportieren. Die Aktion wurde sofort abgebrochen. Wir können nur hoffen, doch noch eine Lösung zu finden, damit wir dem Vaquita nicht beim Aussterben zuschauen müssen.

Es muss schnell etwas getan werden, um den Kleinwalen und vielen weiteren Meeresbewohnern dieses Schicksal zu ersparen. Denn der

Opfer der illegalen Fischerei: Totoaba und Vaquita

Vaquita ist mitnichten das einzige Opfer: Den Meeren droht eine Aussterbewelle. Mit dem Aufkommen der industriell betriebenen Fischerei und der zunehmenden Besiedelung der Küsten hat das Artensterben im vergangenen Jahrhundert erheblich zugenommen (siehe auch S. 144).

Mittlerweile verenden allein durch Beifang mehr Wale pro Jahr, als zu Hochzeiten des Walfangs im vergangenen Jahrhundert getötet wurden.[27] Etwa 300 000 Wale, Delfine und Tümmler ertrinken jährlich. Unbeabsichtigt und völlig sinnlos. Weil es eigentlich um etwas anderes geht: den Thunfisch, den Hummer, den Dorsch oder eben die Schwimmblase des Totoabas. Dazu gesellen sich mehrere Millionen Haie, 650 000 Robben, 300 000 Seevögel, 250 000 Meeresschildkröten und unzählige (Jung-)Fische, die zu wenig oder keinen Profit bringen, aber dringend für den Erhalt und Aufbau der Fischbestände benötigt würden. Für ein Kilo Seezunge gehen etwa sechs Kilo Beifang ins Netz, für ein Kilo Krabben neun, und für ein Kilo Shrimps sind es sogar bis zu 20 Kilo Beifang. So werden weltweit jedes Jahr bis zu 30 Millionen Tonnen Leben vernichtet. Oftmals werden die «unnützen» Tiere einfach wieder ins Meer geschmissen. Fast immer sind sie dann tot.

Unterm Strich heißt das: Beifang ist eine gigantische Verschwendung. Er bringt nicht nur viele Arten an den Rand des Aussterbens, sondern bedroht die Basis der Fischerei und zerstört das empfindliche Ökosystem der Meere. Noch dazu: Können wir es ethisch vertreten, Lebewesen wie Müll zu behandeln?

Bald nur noch leere Meere?

Addiert man zum Beifang die Fische, die ins Netz gehen *sollen*, kommen wir zum nächsten Problem: Überfischung. 90 Prozent der großen Raubfische wie Thunfisch, Schwertfisch oder Kabeljau sind bereits aus den Ozeanen verschwunden. Mehr als drei Viertel aller kommerziell genutzten Arten werden bis an ihre Grenzen befischt. Lag die Überfischung 1970 noch bei «nur» zehn Prozent, befinden wir uns mittlerweile bei 34 Prozent – und da die Weltbevölkerung weiter wächst, dürften die Prozentzahlen weiter steigen.

Wie schnell uns hierzulande der Fisch ausgeht, zeigt der sogenannte Fish Dependence Day, den seit zehn Jahren die New Economics Foundation (NEF) anhand der jährlichen Berechnungen zur Fisch-Import-Abhängigkeit der EU und ihrer Mitgliedsstaaten veröffentlicht. Er soll uns daran erinnern, dass unser eigener Konsum einen Beitrag zur globalen Überfischung leistet. Für Deutschland liegt der Tag schon früh im Jahr: Am 4. Mai waren deutsche Fischereierzeugnisse aus Nord- und Ostsee sowie aus Aquakultur für das Jahr 2019 aufgebraucht.[28] Der europäische Fish Dependence Day fiel auf den 9. Juli. Im Vergleich: Vor 30 Jahren lag er noch im Oktober.

Würde ein Apfelbauer jedes Mal gleich die Bäume mitfällen, wenn er seine Äpfel erntet, würden wir an seinem Verstand zweifeln – jedem wäre klar, dass wir dann in absehbarer Zukunft keine Äpfel mehr hätten. Bei der Fischerei verhalten wir uns aber genau so: Die politisch bewilligten Fangquoten überschreiten seit Jahrzehnten deutlich die wissenschaftlichen Empfehlungen, die es den Beständen erlauben würden, sich zu erholen.

Im Meer sehen wir nicht, was wir anrichten – wieder stehen wir vor dem Problem der mangelnden Sichtbarkeit: Was wir nicht sehen, ist für uns nicht da. Deswegen wird munter weitergefischt, ohne Rücksicht auf Verluste. Die Konsequenz: Unsere heimischen Meere bieten inzwischen nicht mehr genug Fisch, um unseren Appetit zu stillen. So kommt der Fisch, der auf unseren Tellern landet, aus anderen Ländern und Fischgründen – etwa die Hälfte des Fischs, der in der EU verbraucht und gegessen wird, wird mittlerweile importiert.[29] Dem steht der steigende Verbrauch gegenüber: In Deutschland werden jährlich über 14 Kilogramm Fisch pro Person und Jahr verzehrt, das ist fast doppelt so viel wie vor 50 Jahren. Die Wachstumsrate des Speisefischkonsums hat global mittlerweile die des Fleischkonsums übertroffen.[30]

Fisch wird als eiweißreiches, fettarmes Lebensmittel in den Industrieländern unglaublich stark beworben. Gesund wie er ist, sollten wir ihn möglichst häufig essen, wird uns suggeriert. Und es stimmt ja auch: In der Regel wenig Fett, viel Eiweiß und gesunde Omega-3-Fettsäuren, das passt gut in unsere moderne Ernährung. Für viele ist Fisch zudem ein Kompromiss, um kein Fleisch aus Massentierhaltung mehr zu konsumieren und trotzdem nicht «nur» Gemüse und Tofu zu essen. Wir greifen verstärkt auf Fisch und Seafood wie Shrimps zurück und glauben, ethisch und moralisch zu handeln, wenn Fisch auf unseren Tellern landet. Dem ist nur leider nicht so.

Noch bis in die 1950er Jahre hinein gab es Fisch satt, die Bestände des Meeres schienen unerschöpflich zu sein. Über nachhaltiges Fischen machte sich kaum jemand Gedanken. Die Menschen dachten viel zu lange: Die Fischbestände sind so groß, sie werden nie versiegen. Diese Einstellung war und ist es auch jetzt noch, die den Ozeanen am meisten schadet. Es mag stimmen – «leer» wird das Meer nie sein. Aber wenn zu viel gefischt wird, ohne dass es ausreichend Erholungspausen für die Tiere gibt, wird der Bestand immer kleiner.

Was dann passiert: Es ist nicht mehr genug für alle da. Die Schiffe müssen weiter rausfahren – oder ganz aufgeben. Es sind dann meistens die «Kleinen», die es zuerst trifft: einheimische Fischer mit Kuttern, die bereits seit vielen Generationen vom Meer gelebt haben. Nun müssen sie das bisschen nehmen, was die Hightech-Trawler ihnen übriglassen, und stehen auf einmal ohne Perspektive da.

Ein weiterer Effekt der Überfischung: Das ökologische Gleichgewicht wird nachhaltig zerstört. Ein gutes Beispiel, das beide Konsequenzen verdeutlicht, ist die Geschichte vom Neufundlandkabeljau. Sie beginnt als Märchen – und endet als Albtraum. Im 15. Jahrhundert erreichte der italienische Seefahrer Giovanni Caboto Neufundland und fand dort derart opulente Kabeljaubestände vor, dass man «zu Fuß übers Wasser gehen konnte», wie er, zurück in der Heimat, berichtete.

Schon bald siedelten sich Menschen aus Italien, England, Frankreich und Spanien an der Küste an, es entstanden kleine Fischerdörfer.

Der Kabeljau versprach ein sicheres Einkommen. Mitte des 20. Jahrhunderts war die Hauptstadt St. John's das Zentrum des weltweiten Kabeljau-Handels, und die Wirtschaft prosperierte: Die Fischer wurden immer reicher und bauten und rüsteten ihre Flotten immer weiter aus und auf. Aber es war nie genug. Jeder wollte noch mehr. Anfang der 1990er Jahre warnten Wissenschaftler und Umweltschützer, dass der Bestand bei diesem Tempo keine Chance haben würde, sich zu erholen – 1,6 Millionen Tonnen Kabeljau wurden zu der Zeit jährlich gefischt. Nur um eine Vorstellung davon zu bekommen, wie viel das ist: Es entspricht dem Gewicht von 320 000 ausgewachsenen Elefanten. Aber die Rufe nach geringeren Fangquoten wurden nicht ernstgenommen, und so kam es, wie es kommen musste: Die Schwärme lichteten sich – die Fanggründe versiegten. 500 Jahre Kabeljaufang hatten ein Ende. Die Regierung musste Milliarden aufbringen, um den wirtschaftlichen Absturz der Küstenstädte aufzufangen. Zehntausende Menschen verloren ihre Jobs. Es waren ja nicht nur die Fischer, die plötzlich arbeitslos waren, sondern auch die Lieferanten und Angestellten der weiterverarbeitenden Fischindustrie – sie alle standen plötzlich vor dem Nichts. Und es gibt kein Happy End: Der Kabeljaubestand hat sich bis heute nicht erholt. Vor Neufundland wurde ein Jenga-Hölzchen zu viel aus dem Turm genommen, sprich, ein gesamtes Ökosystem wurde irreparabel beschädigt. In diesem Gebiet sind nämlich auch Shrimps zu Hause, und die ernähren sich unter anderem von Kabeljaueiern.[31] Kein Problem, solange die Kabeljaubestände gesund waren: Gab es kabeljaustarke Jahrgänge, fraßen diese massenhaft Shrimps, sodass diese weniger Fischeier fraßen. Gab es daraufhin einen Shrimpsmangel, gingen die Kabeljaubestände zurück, und die Shrimpsbestände konnten sich erholen – das perfekte ökologische Gleichgewicht.

Was aber passierte, als der Kabeljau massiv abgefischt wurde? Es gab auf einmal viel mehr Shrimps, weil ihr natürlicher Feind stark dezimiert worden war. Im ersten Moment freuten sich die Fischer noch darüber, weil sich mit den Shrimps gutes Geld verdienen ließ. Doch die Shrimps fraßen genüsslich die Eier der wenigen verbliebenen Kabeljaue, und deren Bestände hatten, trotz Fangstopp, keine Chance, sich wirklich zu erholen. Damit fielen auf Dauer die Kabeljaueier als Nahrungsquelle für die Shrimps weg, und so gingen schließlich auch die Shrimpsbestände massiv zurück.[32]

In der Nordsee passierte übrigens genau das Gleiche: Zehn Jahre hat der WWF davor gewarnt, dass der Kabeljau zu stark abgefischt wird und sich hier die Geschichte Neufundlands wiederholt. Auch darauf wurde nicht gehört. So kam es, wie es kommen musste: Der Kabeljaubestand in der Nordsee brach zusammen.

Schrumpfende und versiegende Bestände zeichnen sich überall auf der Welt ab: Wir spielen mit unserer Zukunft, wenn wir dem Meer keine Zeit lassen, sich zu erholen. Gesunde Fischbestände sind aber fundamental für die Ernährungs- und Einkommenssicherung. In vielen Ländern Afrikas, Asiens und Lateinamerikas ist die Kleinfischerei für die Menschen alternativlos, um für ihren Lebensunterhalt zu sorgen. Drei Milliarden Menschen sind von den Ozeanen als primärer Proteinquelle abhängig.[33] Doch weil andere Nationen nicht mehr selbst genug Fisch haben und trotzdem ungern auf ihn verzichten, greifen vor allem die USA, Japan und wir Europäer auf den Fisch anderer Küstenländer zurück.

Fangmethoden, die unersättlich sind

Die Fangkapazität überschreitet also weltweit bei weitem das, was für eine nachhaltige Fischerei tolerabel wäre.

Wie konnte es so weit kommen? Wenn man an Fischerei denkt, haben viele das Bild eines, kernigen Fischers vor Augen, Typ Käpt'n Iglo, der auf seinem Kutter ein paar handgeknüpfte Netze auswirft. Mit diesem antiquierten Bild hat die industrielle Fischerei nichts zu tun. Denn deren Antwort auf die zurückgehenden Fischbestände ist oft der Einsatz noch größerer Schiffe und Netze, stärkerer Schiffsmaschinen und effektiverer Ortungstechnik. Die Schiffe sind inzwischen riesig und ähneln schwimmenden Fabriken: Verarbeitungs- und Tiefkühlsysteme befinden sich gleich mit an Bord. Ortungstechnik und Fangmethoden sind hochmodern. Auf sogenannten Mega-Trawlern gibt es Netze, die so groß sind, dass 13 Jumbo-Jets darin Platz hätten.

An diesen perfektionierten Fangschiffen sieht man den Erfindungsreichtum des Menschen, wenn es um Profit geht, und genauso erfinderisch ist er, wenn er den Fisch aus dem Meer herausholen will: Es gibt viele unterschiedliche Fangmethoden, aber jede von ihnen kann, wenn sie zur falschen Zeit oder am falschen Ort eingesetzt wird, verheerende Folgen für die Meereslebensräume und ihre Bewohner haben.

Von den Stellnetzen, in denen sich die Schweinswale, aber auch tauchende Seevögel tödlich verheddern, habe ich bereits erzählt. Äußerst beliebt bei den Fischern sind Schleppnetze – damit wird über ein Viertel des weltweiten Fangs eingeholt.[34] Sie sind sackförmig und werden durchs Wasser gezogen. Dank der immer stärker gewordenen Motoren der Fischtrawler können sie kilometerlang sein und bis in die Tiefsee, auf etwa 2000 Meter, abgesenkt werden. Mit ihrem großen Maul – anders kann man es kaum beschreiben – fangen sie alles, was ihren Weg kreuzt. Ein einziges dieser Netze kann während eines Fanges zehntausende Kilo Meerestiere auf einmal fassen.

Fatal sind außerdem Grundschleppnetze, die bis auf den Meeresboden herabgelassen und hinter dem Schiff hergezogen werden. Sie haben in der Regel Scherbretter, riesige Metallplatten, die tonnenschwer sind und so groß sein können wie ein VW Käfer. Diese Scherbretter sorgen dafür, dass die Netze am Boden bleiben und sich ihr Maul nicht schließt, sondern offen bleibt. So wird der Boden richtiggehend umgepflügt und alles mitgerissen und zerstört, was nicht wegschwimmen kann: Muschelbänke, Seegraswiesen, Riffe. In der Nordsee pflügen solche Netze riesige Bereiche bis zu 20 Mal im Jahr um. Die Narben, die Bodenschleppnetze hinterlassen, sind oft noch nach Jahrzehnten zu sehen. Es ist in etwa so, als würde man ein Reh im Wald mit einem

Bulldozer fangen wollen und dabei zwangsläufig nebenbei alle Bäume umhauen. Manches wächst nach, doch vieles von dem, was am Meeresgrund zerstört wird, erholt sich nicht mehr.

Auch in der Tiefsee sind die Bewohner keineswegs sicher vor den zerstörerischen Bodenschleppnetzen. Der Hunger nach mehr Fisch und die Überfischung in den küstennahen Gebieten treibt die Entwicklung noch leistungsstärkerer Fischtrawler für die Tiefsee voran. Besonders ertragreich sind Unterwassergebirge. Die Böden der Ozeane sind keine flachen Ebenen, sondern übersät mit Hügeln, Bergen und Tälern, ja ganzen Gebirgsketten meist vulkanischen Ursprungs. Manche sind so hoch wie der 4810 Meter hohe Mont Blanc. Es gibt Hunderttausende von ihnen, die meisten sind weitestgehend unerforscht. Durch das Licht und die nährstoffreichen Strömungen entlang der Bergflanken sind diese Erhebungen reich an Naturschätzen wie Korallen, Seefächern und Schwämmen, die Krebsen, Kalmaren und Fischen Schutz und Nahrung bieten.

Die Hänge dieser unterseeischen Gebirge werden durch die Bodenschleppnetze regelrecht kahlgeschrubbt. Wo vorher paradiesische Zustände mit erstaunlich großer Artenvielfalt herrschten, ist hinterher nur noch ein Trümmerfeld aus blankem Fels, Geröll und Korallenschutt übrig. Da werden Riffe zerstört, die schon viele Jahrtausende alt sind. Gerade Kaltwasserkorallen, die sich gern an den Hängen ansiedeln und in Tiefen von bis zu 3300 Meter vorkommen, sind uralt. Die Riffe im Nordatlantik bei Norwegen existieren vorsichtigen Schätzungen zufolge seit über 200 000 Jahren.[35]

Sind die Kaltwasserkorallen einmal zerstört, wachsen sie nicht mehr nach – und somit verschwindet ein ganzer Lebensraum für Fische, Tintenfische oder andere Meeresbewohner. Es gibt nur wenige Zahlen dazu, wie viele Riffe und damit Leben am Meeresboden schon zerstört worden sind – in norwegischen Gewässern, so schätzten Wissenschaftler vor ein paar Jahren, sollen bereits 30 bis 50 Prozent der bekannten Kaltwasserkorallenriffe vernichtet sein.[36]

Das Fazit für Tiefseefischerei ist deswegen klar: Ihr wirtschaftlicher

Nutzen ist von kurzer Dauer und verkehrt sich dann oft ins Gegenteil. Der ökologische Schaden hingegen ist groß und anhaltend. Ein Beispiel für diese Entwicklung ist der Granatbarsch.

Nur durch Zufall entdeckten Fischer Mitte der 1990er Jahre an einem Seeberghang den Granatbarsch als neue Einnahmequelle. Ursprünglich hieß er, wenig appetitlich, «Slimehead», also Schleimkopf – deswegen wurde in einer Marketing-Kampagne schnell ein neuer, einladenderer Name ersonnen, der sich besser verkaufte: «Orange Roughy» im Englischen oder eben Granatbarsch. Dank seines festen weißen Fleisches, das sich leicht entgräten und zu Filets verarbeiten lässt, wurde der Fisch schnell populär. Ob es so gekommen wäre, wenn die Öffentlichkeit gewusst hätte, dass die Fische durchschnittlich 100 Jahre alt sind, wenn sie gefangen werden? Ich jedenfalls finde die Vorstellung bizarr, ein Tier zu essen, das in der Zeit um den Ersten Weltkrieg herum geboren wurde.

Für die Fischindustrie hingegen ist es wie ein Sechser im Lotto, diesen Neuzugang für die Speisekarte aufgetan zu haben. Ein Filetpreis von rund 50 Euro pro Kilo im Einzelhandel setzt Bedenken, so welche vorhanden sind, schnell außer Kraft, und an nachhaltige Fischerei wurden auch hier nur wenige Gedanken verschwendet. Am St. Helen's Hill, einem Tiefseeberg in der Tasmanischen See, zwischen Australien und Neuseeland, standen die Schiffe in den Anfangszeiten Schlange – sie mussten bis zu 30 Stunden warten. Doch es lohnte sich: Ein Trawler holte innerhalb von nur fünf Minuten 50 Tonnen Granatbarsch aus dem Meer.

Der Run auf den Granatbarsch hat nur mehrere Haken. Der erste: Er ist ein Tiefseefisch. Das bedeutet, dass er sich perfekt an seine nicht sehr gastliche Umgebung angepasst hat: Er braucht wenig Nahrung, fühlt sich in großer Kälte wohl und kommt mit dem hohen Wasserdruck in 800 bis 1800 Metern Tiefe zurecht – dafür braucht er aber enorm viel Zeit zum Wachsen. Denn hier überlebt nur der, dessen Biologie geduldig ist. Erst mit 30 Jahren wird der Granatbarsch geschlechtsreif. Wie also soll genügend Nachwuchs entstehen, wenn ständig gefischt wird? Je langsamer ein Fisch wächst und je später er Nachkommen hat, desto größer ist das Risiko der Überfischung, und genau das geschah am St. Helen's Hill: 2006 lag hier der Anteil an fortpflanzungsfähigen Granatbarschen nur noch bei 16 Prozent. Erst dann verhängte die Regierung in der Region – viel zu spät – einen Fangstopp. Weitere Haken: hohe Beifänge von Tiefseekorallen und -schwämmen und die eklatanten Auswirkungen auf die empfindlichen Lebensräume.

Nebenbei sei erwähnt, was den meisten Tiefseefischen bei der Geschwindigkeit, mit der sie aus den Tiefen ihrer Heimat hochgezogen werden, passiert: Ihre Schwimmblase bläht sich unter dem plötzlich nachlassenden Wasserdruck extrem auf und quillt aus dem Mund hervor. Die Fische, die dann noch nicht tot sind, ringen bis zu 30 Minuten um Sauerstoff, bevor sie sterben.

Die Zerstörung durch die Grundschleppnetze ist vergleichbar mit dem Kahlschlag in den tropischen Regenwäldern. Mittlerweile konnten Umweltverbände erreichen, dass die EU und regionale Fischereiorganisationen sowie einzelne Fangnationen Flächen empfindlicher Tiefsee-Ökosysteme für die Bodenfischerei gesperrt hat. Allein im Nordostatlantik sind das mehr als sechs Millionen Quadratkilometer, eine Fläche rund 16-mal größer als Deutschland – nicht genug, aber ein wichtiger Erfolg.

Wie ein Einkaufsbeutel voller Fisch

Fische, die in Schwärmen zusammenleben, werden auch mit einer anderen Methode gefangen, den Ringwaden. Diese Netze werden ringförmig um einen Fischschwarm herumgelegt. An der Unterseite des Netzes gibt es eine Leine, die anschließend zusammengezogen wird, sodass das Netz geschlossen und wie ein riesiger Einkaufsbeutel voller Fisch mit einer Winde auf das Schiff gezogen werden kann. Weil ein

Schädigen den Meeresboden nachhaltig: Schleppnetze

Netz so groß und der Fang so schwer sein kann, dass ein Schiff unter der Last beim Hochhieven kentern würde, wird es mit Hilfe von Saugrüsseln in die unter Bord befindlichen Kühlräume gesogen. Das Gute an den Ringwaden ist, dass sie anders als die Grundschleppnetze keine negativen Auswirkungen auf den Meeresboden haben. Je nach Fischart und Region können einzelne Schwärme sogar relativ beifangfrei gefischt werden. Eigentlich also eine recht umweltschonende und selektive Methode.

Eigentlich, denn leider wurde diese Fangmethode «verschlimmbessert». Die Fische werden, bevor das Netz zum Einsatz kommt, immer häufiger mit Hilfe von Fischsammlern, sogenannten Fish Aggregation Devices (FADs), angelockt. Fischsammler sind künstliche Objekte aus

ÜBERFISCHUNG

Holzpaletten, leeren Fässern, Plastikkanistern und dergleichen, die zusammengebunden im offenen Ozean ausgesetzt werden. Mit diesem Treibgut nutzen die Fischer den natürlichen Instinkt vieler Fischarten aus, sich unter solchen Objekten zu tummeln, weil sie dort Schutz oder Nahrung vermuten. Sie haben sich diese Methode von der Natur abgeguckt, denn solche schwimmenden Oasen entstehen oft von ganz alleine, wenn sich zum Beispiel an Baumstämmen kleine Äste, Algen, Seile und – leider immer häufiger – Müll sammeln und schließlich Treibgutteppiche bilden. Darunter entwickelt sich in kurzer Zeit eine faszinierende Lebensgemeinschaft, die bis weit in die Tiefe reichen kann. Da wirbelt Plankton herum, dieses wird von kleinen Fischen gefressen, die kleinen von den großen. Junge Thunfische machen Jagd, Schildkröten kommen vorbei, und weiter unten tummeln sich die großen erwachsenen Thunfische. Für Haie sind diese Treibgutteppiche wie eine mobile Tankstelle: satt essen, weiterziehen.

Die Fischer rüsten ihre selbst gebauten Fischsammler mit GPS-Sendern und Echolotgeräten aus und müssen auf ihren Schiffen nur auf die Monitore schauen und abwarten, unter welchem ihrer FADs sich am meisten Fisch tummelt. Dort fahren sie hin, legen ihr Ringwadennetz aus, holen den Fang ein und fertig. Weil die Methode so effizient ist, ist sie ziemlich beliebt. Die Fischer würden sagen: «Schön lukrativ», ich sage: «Nicht nachhaltig». Denn als Beifang geht außerdem die gesamte faszinierende Lebensgemeinschaft mit ins Netz. Neben den ausgewachsenen Thunfischen sind das zuhauf Jung- und Babythunfische, die noch viel zu klein sind, um etwas mit ihnen anzufangen. Außerdem Fische, die für die Industrie keinen Wert haben, sowie Schildkröten und Haie.

Weil immer mehr Menschen Thunfisch essen wollen, wird auch immer mehr gefischt: Die Fangkapazität der Fischflotten mit Ringwadennetzen ist im vergangenen Jahrzehnt weltweit um fast 50 Prozent ausgebaut worden – oft mit Hilfe staatlicher Subventionen. Der Appetit auf den schmackhaften Fisch ist einfach zu groß, allen voran in Japan, aber auch in Europa und den USA steigt die Nachfrage noch immer.

2019 brachte ein 280 Kilo schwerer und makelloser Roter Thunfisch sage und schreibe 2,7 Millionen Euro auf dem Tokioter Fischmarkt – angesichts solcher Summen gibt kaum ein Fischer die Jagd auf den Fisch auf.

Mehr Umsicht beim Fangen

Die drei beschriebenen Fangmethoden stehen exemplarisch für die meisten übrigen. Sie alle eint das Credo: «So viel wie möglich, zu oft ohne Rücksicht auf Verluste.» Ich denke, es ist deutlich geworden, warum dringend nachhaltige Techniken eingesetzt werden müssen. Immerhin, es gibt sie.

Zu den schonendsten Fischfangmethoden gehört die Fischerei mit Angeln und Schleppangeln, mit oder ohne Rute, von Hand oder mechanisiert. Durch die Art und Größe des Hakens und den eingesetzten Köder kann selektiv bestimmt werden, was gefangen wird. Diese Art der Fischerei hat eine extrem geringe Beifangrate von gerade einmal einem Prozent. Aber damit können die enormen Mengen für die globale Fischindustrie natürlich nicht (auf)gefangen werden. Warum, liegt auf der Hand: Der personelle Einsatz ist hoch, und die Ausbeute beläuft sich nur auf einen Bruchteil der Erträge durch die Schleppnetzfischerei.

Es würde aber auch schon helfen, wenn Rücksicht darauf genommen würde, wo und wie eine Art lebt, die nicht als Beifang enden soll. Befinden sich Wale, Schildkröten oder auch Seevögel auf Wanderschaft, muss saisonal von bestimmten Fangmethoden abgesehen werden. Hummerkörbe beispielsweise, die als relativ nachhaltig angesehen werden, weil sie «nur» auf den Meeresboden herabgelassen werden und dort nichts kaputt machen, sind lebensbedrohlich für den Nördlichen Glattwal, wenn dieser seinen Routen folgt. Er verheddert sich in den Seilen, die die Körbe an der Oberfläche mit Bojen markieren. Leider ist seine Art noch immer so geschwächt vom Walfang, dass jedes Exemplar, das als Beifang zugrunde geht, für die Population eine Katastrophe ist.[37]

Am schwierigsten sind Lösungen zu finden, wenn es sich um Tiere handelt, die zu jeder Zeit überall sein könnten – wie unser Schweinswal in der Nordsee. Bis heute konnten Wissenschaftler nicht herausfinden, ob der Kleinwal bestimmte Routen nutzt, die man durch Fischereibeschränkungen berücksichtigen könnte. Er ist unheimlich scheu und damit nur schwer zu beobachten. Leider werden neue, umweltverträglichere Varianten aber überhaupt nur dann in Erwägung gezogen, wenn die Effizienz der neuen Geräte jener der alten gleicht. Die Fischer tun sie sonst ab, weil sie damit zu wenig einholen. Für manchen Kleinfischer können fünf Prozent Umsatzeinbußen in heutigen Zeiten, wo die Netze längst nicht mehr so voll sind, tatsächlich existenzgefährdend sein. Doch bei der Nutzung natürlicher und nachwachsender Ressourcen wie den Fischbeständen darf es nicht nur um Effizienz und Maximierung gehen. Natürlich ist jegliche Fischerei ein Eingriff in den Lebensraum Meer, aber sie muss maßvoll geschehen und darf das Nahrungsnetz der Ozeane nicht nachhaltig negativ beeinflussen. Denn schlimmer als fünf Prozent Einbußen sind Meere, die es sich gar nicht mehr lohnt zu befischen, weil kaum noch Fischbestände vorhanden sind.

Aquakultur – die Zucht von Fischen

Wer jetzt denkt: «Sie hat die Aquakultur vergessen!», den kann ich beruhigen: Nein, hat sie nicht. Nur leider ist diese auch keine Lösung. Im Gegenteil: Sie verstärkt das Problem der Überfischung sogar. Mit Steigerungsraten von durchschnittlich knapp sechs Prozent pro Jahr ist die Aquakultur der am schnellsten wachsende Zweig in der globalen Ernährungswirtschaft. Nur sie schafft es, die globale Fischproduktion weiter zu steigern: Rund 80 Millionen Tonnen Fisch und Meeresfrüchte werden inzwischen in Süß- und Meerwasserzuchten erzeugt.[38] Das entspricht etwa der Hälfte des weltweiten Konsums an Speisefisch, Tendenz steigend. Der Großteil der Fische, Shrimps, Krebse oder Muscheln wird in Asien an Land in Teichen gezüchtet, rund 40 Prozent stammen aus dem Meer. Gerade wenn sie im großen Stil angelegt ist, ähnelt das Betreiben einer Zuchtstation der Massentierhaltung an Land: Die Tiere werden auf engstem Raum gehalten. Damit sie gesund bleiben, ist der Einsatz von Medikamenten und Chemikalien nötig. Diese Rückstände und Massen an Fäkalien landen bei Zuchtanlagen in der freien Natur direkt in den Seen, Flüssen, den angrenzenden Böden und im Meer. Weil auch Zuchtfische einen hohen Futterbedarf haben, sind sie als Heilmittel gegen die Überfischung gänzlich ungeeignet: Die meisten Arten brauchen tierisches Eiweiß für ihre Ernährung – und so werden Fische aus dem Meer auch einzig und alleine für die Sättigung ihrer Kollegen aus den Aquafarmen gefischt. Auch der Raum für den weite-

Massentierhaltung im Wasser: Aquakulturanlagen

ren Ausbau der Anlagen ist knapp. Sowohl an Land als auch im Meer beansprucht die wachsende Aquakultur viel Platz, und es kommt zu Konflikten zwischen den Besitzern der Zuchtstationen und den traditionellen Fischern in den küstennahen Gebieten. Ganz abgesehen vom Eingriff in die Natur, den der Bau dieser Zuchtstationen nach sich zieht: Alleine auf den Philippinen wurden innerhalb von 25 Jahren etwa zwei Drittel der Mangrovenwälder abgeholzt, um für den massiven Ausbau der Shrimpzuchten Platz zu schaffen.[39]

Die Leinen, Seile und Netzteile der Aquakultur im Meer werden noch dazu Walen und Delfinen zum Verhängnis, weil sie sich darin verheddern und ertrinken. Und dann noch das ganze Plastik! Der Großteil der industriellen Aquakulturanlagen verbraucht Unmengen davon – für Käfige, Netze, Seile, Leinen und Bojen, für die Verpackung und den Transport von Fisch und Meeresfrüchten, für Fischkisten und -schachteln, Teichauskleidungen, Fischfutterbehälter.[40] Nicht wenig davon landet nach der Nutzung als Müll im Meer …

Immerhin gibt es auch zertifizierte umweltfreundliche Fisch- und Meeresfrüchtezuchten, sogar mit Bio-Siegel, die ihre Auswirkungen auf Wildfischpopulationen, Küsten- und marine Lebensräume und die Wasserqualität minimal halten. Die Zuchtfische werden zudem artgerecht gehalten, und es herrschen faire Arbeitsbedingungen für die Angestellten.

Weitere nachhaltige Lösungen werden noch untersucht: Vielversprechend sind geschlossene Kreislaufsysteme an Land, deren Umweltbelastung stark verringert ist. Oder die integrierte, sogenannte multitrophe Aquakultur, bei der nicht mehr nur eine Art gezüchtet wird, sondern mehrere gleichzeitig. Algen, Muscheln oder Seegurken stellen dann einen Biofilter dar, indem sie das überschüssige Futter und die Ausscheidungen der Fische nutzen. Diese Art Anlagen können an Land in Tanks oder Teichen oder im offenen Meer, in Süß- oder Salzwasser betrieben werden – ein spannender Ansatz – und einer, der Hoffnung macht.

Machtlos im Kampf gegen illegale Fischerei

Zurück ins offene Meer: Alle Maßnahmen, sei es für eine konventionelle oder für eine nachhaltige Fischerei, helfen nichts, wenn es um illegale Fischerei geht, ein großer Überfischungskatalysator. Dabei handelt es sich um nicht legale, nicht gemeldete und unregulierte Fischerei, auch IUU (illegal, unreguliert und undokumentiert) genannt. *Nicht legale Fischerei* liegt vor, wenn fremde Schiffe ohne Erlaubnis in den Hoheitsgewässern einer anderen Nation fischen oder in anderer Weise die Fischereigesetze des Landes missachten – zum Beispiel, indem sie Fangzeiten oder Schutzgebiete des Staates ignorieren. Bei *nicht gemeldeter Fischerei* weisen Schiffe ihren Fang gar nicht oder nicht vollständig aus oder geben niedrigere Mengen an, als sie tatsächlich aus dem Wasser gezogen haben. *Nicht regulierte Fischerei* bedeutet, dass es in einem Gebiet überhaupt keine Regelungen für den Fang gibt.

Der weltweite Fang aus IUU-Fischerei beträgt Schätzungen zufolge jährlich bis zu 26 Millionen Tonnen Fisch im Wert von bis zu 20 Milliarden Euro.[41] Zu den 90 Millionen Tonnen Fisch, die legal gefischt werden, kommen also nicht nur etwa 30 Prozent Beifang hinzu, sondern auch noch an die 30 Prozent, die der IUU-Fischerei geschuldet sind.

Besonders betroffen sind Asien, Südamerika und Afrika, beispielsweise die westafrikanische Küste. Dort hat die IUU-Fischerei einen Anteil von 40 Prozent am Gesamtfang. Fatal, denn in dieser Region sind die Fischbestände ohnehin schon ausgebeutet. Aber da es der Fischereiaufsicht oft an Technik, Ausrüstung oder Personal fehlt, fischen die IUU-Schiffe ganz dreist in unmittelbarer Küstennähe. Sie wissen, dass sie damit durchkommen, während für die Bevölkerung selbst immer weniger Fisch für den Eigenbedarf bleibt.

Auch für wohlhabendere Staaten ist die Bekämpfung illegaler Aktivitäten auf See teuer und aufwendig, deswegen haben sich die meisten Länder immerhin darauf einigen können, strenge Kontrollen in den Häfen durchzuführen. Schiffe, denen vorgeschriebene Dokumente fehlen oder die bereits durch illegale Tätigkeit aufgefallen sind, dürfen in vielen Häfen nicht mehr anlegen, geschweige denn ihren Fang löschen. So versucht man, illegale Fischerei so unbequem und wenig lukrativ wie möglich zu machen. Es gibt eine «Blacklist» von Schiffen, von denen kein Staat oder Unternehmer etwas kauft – damit sollen die schwarzen Schafe aussortiert werden.

Das alleine wird aber nicht ausreichen. Die Tricks der Fischerei-Mafia sind ausgeklügelt. Erreichen beispielsweise illegale Schiffe die entlegeneren Winkel in internationalen Gewässern, schalten die Fischer den an Bord befindlichen Transponder der Automatischen Identifikationssysteme (AIS) ab, der eigentlich Identität, Position, Richtung und Geschwindigkeit an die Behörden senden soll. So sind sie für die Satellitenüberwachung unsichtbar und fischen in Ruhe in den Weiten der Ozeane, ohne Regeln zu beachten oder ihren Fang zu deklarieren. Häufig nehmen große Kühl- und Verarbeitungsschiffe auf hoher See den Fang auf. Dann ist es unmöglich, nachzuvollziehen, woher der gefangene Fisch stammt und ob er legal gefischt wurde. Bei diesem sogenannten Transshipment werden die Fischer an Bord auch mit neuem Proviant und Treibstoff versorgt, sodass sie für viele Monate auf See bleiben können – oder müssen. Denn auf diesen Trawlern herrschen nicht selten schlimmste Bedingungen: Zwangsarbeit, Menschenhandel, Schuldknechtschaft sind Formen der Sklaverei, die durchaus üblich sind. Menschen, meist aus armen Gegenden der Erde, werden mit profitablen Jobs angelockt, Reisekosten oder andere vorgeschobene Gebühren werden vorab «großzügig» übernommen. Angekommen an Bord, wird ihr Lohn so niedrig gehalten, dass sie täglich 18 Stunden arbeiten, ohne jemals den Hauch einer Chance zu haben, diese Schulden abzahlen zu können. Manchmal werden Menschen sogar durch K.-o.-Tropfen gefügig gemacht, erwachen am nächsten Tag an Bord eines Mega-Trawlers, wo sie ohne Pass und ohne Hoffnung schuften müssen. Wer klagt oder krank wird, muss sterben.[42]

Interpol ist diesen Machenschaften auf der Spur, aber flächendeckende Kontrollen per Flugzeug oder Schiff sind kaum möglich – dafür sind die Meere schlichtweg zu groß. Es ist die bekannte Nadel im Heuhaufen, die man suchen würde. Und wenn doch mal Kontrolleure nahen, finden sich deren Schiffe schon früh auf den Radaren. Zeit genug, die Flucht zu ergreifen, Beweismaterial zu verstecken oder zu vernichten und inoffizielle Fangtagebücher in Schubladen verschwinden zu lassen, noch bevor ein Kontrolleur überhaupt einen Fuß an Bord gesetzt hat. Fazit: Es ist unheimlich schwer, illegale Tätigkeiten gerichtsfest nachzuweisen.

Aber manchmal erhält man ganz unerwartet Hilfe – zum Beispiel von einem Meisterflieger, dem Albatros. In dem bisher einmaligen Projekt «Ocean Sentinel» wurden 2019 169 Vögel mit kleinen, leichten Rückensendern ausgestattet, mit deren Hilfe sie Schiffe enttarnen sollten, die illegal auf hoher See unterwegs waren. Albatrosse sind vorzügliche Langstreckenflieger, sie können Distanzen von 15 000 Kilometern fliegen – ohne einen Stopp an Land machen zu müssen. Gern folgen sie Fangschiffen, die sie schon aus 30 Kilometer Entfernung ausmachen, weil sie gelernt haben, dass da einiges für sie abfallen könnte: Der Fisch, der an Bord gehievt wird, oder der zurückgeworfene Beifang ist für einen Albatros ein willkommener Snack. Der Sender auf ihrem Rücken erfasste auf fünf Kilometer Entfernung die Schiffspositionsdaten, die man bekommt, wenn man das Radarsignal eines Schiffes empfängt – und dieses Signal schaltet kein Kapitän ab, will er sein Schiff manövrierfähig halten.

Die halbjährige Pilotmission im Testgebiet des Südlichen Ozeans war erfolgreich und niederschmetternd zugleich, denn die geflügelten Agenten waren fleißig. Die Ergebnisse ihrer Erkundungsflüge verdeutlichten einmal mehr das Ausmaß der illegalen Fischerei: Von 353 Schiffen waren nur 253 mit eingeschaltetem Erkennungssystem AIS unterwegs. 100 Schiffe versuchten, unerkannt zu bleiben.

Der Haken an dem Projekt ist leider, dass sich die Identität der einzelnen Schiffe durch diese Methode nicht ermitteln lässt. Immerhin sind Schwerpunktgebiete identifiziert worden, in denen die Schiffe sich aufhalten. Diese können künftig gezielter von Patrouillen überwacht werden. Das Projekt mit den Albatros-Wächtern soll deswegen weitergehen. Ich finde die fliegenden Spione großartig, wir brauchen aber weitere griffige Maßnahmen – denn die illegale Fischerei muss dringend gestoppt werden.

Geldhahn zu für schädliche Fischerei

Die Tatsache, dass der Raubbau an unseren Meeren auch noch mit Steuergeldern staatlich gefördert wird, macht mich immer wieder fassungslos. Da werden Subventionen in Milliardenhöhe verteilt, um die Unwirtschaftlichkeit der Fischerei auszugleichen. Sie sind neben schlechtem Fischereimanagement und mangelnder Überwachung der dritte Haupttreiber der Überfischung und haben überhaupt erst zu den Überkapazitäten der Fangflotten geführt. Die Zahl der Fischer, so die Welternährungsorganisation FAO, wird auf weltweit 54 Millionen geschätzt. Nur durch die Fördermittel konnte die Fischerei immer mehr, immer größere, immer modernere Schiffe und immer effizientere Fangmethoden finanzieren. Selbst Schiffsdiesel wird subventioniert und macht somit rentabel, was sich aufgrund der immensen Strecken sonst niemals lohnen würde: auf der Hohen See und in den großen Tiefen der Meere zu fischen. Industrielle Fischer können es sich somit locker leisten, 365 Tage rauszufahren und auch mal mit einem kleinen Fang zurückzukehren. Vor allem die Fangflotten der reichen Industrieländer des globalen Nordens haben von den Geldern profitiert. Aber alles Geld der Welt kann eines nicht ändern: die natürliche Begrenzung der Ressource Fisch. Der langfristige Erhalt der Gesundheit und damit auch der Produktivität der Meere muss das Ziel sein. Nachhaltigkeit sollte ökologisch, ökonomisch und sozial und damit ausbalanciert sein.

Es versteht sich von selbst, dass bei der Nutzung von Fischbeständen ökonomische und soziale Nachhaltigkeit immer von der ökologischen Komponente abhängig sind. Oder anders gesagt: kein Fisch, keine Fischerei! Da kann noch so viel subventioniert werden …

Erschreckenderweise empfangen sogar Fischereiboote und -betreiber, die an IUU-Fischerei beteiligt sind, staatliche Fördermittel. Ich sage immer: Als würden Staaten Bankräubern das Fluchtfahrzeug finanzieren. Doch wie ist das überhaupt möglich? Die Definition von IUU-Fischerei ist dabei das Hauptproblem. Illegaler, unregulierter und undokumentierter Fischfang hat in der internationalen Politik eine sehr spezifische und technische Definition. In der Praxis wird sie aber stark vereinfacht angewendet: Nur wer auf der Schwarzen Liste einer regionalen Fischereiorganisation steht, betreibt offiziell illegale Fischerei. Auf diese Liste kommen aber nur jene illegalen Fischer, die Fischbestände befischt haben, die über Ländergrenzen hinweg gemeinsam genutzt werden. Wer in nationalen Meeresbereichen illegal fischt, wird innerhalb des Landes bestraft (oder auch nicht) – auf die Schwarze Liste der regionalen Fischereiorganisationen kommt man aber leider nicht. So kann ein IUU-Fischer schlimmstenfalls dennoch Fördermittel beziehen.

Schon seit 20 Jahren sollen daher bestimmte Subventionen abgeschafft werden. Aber es scheitert immer am Streit zwischen den Industrie- und Entwicklungsländern. Letztere werfen den Industriestaaten vor, den ärmeren Ländern nun das vorenthalten zu wollen, was sie selbst 50 Jahre lang betrieben haben: die Aufrüstung ihrer Fischereiflotte durch staatliche Subventionen.

Aber es hilft nichts – alle staatlichen Finanzierungen, die übergroße Fangflotten weiter vergrößern oder Fischerei in überfischten Gebieten fördern oder womöglich illegale Aktivitäten unterstützen, sind schädlich und gehören abgeschafft, egal wo. Selbst die Kleinfischer holen in der Summe eine Menge Fisch an Land und können so erheblich zur Überfischung beitragen. Erst recht, wenn dem keine effektive Fischereiverwaltung oder -überwachung gegenübersteht. Sinnvoll sind Subventionen eingesetzt, wenn zumindest ein rudimentäres Fischereimanagement staatlich gefördert wird, sodass das Zählen von Booten und das Zählen von Fischbeständen Standard wird.

Ein gemeinsames Erbe
und die Tragik der Allmende

Auch vor der Hohen See macht die Überfischung nicht halt. Natürlich nicht, denn der Mensch macht sich alles zu eigen.

Die Nationen haben große Teile unseres Planeten unter sich aufgeteilt, so auch Teile der Ozeane. Staaten, die über Küstenregionen verfügen, dürfen ein Gebiet von zwölf Seemeilen, umgerechnet etwa 22 Kilometer, als eigenes Küstenmeer beanspruchen und 200 Seemeilen, 370 Kilometer, des Meeres vor ihrer Küste als «ausschließliche Wirtschaftszone» nutzen. Außerhalb dieser 200 Seemeilen liegt die Hohe See. Der Wasserkörper gehört zur sogenannten Allmende. Darunter versteht man ein «Gemeingut», in dem die Güter oder Ressourcen allen zur Verfügung stehen, wie zum Beispiel Jagdgründe, Wälder und eben die Hohe See. Leider tritt in diesen Bereich die sogenannte «Tragik der Allmende» ein: Was niemandem gehört, wird auch von niemandem geschützt. Im Gegenteil: Jeder, der es sich leisten kann, versucht so schnell und so viel wie möglich für sich herauszuholen, getreu dem Motto: «Bevor es sich ein anderer nimmt, schlag ich lieber zu.» Da es kaum Reglementierungen gibt, geht das Fischen und Ausbeuten weiter. Und das alles ohne Gebühren und subventioniert mit Steuergeldern.

Anders verhält es sich im Übrigen mit dem Meeresboden der Hohen See: Diesen haben die Vereinten Nationen vor 50 Jahren zum «gemeinsamen Erbe der Menschheit» deklariert. Nichts davon darf von einem Staat oder einer Person eingefordert, angeeignet oder zum Eigentum erklärt werden. Alle Rechte an den Ressourcen gehören gleichberechtigt der gesamten Menschheit. Die hehre Idee dahinter war, dass wir Menschen uns dann gemeinsam verantwortlich fühlen und uns um unsere Umwelt kümmern. Und zwar so, dass sie auch für die nach uns kommenden Generationen vielfältig, gesund und schön ist.

Bei mir löst es Gänsehaut aus, dass dieses weitgehend unerforschte Gebiet am Tiefseemeeresboden, in dem es wahre Schätze zu entdecken und Geheimnisse zu lüften gibt, allen Menschen gemeinsam gehört. Dieser Besitz bringt aber auch eine enorme Verantwortung mit sich – es wäre nur allzu wünschenswert, wenn wir beim Tiefseebergbau (s. auch Seite 227) dieser Verantwortung nachkämen. Am besten, indem wir ganz auf die wenig nachhaltige Förderung der Mineralien verzichteten.

Wie wäre es mit Meeresschnodder?

Was passiert, wenn die Überfischung nicht gestoppt wird? Wird es dann tatsächlich irgendwann keinen Fisch mehr im Meer geben? 2006 gab es einen viel beachteten Report, dessen Kernaussage war, dass – wenn es bei dem aktuellen Maß der Überfischung bleibt – ab Mitte des Jahrhunderts die Speisefischbestände so stark eingebrochen sind, dass sich eine Befischung wirtschaftlich nicht mehr lohnen wird. Der Fangaufwand wäre einfach zu groß. Gibt es dann keinen Fisch mehr? Darauf werde ich immer wieder angesprochen. Ich erwidere dann: Doch, irgendwo in den Weiten des Meeres wird es noch Fisch geben. Es wäre allerdings zu wenig in den Meeren vorhanden, um uns damit zu ernähren. Was dagegen reichlich vorhanden wäre, wäre «marine snod», «Meeresschnodder». So bezeichnete es der bekannte und von mir geschätzte Meeresbiologe Professor Dr. Daniel Pauly, als er 1998 in einer damals aufsehenerregenden wissenschaftlichen Abhandlung seine Theorie des «Fishing down the marine food web» veröffentlichte:

Werden vornehmlich die großen Fische gefischt, und brechen deren Bestände in der Folge zusammen, dann müssen wir mit kleineren Fischen wie Heringen oder Sardellen vorliebnehmen. Sind auch diese Bestände überfischt, blieben am Ende nur noch Seegurken, Schnecken, Muscheln, vor allem aber Quallen und anderes gallertartiges Zooplankton zurück – eben der «Schnodder der Meere».

Ich war bei einem seiner Vorträge, und als er zu dieser Stelle kam, wurde es ziemlich still im Raum. Alle machten angewiderte Gesichter bei der Vorstellung, nur noch Meeresschnodder verzehren zu können. Kritiker warfen Pauly damals vor, mit seiner These nur provozieren zu wollen. Und in der Tat gibt es regional große Unterschiede. Mancherorts wird das Nahrungsnetz im Meer wie von Pauly beschrieben von Groß zu Klein runtergefischt, anderenorts genau andersherum. Je nach Fisch- und Meeresfrüchtevorlieben der Konsumenten vor Ort. Doch aus welcher Perspektive man es auch betrachtet, eine Sache ist sicher: Massives Ungleichgewicht schwächt ein System, und global betrachtet haben wir durch die Fischerei bereits massive Veränderungen im Ökosystem Meer. Und womit Pauly tatsächlich recht behalten hat, habe ich bereits thematisiert: Die großen Raubfische sind zu 90 Prozent weggefischt.

Pauly sagte einmal: «Es ist fast so, als ob wir unser Militär einsetzten, um die Tiere im Meer zu bekämpfen. Wir gewinnen diesen Krieg um ihre Ausrottung allmählich.» Zum Glück sagt Pauly aber auch, dass die Auswirkungen reversibel sind und die Tiere, die fast verschwunden sind, wieder auftauchen werden.

Das Problem ist also lösbar, wir könnten ein Happy End hinbekommen! Ein nachhaltiger Umgang mit den Bewohnern der Meere könnte zur Folge haben, dass sich ihre Population erholt – mehr noch, dass genug Fisch für alle da wäre.

Happy End mit Klein- und Großwal

Ein kleines Happy End hatte ich auch mit dem Schweinswal: Statt des heimischen Tümmlers in der Nord- oder Ostsee durfte ich immerhin einen seiner Verwandten in freier Wildbahn sehen, den Burmeister-Schweinswal. Vor fünf Jahren war ich zu einem Projektbesuch beim WWF in Chile – eigentlich um eine Reise zur Besenderung von Blauwalen zu begleiten. Bei einer dieser Bootsfahrten hatten wir spiegelglattes Wasser, und da tauchten sie auf einmal an der Seite des Schiffes auf: fünf kleine Burmeister-Schweinswale. An Bord waren alle außer sich, denn diese Tiere zu Gesicht zu bekommen, ist auch in chilenischen Gewässern eine kleine Sensation. Sie schwammen ein Stück mit uns, sodass wir sie aus nächster Nähe beobachten konnten: dunkelgrauer Rücken, helle Flecken am Bauch, angedeutetes Lächeln. Sie schauten uns von unten an, und ihr Blick schien zu fragen: «Na, wer seid ihr denn?»

Es war ohnehin eine unvergessliche Reise, und ich zehre noch heute von meinen Erinnerungen. Um ehrlich zu sein, ist das aber nicht allein das Verdienst des Burmeister-Schweinswales – er wurde unterstützt von seinem großen Verwandten, dem Blauwal. Ein Kollege sagte einmal zu mir: «Wenn man Blauwale gesehen hat, kann man mit Seelenfrieden sterben.» Ich weiß seitdem, was er meint.

Zu der Zeit arbeitete der WWF in Chile mit einer Gruppe von Forschern zusammen, die Blauwale mit Ortungssendern versahen, um ihre Wanderwege nachvollziehen zu können. Bis zu ihrem Schutz 1967 wurden allein in der südlichen Hemisphäre etwa 360 000 Blauwale getötet. Die intensive Jagd ließ die Blauwalbestände innerhalb von 60 Jahren auf weniger als drei Prozent ihrer ursprünglichen Größe auf der Südhalbkugel schrumpfen. Da war die Freude groß, als 2003 vor Chile ein Blauwalbestand entdeckt wurde. Die Wale verbringen die Sommer- und Herbstmonate in der Region, um nach Nahrung zu suchen und ihre Jungen aufzuziehen.

Obwohl wir es hier mit dem größten Lebewesen auf Erden zu tun haben, ist über die Gewohnheiten der Meeressäuger erstaunlich wenig bekannt. Wir wissen, dass sie Einzelgänger sind und sich nicht in sogenannten Schulen zusammenfinden, so wie andere Wale. Aber wo sie sich paaren oder wo entlang ihre Routen verlaufen, konnte bisher kaum erforscht werden. Die Besenderung sollte helfen, Licht ins Dunkel zu bringen, und ich durfte bei diesem Projekt ein paar Tage dabei sein.

Wir machten uns im Golf von Corcovado auf Höhe von Chiloé auf die Suche, einer extrem schönen, grünen Insel vor Patagonien, die sich gefühlt am Ende der Welt befindet. Dahinter kommt nur noch Wasser, bis man nach 8600 Kilometern auf Neuseeland treffen würde. Zum chilenischen Festland hingegen sind es «nur» 60 Kilometer.

Unvergesslich: mein Zusammentreffen mit einem Blauwal in Chile

Aber wie findet man Blauwale in den Weiten des Pazifischen Ozeans? Unser eingeschränkter Blick aufs Meer gleicht dem einer Fliege, die immer wieder gegen die Scheibe fliegt und nicht sieht, dass das Fenster neben ihr geöffnet ist. Wir können nur einen winzigen Ausschnitt der Ozeane erfassen. Einfach mit dem Schiff umherzukreuzen und zu hoffen, dabei auf einen Wal zu stoßen, hat also wenig Aussicht auf Erfolg. Selbst mit dem Flugzeug braucht es oft Tage, um die Riesen zu finden. Es hätte also genauso gut sein können, dass ich unverrichteter Dinge wieder nach Hause hätte fliegen müssen. Aber ich hatte Glück: Wir waren gerade einmal vier Stunden mit einer kleinen Propellermaschine in der Luft, als wir drei Wale entdeckten, die ihre Rücken durchs Wasser an die Oberfläche stießen. Schnell flogen wir zurück und trotzdem: Wir brauchten ewig, um per Schiff zu den Koordinaten zu gelangen. Bis das Flugzeug erst einmal wieder gelandet ist und die Crew und das Forschungsboot startklar sind, vergeht schon mal ein ganzer Tag – die Wale hätten längst über alle Wellenberge sein können. Es war also wie ein Sechser im Lotto, dass wir sie tatsächlich noch ungefähr dort wiederfanden, wo wir sie gesichtet hatten.

Es ist schwer zu beschreiben, wie mächtig und aufregend diese Begegnung war. Ich jedenfalls verlor vollkommen das Zeitgefühl. Das Erste, was ich von den Walen wahrnahm, war ihre zehn Meter hohe Wasserfontäne ganz weit in der Ferne. Zeitversetzt wie bei Blitz und Donner rollte ein paar Sekunden später das passende Geräusch übers Wasser: ein lautes Prusten und Zischen. Beim Fressen bewegen sich Blauwale recht oberflächennah durch orangefarbene Krillwolken, sodass man ihre Größe von an die 30 Meter erahnen kann.

Der Blauwal ist ein Paradebeispiel für die Launen der Natur: Als größtes Lebewesen der Erde, größer als jeder Dinosaurier, der je auf Erden gewandelt ist, mit einem Herz so groß wie ein VW Käfer, ernährt ausgerechnet er sich von klitzekleinen Garnelen, die nur ein bis zwei Gramm wiegen. Logisch, dass er täglich Unmengen davon braucht. Aber er bekommt es gut hin: Blauwale können mit einem Schluck so viel Krillwassersuppe zu sich nehmen, wie sie selbst wiegen, etwa

180 Tonnen. So viel, wie 30 Elefanten wiegen. Anschließend pressen die Wale das Wasser durch ihre Barten (fein gefiederte, längliche Hornplatten, die sie statt Zähnen am Oberkiefer haben) wieder heraus. Nur der Krill – und was sonst noch mit reingeraten ist – bleibt hängen. Mit drei Fressrunden kann ein Wal 1260 Kilogramm Krill schlucken, das deckt den Tagesbedarf. In den Sommermonaten schlägt er sich den Bauch voll und setzt Fettreserven an, denn in den Wintermonaten isst er nichts.[43]

Die Schwanzflosse haben die drei Wale an diesem Tag für mich nicht aus dem Wasser gehoben. Tatsächlich ein Kraftaufwand, den Blauwale scheuen. Sie müssen mit ihrer Energie haushalten, und die Flosse zu heben, verbraucht offensichtlich zu viel davon.

Wir haben die Blauwale an diesem Tag mehrere Stunden beobachtet. Als sich meine erste Aufregung gelegt hatte, breitete sich eine innere Ruhe in mir aus – diese Wesen strahlen eine solche Friedlichkeit aus! Sie erinnerten mich an überdimensionale, gemütlich grasende Wiederkäuer.

Was der Wal frisst

Die Überfischung von Krill hätte schwerwiegende Folgen fürs Ökosystem

Omega-3-Fettsäuren sind essenziell für eine gesunde Ernährung, kaum verwunderlich, dass das Geschäft mit Fischöl-Tabletten boomt. Viele dieser Produkte werden aus antarktischem Krill hergestellt. Seinen Namen hat er übrigens den norwegischen Walfängern zu verdanken, er bedeutet «Was der Wal frisst». Dabei ist Krill mehr als nur Walfutter: Die winzigen Leuchtgarnelen, die mitunter blau schimmernd durch die Meere schwimmen, halten das gesamte Ökosystem der kalten Gewässer rund um den Südpol am Laufen. Pinguine, Robben, Wale, Fische, Seevögel – sie alle ernähren sich ausschließlich oder hauptsächlich von den Krebsen, die die Eigenschaft besitzen, extrem viel Fett einzulagern, von dem man bis heute nicht so recht weiß, wo sie es eigentlich herbekommen. Es gibt 85 Krillarten, die von den Polen bis zu den Tropen existieren – es wird vermutet, dass Krill mit etwa 500 Millionen Tonnen die größte Biomasse auf unserem Planeten darstellt und somit die der gesamten Menschheit übertrifft.

Doch der Bestand an Krill ist seit den 1970er Jahren stark gesunken. Das hängt vor allem mit der Klimaerhitzung zusammen. Sie ist schuld, dass das Meereis schmilzt – an dessen Unterseite Kieselalgen haften, von denen sich wiederum der Krill ernährt. Mit dem schwindenden Eis dezimieren sich die Algen und schließlich die scheinbar endlosen Bestände des Krills. Deshalb sollte Krill nicht auch noch auf der Liste der Fischerei-Industrie stehen. Aber die Nachfrage an Omega-3-Fettsäure-Kapseln steigt weiter und auch der Bedarf an Zuchtfisch in Aquakulturen, in denen Krill als Futtermehl verwendet wird. Meiner Meinung nach pure Verschwendung. Über die Auswirkungen des Krillrückgangs auf den Menschen können Forscher bislang nur spekulieren. Fest steht: Kieselalgen, antarktischer Krill und Bartenwale bilden eine kurze, aber perfekt organisierte Nahrungskette – und ohne Krill gibt es keine antarktische Lebensgemeinschaft!

Ich kann nur den Kopf schütteln, wenn ich sehe, wie manche Produkte, die Krillöl enthalten, beworben werden: Da ist auf der Verpackung ein Kaiserpinguin abgebildet, das Tier, dem wir sein Hauptnahrungsmittel wegnehmen. Dabei sind Gesundheitsprodukte aus Krillöl im Grunde unnötig. Wer sich ausgewogen ernährt, deckt seinen Bedarf an Omega-3-Fettsäuren in der Regel ab. Menschen mit erhöhtem Bedarf können auf Leinöl oder Mikroalgen zurückgreifen.

Beim Blauwal wird das Fangverbot befolgt. Andere Walarten haben weniger Glück. Dass Japaner, Norweger, Färöer und Isländer Buckel-, Grind-, Minkwale und Delfine immer noch jagen, obwohl aus Erkenntnissen der Wissenschaft ersichtlich ist, dass diese Lebewesen hochentwickelt sind, dass sie sich erkennen, Familienkulturen pflegen, ein komplexes Verständigungssystem haben, ist mir ein Rätsel.

Trotz des Fangverbots sind Blauwale noch immer vom Aussterben bedroht, es gibt geschätzt zwischen 10 000 und 25 000 Tiere weltweit. Sie werden zwar nicht mehr absichtlich gefangen, dafür leiden sie unter der zunehmenden Meeresverschmutzung wie Plastikmüll oder der Überdüngung der Meere. Auch in der Region, in der ich war, ist das für die Blauwale ein Problem. Die Küste vor Patagonien ist sehr nährstoffreich, Krill kommt dort in rauen Mengen vor. Und wo Krill sich wohlfühlt, halten sich auch Blauwale gern auf. Leider wird in den vielen fjordähnlichen Buchten in großem Stil Aquakultur zur Zucht von Lachs betrieben. Die vielen Zuchtfische verursachen Fäkalien, die sich unter den Netzkäfigen sammeln, der Sauerstoffgehalt nimmt ab und das Wasser wird trüb – die Futterplätze der Wale werden regelrecht verschmutzt. Es ist so, als wenn jemand meine Küche plötzlich zu einem Hundekotplatz erklärt – und ich soll mich darin trotzdem noch wohl fühlen und die Mahlzeiten einnehmen.

Auch der zunehmende Lärm durch die Schifffahrt setzt den Blauwalen zu. Die tiefen und weittragenden Rufe der Blauwale können 188 Dezibel erreichen und übertreffen damit die Lautstärke eines Düsenjets. So können sie mit Artgenossen Kontakt halten, die Hunderte oder sogar Tausende Kilometer weit entfernt sind. Werden die Signale gestört, wird es für sie schwieriger, sich zu verständigen, zu treffen oder zu orientieren.

Die Haupttodesursache jedoch sind Verkehrsunfälle. Blauwale sind nicht sehr anpassungsfähig und ziehen stoisch ihre Bahnen, von denen sie nur ungern abweichen. Fatalerweise sind es abschnittsweise die Routen, die auch Fähren oder Containerschiffe nehmen: Sie rammen die Blauwale, die dann an den inneren Verletzungen sterben.

Die Ausstattung mit den Peilsendern hilft uns, die Wale besser zu verstehen. So lernen wir nach und nach, welche Wanderrouten die Wale wann nehmen, und mit den Schiffseignern können Lösungen für den räumlichen Konflikt gefunden werden. Manchmal hilft es schon, die Schiffsgeschwindigkeit zu senken, damit die gemütlichen Tiere ausweichen können.

Insgesamt haben wir es bei dieser Reise geschafft, fünf Wale mit Sendern zu versehen. Einer von ihnen hielt über 4000 Kilometer, eine kleine Sensation, denn meist fallen die Sender schnell ab. Wir konnten den Wal bis zu den Galapagosinseln «begleiten», eine Premiere. Mit Hilfe dieser Daten will der WWF einen sogenannten «Blue Corridor» erarbeiten, der sich von der Antarktis über Feuerland, Chile, Peru, Ecuador bis zu den Galapagosinseln zieht: In diesem Korridor soll der Blauwal in Ruhe ziehen können.

Der Tag, an dem ich die Blauwale sah, war übrigens zufälligerweise mein Geburtstag. Am Abend saß ich mit den Kollegen und Wissenschaftlern zusammen und war einfach nur beseelt. Was für ein Geschenk dieser Tag war! Kurz habe ich gedacht: «Ich will hier bleiben und mit den Walen, auf dem Meer, arbeiten – was mache ich da in Deutschland immer nur hinterm Schreibtisch?»

Die Antwort ist über 25 Meter kürzer als der Blauwal: Die Schweinswale in unseren Gewässern brauchen mich hier. Selbst, wenn ich sie noch immer nicht zu Gesicht bekommen habe.

Madagaskar und meine Liebe zum Oktopus

Meine Liebe beschränkt sich allerdings nicht auf Meeressäuger. Ich hatte mal einen Freund, der ein feines Gespür für Farben, einen hübschen Garten und acht Arme besitzt: Es war 1998, in einem Urlaub auf Elba, als ich mich in einen Tintenfisch verliebte. Ich lernte ihn bei einem Tauchgang kennen, wo ich ihn zwischen ein paar Felsen entdeckte, die ganz offensichtlich sein Zuhause waren. Bestens zu erkennen durch einen kleinen halbkreisrunden Vorgarten, den er fein säuberlich aus Steinen, Muscheln und sogar einer Plastikflasche erschaffen hatte.

Einen Tintenfisch beim Tauchen zu sehen, ist nicht selbstverständlich – er ist ein nachtaktives Tier und dazu relativ scheu. Außerdem ist er bekanntlich ein Meister der Tarnung. Umso begeisterter war ich, ihn und seinen entzückenden «Oktopusgarten» gefunden zu haben.

Mein kleiner, etwa fußballgroßer Tintenfisch nahm mich vollends für sich ein, als ich ihn ein bisschen bei der Gartenarbeit beobachtete: Aus Neugierde legte ich eine Muschel aus dem Vorgarten zur Seite. Nur ein paar Zentimeter. Seine Reaktion war eindrücklich: Nach kurzer Zeit schob sich einer seiner acht Fangarme raus, schnappte sich die Muschel und legte sie exakt an denselben Platz zurück. Das habe ich dreimal gemacht, jedes Mal beförderte er die Muschel zurück an die ursprüngliche Position. Die Plastikflasche legte ich auch beiseite, ich hätte sie gern mitgenommen und entsorgt. Aber da verstand mein Oktopus keinen Spaß: Er umwickelte die Flasche mehrmals mit seinem Arm und ließ auch nicht mehr los, als ich vorsichtig daran zog. Also zog ich mich zurück, ich wollte ihn nicht stressen und dachte: «Alles klar, kleiner Freund, die Plastikflasche bleibt in deinem Garten.» Vielleicht war sie sein Schmuckstück? Warum manche Tintenfische solche Gärten anlegen, ist nicht bekannt, aber es passt zu ihnen, denn sie sind durch und durch faszinierend und rätselhaft.

Es gibt über 300 Oktopusarten, die von den Polregionen bis in die Tropischen Meere vorkommen, und es gibt sie in allen Größen: Die

Meister der Tarnung: ein kleiner Oktopus im Mittelmeer

Locharmkrake beispielsweise ist nur wenige Zentimeter groß, während der Riesenkrake mit einer Länge von bis zu neun Metern und einem Gewicht von bis zu 50 Kilo daher«geschwebt» kommt.

Bei genauer Betrachtung könnte man fast annehmen, Tintenfische seien außerirdischer Herkunft (was einige Wissenschaftler früher ernsthaft in Erwägung gezogen haben): In dem wackelpuddingweichen Körper ohne Innenskelett schlagen drei Herzen, fließt blaues Blut, und die acht Arme hängen direkt am Kopf. Der papageienartige Schnabel und die mit Zähnen besetzte Zunge raspeln die Beute klitzeklein und schieben sie durch die Speiseröhre – die mitten durchs Gehirn führt.

Werden sie bedroht, schießen Oktopoden mit Tinte um sich, während sie sich mit ihrem körpereigenen Düsenantrieb davonmachen. Wenn er sich tarnt, kann ein Tintenfisch die Farbe seines Körpers in nur drei Zehntelsekunden ändern, er imitiert gekonnt Strukturen von Sand, Pflanzen oder Felsen.

Ganz im Gegensatz zu anderen Weichtieren wie Schnecken oder Seegurken sind Tintenfische smarte Kerlchen. Das komplexe Gehirn ist zu anspruchsvollen Dingen imstande. Oktopoden können Schraubgläser öffnen, stibitzen in Aquarien Nahrung aus dem Nachbarbecken oder flüchten gleich ganz aus ihren Becken, wie es ein Tintenfisch in Australien fertiggebracht hat. Im Pazifik gibt es eine Art, die leere Kokosnussschalen aufsammelt und sie wie einen Wohnwagen benutzt. Bei Intelligenztests lernen sie schneller als Ratten, vergessen das Gelernte aber rasch, wenn sie es nicht regelmäßig wiederholen. Vielleicht ist das ein Mitgrund, warum ich sie so sympathisch finde: denn auch ich lerne schnell, bin aber vergesslich.

Ich muss zugeben, dass ich Tintenfischringe bis zu meinem Date mit dem Hobbygärtner im Mittelmeer recht gern gegessen habe. Aber seit ich all die Besonderheiten dieses faszinierenden Meeresbewohners kenne, schnürt sich mir die Kehle zu, wenn er zerschnitten und frittiert auf einem Teller vor mir liegt.

Bei all meiner Liebe zu diesem besonderen Tier muss ich aber auch anerkennen, dass Tintenfische in vielen Entwicklungsländern ein nicht ersetzbarer Bestandteil des sowieso schon kargen Speisezettels ist. 2015, bei einer Projektreise nach Madagaskar, besuchte ich eine Dorfgemeinde, für die die Fischerei nach Tintenfischen zur eigenen Ernährung, aber auch für ihren Lebensunterhalt absolut zentral ist. Die viertgrößte Insel der Welt vor der afrikanischen Südostküste ist doppelt so groß wie Deutschland, zählt aber zu den ärmsten Ländern überhaupt. Die Ausbeutung durch die Kolonialherrschaft und korrupte Regierungen hat dazu geführt, dass mehr als zwei Drittel der Madagassen unterhalb der Armutsgrenze leben. Nur wenige haben direkten Zugang zu Elektrizität oder fließendem, sauberem Wasser.

Im Südwesten erstreckt sich auf über 300 Kilometern das drittgrößte Korallenriff der Erde, das Toliara Reef, das den lange als ausgestorben geltenden Quastenflosser beheimatet und Buckelwalen als Aufzuchtgebiet für ihre Jungen dient. Der Südwesten Madagaskars ist sehr trocken und karg und damit die ärmste Region des Landes. Das Meer sichert alternativlos Einkommen und Nahrung. Fast 90 Prozent der stark wachsenden Bevölkerung arbeiten im Fischereisektor. Der (Tinten-) Fisch muss also erhalten bleiben, die hiesige Überfischung gestoppt werden – eine andere Alternative gibt es für die Madagassen nicht. Die Lösung: regionale und saisonale Meeresschutzgebiete. Die Gemeinde beschließt selbst, wann und wo nicht gefischt werden darf, damit sich die Küstengebiete erholen können. Dafür haben wir das Prinzip der «Locally Managed Marine Areas» von der Umweltorganisation Blue Venture übernommen, das dieses erstmalig 2004 umsetzte. Die Mitarbeiter von Blue Ventures konnten die Fischer eines Dorfes überzeugen, einen Teil der Riffe, auf denen sie Tintenfisch jagten, saisonal für mehrere Wochen nicht zu befischen. Als das Gebiet wieder freigegeben wurde, fingen die Dorffischer an einem Tag das Vielfache von dem, was sie sonst im gleichen Gebiet gefangen hatten. Die Tiere hatten während der Schonzeit die Chance gehabt, zu wachsen und sich zu reproduzieren. Das löste einen solchen Aha-Effekt aus, dass die Fischer diese Praxis beibehielten. Ihr Erfolg sprach sich schnell rum, und viele Gemeinden zogen nach. Mittlerweile hat sich die Methode, einen Teil des Fanggebietes zu saisonalen Schutzzonen zu erklären, auch in anderen Ländern wie zum Beispiel Tansania, Kenia und auf den Kanaren durchgesetzt.

Mein Ziel war das kleine Fischerdorf Beheloke im Meeres-Nationalpark Nosy Ve Androka, im Südwesten Madagaskars, in dem ein solches lokales Fischereimanagement eingeführt worden war. Dort leben vielleicht 200 Einwohner in einfachsten Verhältnissen, die Lebenslage ist ziemlich prekär, viele Kinder sind unterernährt, für ärztliche Versorgung muss man mehrere Tage fahren. Lange gab es statt sauberem nur versalzenes Wasser. Dieses Brackwasser zu trinken ist auf Dauer höchst ungesund, die Kindersterblichkeitsrate dementsprechend groß.

Der WWF hat mit dafür gesorgt, dass es vor Ort endlich eine Filteranlage gibt und das Wasser trinkbar ist.

Bevor die Schutzzonen in Beheloke eingerichtet wurden, lebten die Familien ausschließlich von dem, was ihnen der Fisch- und Tintenfischfang einbrachte – den Großteil ihrer Beute brauchten sie für den eigenen Bedarf. Es blieb den Menschen nur wenig, was verkauft werden konnte. Dementsprechend hatten sie kaum Geld, um andere Lebensmittel wie etwa Reis zu kaufen.

Die begehrten Tintenfische verstecken sich im oberflächennahen Riffdach, die Fischer waten bis zur Brust ins Wasser, und wenn sie einen entdecken, spießen sie den Oktopus blitzschnell mit einem Speer auf. Einen nach dem anderen, bis die Tiere schließlich wie Fleisch auf einem Schaschlikspieß hängen. Zurück im Dorf, werden sie auf hölzernen Gestellen in der Sonne getrocknet. Der Anblick der vielen toten Tintenfische, die da von den Gerüsten baumelten, war für mich alles andere als schön – aber es ist eben das, wovon die Menschen dort leben.

Meine Kollegen und ich wurden herzlich empfangen und gleich zum Essen eingeladen. Einen kurzen Moment dachte ich: «Jetzt gibt es sicher Tintenfisch», aber stattdessen reichte man Fischsuppe. Natürlich hätte ich auch den getrockneten Kraken gegessen, denn etwas abzulehnen, das so viel wert ist, wäre weder angemessen noch höflich. Nach dem Essen redeten wir darüber, welche Erfahrungen die Bewohner mit der Einrichtung des Fischereimanagements gemacht hatten. Mit einfachen, aber effektiven Regeln gestalten sie den Kraken- und Fischfang seither nachhaltiger. Von Oktober bis Dezember dürfen zum Beispiel keine Langusten und von Dezember bis Januar keine Tintenfische gefangen werden, da die Tiere sich in diesem Zeitraum vermehren. Statt weiter Moskitonetze mit viel zu engen Maschen zu benutzen, sind die Fischer auf Netze mit größeren Maschen umgestiegen, sodass weniger Jungfische als Beifang anfallen. Der Effekt war eindeutig positiv: Die Menschen erlebten, dass ein Verzicht zu bestimmten Zeiten gut ist und ihnen nichts verlorengeht, im Gegenteil: Die Bestände erholten sich nach der Schließung in der Folgesaison deutlich.

Später bin ich mit einer Familie auf deren Boot zu ihrem Algenfeld gefahren. Als weitere Verdienstmöglichkeit züchten die Dorfbewohner Setzlinge von Algen, die sie an lange Leinen wickeln und verkaufen, sobald sie groß genug sind. Die Algen vermehren sich rasant in der flachen, warmen und lichtdurchfluteten Bucht. Die gezüchtete Rotalge eignet sich sehr gut als Gelier- und Dickungsmittel in der Lebensmittel- und Kosmetikindustrie. Jede Familie hat ihr eigenes kleines Unterwasserfeld. Die zusätzliche Einnahme hat viele positive Auswirkun-

Auf dem Weg zum Algenfeld der Dorfbewohner von Beheloke

gen – allen voran die, sich weniger Sorgen machen zu müssen, woher das Essen kommt. Vor allem für Frauen entpuppte sich die Aquakultur als willkommene zusätzliche Einkommensquelle, da sie die wenig zeitaufwendige Arbeit gut mit ihrem Alltag vereinbaren können. Und die Kinder sind in der Lage, länger in die Schule zu gehen, weil sie nicht zum Familieneinkommen beitragen müssen.

Der Besuch zeigte mir erneut, wie wichtig es ist, mit den Menschen zusammenzuarbeiten und die Umstände für Naturzerstörung oder Überfischung genau zu betrachten, um tragbare Lösungen zu finden. Unser Ziel ist es, Naturschutz *mit* und *für* die Menschen umzusetzen, nicht gegen sie. Das kommt am Ende auch meinem Freund, dem Tintenfisch, zugute.

Fangen wir bei uns an

Gut, nun also «Butter bei die Fische»: Den Fischbeständen geht es nicht gut. Dem gegenüber steht unser Appetit auf sie: Wir Deutschen essen jährlich über 14 Kilo pro Kopf, Tendenz steigend. Und die Produzenten bedienen den Markt: Es werden regelmäßig neue tolle Fischgerichte kreiert, die sich in der Tiefkühltruhe oder der Konserve befinden, meist bequem vorgeschnitten, fertig gewürzt und selbstverständlich ohne Gräten.

Doch der Großteil des Fisches, der in Deutschland verzehrt wird, stammt nicht aus heimischer Fischerei. Rund 87 Prozent werden importiert, um den deutschen Fischhunger zu stillen. Das müssen wir uns also klarmachen: Wir exportieren Überfischung. Damit stehen wir nicht alleine, auch andere Länder in der EU können ihren Fischbedarf nicht durch eigene Fischerei decken – was es natürlich nicht besser macht. Das macht die Fischerei-Industrie so wahnsinnig ungerecht, denn der Fisch, den wir essen, fehlt woanders – oft in Entwicklungsländern.

Um sich gegen die Überfischung zu stellen, ist es das Beste, Fisch als begrenzte Ressource und daher als Delikatesse anzusehen. Wir als Verbraucher sind ein wichtiger Katalysator für nachhaltige Fischerei. Ob heimischer oder importierter Fisch: Konsumenten sollten sich immer für ein nachhaltiges Produkt entscheiden. Das hilft den Fischbeständen, sich zu erholen. Wer es schafft, nur einmal die Woche Fisch zu essen, würde seinen jährlichen Verbrauch auf sieben Kilogramm senken – und würde damit gleichzeitig die Grenzen des Ozeans respektieren.

Wertvolle Orientierung beim Fischkauf geben Fischratgeber – einen davon habe ich damals, im Zuge der Kampagne mit dem Schweinswal, selbst mit entwickelt. Unserem Team fiel auf, dass es zu allen möglichen Lebensmitteln Broschüren, Ratgeber und Bewertungen gibt, die Konsumenten eine Orientierungshilfe geben – nur nicht zu Fisch. Ich weiß noch, wie mir ein Sturm der Empörung aus der fischverarbeitenden Industrie entgegenschlug, aber der erste Fischratgeber Deutschlands war ein voller Erfolg. Wir aktualisieren ihn bis heute regelmäßig. Die Methoden, die für die Bewertung von Fisch und Meeresfrüchten aus Fischerei und Zucht genutzt werden, sind unter Mitwirkung von Wissenschaftlern entstanden und werden regelmäßig auf den neuesten Stand gebracht, sodass sie relevant bleiben. Die Wissenschaftler pflegen ihre Daten ein, unsere Länderdependancen ergänzen diese durch regionale Daten. Erst dann geben wir den Ratgeber erneut frei für den Konsumenten.

Wir sind uns bewusst, dass wir große Verantwortung bei unserer Bewertung tragen, denn die Fische, die wir beurteilen, kommen aus aller Welt auf unsere Teller. Und in den Herkunftsländern hängen mitunter viele Existenzen davon ab, welche Einstufung wir vornehmen.

Beim Pangasiusfisch, einem Zuchtfisch aus Vietnam, war das sehr eindrücklich. Pangasius war vor ein paar Jahren plötzlich der Hit auf der Speisekarte. 2011 vertilgten allein wir Deutschen 40 000 Tonnen des asiatischen Glattwelses.

Und dann ergab das reguläre Update der ökologischen Bewertung in unserem Fischratgeber eine Kategorie-Verschlechterung von Gelb auf Rot, also «Keine Kaufempfehlung». Der Grund: Der Wels wurde in den Aquafarmen des Mekong-Gebietes in Vietnam, von wo er zu 90 Prozent stammte, unter schlechten Bedingungen gezüchtet. Ein Hauptproblem war die Verschmutzung der Gewässer durch die große Menge an Exkrementen, Chemikalien und Antibiotika. Außerdem waren die Filets oft künstlich mit Phosphaten aufgebläht, damit sie mehr Gewicht auf die Waage brachten und mehr Gewinn erzielten. Das deckte der WWF gemeinsam mit einem Reporter-Team der ARD auf. Die darauffolgende Negativberichterstattung führte dazu, dass der Pangasiusexport nach Deutschland einbrach.

In Vietnam schlug unsere Einstufung hohe Wellen. Über eine Woche waren wir in den Schlagzeilen, der Pangasius-Skandal wurde zum Regierungsthema. Ich selbst wurde zweimal in die vietnamesische Botschaft in Berlin zu einem Gespräch eingeladen, und Mitarbeiter des WWF in Vietnam standen den dortigen Regierungsvertretern Rede und Antwort. Nach vielen Gesprächen über nachhaltige Produktionsmethoden zwischen der vietnamesischen Regierung, Vertretern der Pangasius-Industrie und dem WWF verpflichteten sich die Züchter, Schritt für Schritt umweltfreundlicher zu werden. Überprüft und nachgewiesen wird die Umstellung durch eine externe Zertifizierung. So kann Umweltschutz auch funktionieren.

Es hat ein wenig gedauert, bis sich sein Image erholt hat, aber nun zählt der Pangasius wieder zu den Top 10 der beliebtesten Speisefische Deutschlands.[44]

Auch Bio- und Umweltsiegel bieten Orientierungshilfen für Konsumenten. Das bekannteste ist das MSC. Bei dem Marine Stewardship Council handelt sich um eine internationale, gemeinnützige Einrichtung, die nach eigener Aussage für den Schutz der Fischbestände, minimale Auswirkungen auf das Ökosystem und verantwortungsvolles

Management steht. Biosiegel wie Naturland und Bioland oder das ASC-Logo stehen für Fisch aus verantwortungsvoller Aquakultur.

Siegel wie der MSC geraten immer wieder in die Kritik. Dann heißt es, die Siegel halten nicht, was sie versprechen. Angesichts des zunehmenden Drucks auf die Weltmeere müssen die Kriterien eines Nachhaltigkeitssiegels dem derzeitigen Stand der Wissenschaft und den besten weltweit verfügbaren Methoden entsprechen. Alle Umweltkriterien müssen so streng eingehalten und kontrolliert werden, dass die Gesundheit der Meere und der Arten bei allen Entscheidungen über Zertifizierungen an erster Stelle stehen. Der MSC hat hier aus meiner Sicht Reformbedarf.

Siegel mögen kein Freifahrtschein für den bedenkenlosen Fischkonsum sein, aber sie sind ein wichtiger Schritt, sich bewusster mit dem Thema Fischkonsum auseinanderzusetzen. Die gute Nachricht ist: Wir können umdenken und uns entscheiden. Denn nur, solange wir als Käufer nicht aufhören, Fisch in großen Mengen zu essen, und somit die Nachfrage aufrechterhalten, wird ihn die Fischindustrie weiter fangen – legal oder illegal. Unser Einkaufszettel ist daher unser Stimmzettel: Mit ihm stimmen wir gegen Überfischung, Beifang, Verschmutzung und Lebensraumzerstörung und: für die Rettung der Meere.

Was Gesetzgeber und Industrie leisten müssen

Natürlich obliegt es nicht nur uns Konsumenten, die Dinge ins rechte Lot zu bringen. Es ist Aufgabe der Regierung, die Überfischung zu stoppen, ganz einfach, weil die Ernährungssicherung auch zukünftig gewährleistet sein muss, auch und gerade bei wachsender Weltbevölkerung und trotz einschneidender Veränderungen durch die Klimaerhitzung. Aber Politik, auch in der Fischerei, ist komplex und die Lösung von jahrzehntelang festgefahrenen Problemen ist langwierig. Das ist zutiefst frustrierend, vor allem, wenn politisch weder schnell noch angemessen gehandelt wird, obwohl alle wissenschaftlichen Analysen glasklar eine Krise offenbaren. Schnelle Lösungen, wie der Beschluss, Einwegplastik zu verbieten, gibt es nicht. Fischfangmengen auf Basis wissenschaftlicher Empfehlungen festzulegen, ist nach wie vor keine Selbstverständlichkeit. Und selbst wenn auf EU- oder internationaler Ebene Einigungen erzielt und Gesetze verabschiedet wurden, ist es schwer, sie auf dem offenen Meer auch durchzusetzen.

Meist jedoch rückt keiner von seinen Interessen ab, obwohl kaum bestritten wird, dass eigentlich schnellstens gehandelt werden müsste. Das liegt unter anderem daran, dass die Regierungen mancher Länder am Profit der großen Fischereien beteiligt sind oder sie nicht einsehen, warum ausgerechnet die eigene Fischerei beschränkt werden soll, wenn andere Länder kräftig weiter fischen. Manchmal spielen auch machtpolitische Interessen eine Rolle: Politiker wollen schlicht wiedergewählt werden und treffen lieber keine unpopulären Entscheidungen, die sie Wählerstimmen kosten könnten.

Es hilft nur nichts: Immer, wenn die Empfehlungen und Warnungen der Wissenschaftler ignoriert werden, sind die Probleme größer geworden und die Lösungen für alle Beteiligten teurer. Die Fischereipolitik braucht dringend eine Generalüberholung. Weltweit. Von einer nachhaltigen Fischerei werden alle Beteiligten profitieren. Hier die Forderungen im Einzelnen:

Schutzzonen einrichten

Der Überfischung beizukommen, wäre banal einfach: Es wäre immens effektiv, genügend Schutzzonen einzurichten. Würde der kommerzielle Fischfang aus Teilen des Meeres ausgeschlossen werden, könnten sich viele Populationen erholen, und die Gesamtfangquote würde sogar steigen: von derzeit stagnierenden 94 Millionen Tonnen Fisch auf 137 Tonnen. Für eine wachsende Weltbevölkerung wäre das die richtige Entwicklung. Wie das sein kann? Ein Übertragungseffekt, auch Spillover-Effekt genannt, tritt ein: Fische vermehren sich in geschützten Gebieten nachweislich so gut, dass sich die Bestände auf die umliegenden nationalen Gewässer ausbreiten.[45] So ließen sich 70 Milliarden Euro jedes Jahr zusätzlich einnehmen. Aktuell stehen aber immer noch zu wenige Gebiete unter Schutz. Auf die Wichtigkeit von Schutzzonen gehe ich ab Seite 222 ein.

Schädliche Subventionen stoppen!

Die Zahl der Schiffe in der Fischerei hat sich seit 1950 weltweit mehr als verdoppelt. Immer mehr Schiffe jagen immer weniger Fische. Das wäre ohne Subventionen nicht möglich gewesen, mit denen neue Schiffe, neue Motoren und Diesel finanziert werden. Wir brauchen schnellstmöglich eine verbindliche, globale Regulierung der Fischereisubventionen. Ohne diese verpassen wir die generationenübergreifende Gelegenheit, den Kurs der globalen Fischereiflotten in Richtung Nachhaltigkeit neu auszurichten.

Schluss mit dem Beifang

Damit die gnadenlose Verschwendung von Beifang aufhört, muss vor allem auf den Einsatz destruktiver Fanggeräte wie Grundschleppnetze verzichtet und im Gegenzug die Entwicklung umweltschonenderer Methoden gefördert werden. So entstehen neue Produkte wie beispielsweise das Flexnetz, das Mitarbeiter des Thünen-Instituts entwickelt haben. Mit ihm kann sehr selektiv gefischt werden, weil es einen oder mehrere Notausgänge für unerwünschten Beifang besitzt, die sich flexibel öffnen oder schließen lassen. Der verschwenderischen Praxis, tote Fische ins Meer zurückzuwerfen, wollte die EU ein Ende setzen. Leider aber wird das Rückwurfverbot bzw. die Verpflichtung, den Beifang an Land zu bringen, auch sieben Jahre nach Einführung nicht wirksam umgesetzt.

Überfischung beenden

Im Jahr 2020 sollte die Überfischung beendet sein, das beteuerte die EU über Jahre. Dann aber legte sie jährlich die Fangquoten fest – und alle regten sich auf. Die Fischer, weil sie ihnen zu niedrig waren und sie mehr fangen wollten, und wir Umweltschützer, weil sie zu hoch waren. Es ist aber auch ein Kreuz: Da lässt sich die Europäische Union vom Internationalen Rat für Meeresforschung (ICES) beraten, aber am Ende legen die Fischereiminister die Fangquoten doch oft höher fest als empfohlen – und so sind immer noch etwa 40 Prozent der Fischbestände überfischt. Das muss dringend geändert werden. Die EU-Entscheidungsträger sind gesetzlich verpflichtet, die Überfischung zu beenden, und sie haben die Instrumente, um dies zu tun. Es ist noch nicht zu spät, aber sie müssen der Wissenschaft folgen, um die europäischen Fischbestände für die kommenden Generationen zu sichern. Wird die Überfischung nicht gestoppt, sind Arbeitslosigkeit und Verarmung ganzer Küstenregionen die Folge.

Kontrolle ist besser

Eine bessere Fischereiüberwachung ist das A und O, um erfolgreich im Kampf gegen die Überfischung zu sein. Allen guten Gesetzen zum Trotz – ohne Kontrollen wird immer wieder betrogen. Die effizienteste und kosteneffektivste Art, den Fischfang auf See zu überwachen und sicherzustellen, dass Beifang nicht mehr zurückgeworfen wird, ist ein verpflichtendes elektronisches Monitoring: Kameras und Sensoren an Bord der Kutter zeichnen dabei lückenlos auf, was bei Fang und Sortierung der Fische passiert. Illegale Rückwürfe können so erfasst, Verstöße bestraft werden, sodass sich das Fischereimanagement weiter verbessert. Noch gibt es viele Vorbehalte in den Mitgliedsländern gegen diese neue Form der Fischereiüberwachung. Aber nur durch eine effiziente Überwachung lassen sich die Jungfische besser schützen. Und damit auch der Fang von morgen.

Fair fischen

Wenn die eigenen Gewässer überfischt sind, suchen viele Länder neue Fanggründe und handeln mit afrikanischen, asiatischen und südamerikanischen Staaten Zugangsrechte aus. Dann sind oft auch diese Gewässer überfischt. Ein Bericht der Weltbank ergab, dass das Einkommen der 30 Millionen Kleinfischer der Welt immer weiter schrumpft – und der Bevölkerung oftmals ihre wichtigste Proteinquelle genommen wird. Das darf nicht sein. Nur bei wissenschaftlich erwiesenem Fischüberschuss sollten andere Nationen dort fischen dürfen und nur mit Fangmethoden, die den Beifang von unerwünschten Arten und Jungfischen reduzieren. Die Entwicklungsländer müssen in die Lage versetzt werden, ihre Küstengebiete vor illegaler Fischerei zu schützen, und bei den Entscheidungen über die Vergabe solcher Fischereirechte müssen auch Vertreter der Kleinfischer einbezogen werden. Die EU ist mit ihren Fischereiabkommen in diesem Sinne auf einem guten Weg, aber für andere Länder wie Russland, China, Taiwan oder Südkorea müssen künftig dieselben Regeln gelten.

«Mich interessiert nur die Zukunft,
denn das ist die Zeit,
in der ich leben werde.»

Albert Schweitzer
(Arzt und Philosoph)

Klimakrise

Im Jahr 2020 waren die Ozeane so warm wie nie zuvor. Steigende Meeresspiegel, Korallensterben, immer mehr Naturkatastrophen, Dürren und das Abschmelzen des ewigen Eises – all das passiert jetzt.

M eine kleine Tochter hat einen Buntstiftkasten, eine Deluxe-Variante mit 120 verschiedenen Farben. Sie erinnern mich immer an das Korallenriff von Sodwana Bay, in dem ich 2002 in meinem Südafrika-Urlaub tauchen war. Es ist das südlichste der Welt, mit 4000 Jahren relativ jung für ein Riff – und einfach atemberaubend bunt.

Wie breit angelegte Blumenbeete erstrecken sich Hartkorallen und die mit der Strömung wiegenden Tentakel der Weichkorallen und Seeanemonen über den Meeresboden. Unterstützt vom Lichteinfall der Sonne strahlen sie in warmen Rot-Orange-Tönen, andere sind leuchtend grün, knalllila oder zartrosa. Damit nicht genug an Farbenpracht, tummeln sich Schwarmwolken verschiedenster schillernder Fische dazwischen. Ich kam mir beim Tauchen vor, als wäre ich in eine kleine geschäftige Unterwasserstadt geraten, mit lauter bunten Meeresbewohnern: Einhornfische, Soldatenfische, Zacken- und Riffbarsche, Kaiser-, Schmetterlings- und Kugelfische, Blaupunktrochen, Harlekingarnelen ... ich könnte endlos weitermachen. Von mir wiederum waren die Fische vollkommen unbeeindruckt. Kein Wunder: Mein Tauchanzug war ja auch nur schwarz. Die Meeresbewohner schwammen gar nicht scheu und ängstlich, sondern sehr neugierig um mich herum und begutachteten mich. Der eine oder andere Fisch zupfte sogar an meinen Haaren, wahrscheinlich, um zu prüfen, ob sie essbar waren.

Sodwana bedeutet in der südafrikanischen Zulusprache so viel wie «eigenes kleines Paradies» – und angesichts der atemberaubenden Natur kann ich diese Bezeichnung nur bestätigen. Was ich dort antraf, war wahrhaftig paradiesisch: menschenleere Strände mit allerfeinstem Sand, faszinierende Landschaften und eben eines der schönsten Tauch- und Schnorchelgebiete der Welt. Das Riff, das zum iSimangaliso Wetland Park gehört, steht schon seit den 1950er-Jahren unter Schutz, 1999 wurde es zum Unesco-Weltkulturerbe erklärt. Der damals so intakte Zustand des Riffs war in meinen Augen der beste Beweis, dass Schutzgebiete, die Meeresbiologen und Umweltverbände seit langem fordern, funktionieren: Das Wasser war vollkommen klar, mit Sichtweiten von bis zu 40 Metern. Die Korallen waren unberührt und daher gesund. Und dann noch der Reichtum an Leben: An die 1200 Meerestierarten fühlen sich in dem relativ kleinen Riffareal wohl. Ein Geschenk für jeden Umweltschützer, Forscher und Taucher, denn die Wahrscheinlichkeit, relativ viele Tiere in relativ kurzer Zeit zu sehen, ist hoch. Darunter Delfine, die in Schulen umherschwimmen. Und hübsch gepunktete Walhaie, die stoisch ihre Bahnen ziehen, für den Menschen ungefährlich, weil sie lieber kleine Lebewesen wie Makrelen, Quallen oder Kalmare bevorzugen. Außerdem majestätisch schwebende Stachelrochen und Muränen, die sich, versteckt in Felsspalten, von fleißigen Durban-Tanzgarnelen das Maul putzen lassen. Bei einer Ausfahrt zum Tauchplatz begegneten wir sogar einer Buckelwalmutter und ihrem Nachwuchs. Viel zu nahe an unserem Schlauchboot tauchte das Kleine auf einmal auf – wobei «klein» bei einer Größe von vier Metern natürlich relativ ist. Es hätte unser Schlauchboot in jedem Fall versenken können. Der umsichtige Bootsführer legte sofort und sehr vorsichtig den Rückwärtsgang ein, doch das Buckelwalbaby war neugierig und verfolgte uns ein Stück unter dem wachsamen Auge seiner 16 Meter langen Mutter. Vielleicht hielt es uns und das Boot für Spielzeug? Jedenfalls war ein kollektives

Aufatmen auf dem Boot zu vernehmen, nachdem beide dann doch irgendwann abgetaucht waren – wie klein und zerbrechlich wir uns in unserem Schlauchboot fühlten!

Durch all diese Eindrücke sind es die beeindruckendsten Tauchgänge meines Lebens geworden, und die unglaublich farbenfrohe Schönheit der Riffe und seiner Bewohner ist noch heute eine wertvolle Energiequelle, wenn ich mal im grauen Alltag feststecke. Korallen sind aber mehr als nur bunt: Sie repräsentieren das diverseste Ökosystem der Meere: Obwohl Korallenriffe gerade einmal 0,2 Prozent des Meeresbodens ausmachen, verbringen sagenhafte 25 Prozent aller bekannten Arten der Meere einen Teil ihres Lebens dort. Nicht umsonst nennt man sie die Regenwälder des Ozeans.

Tiere ohne Gesichter, aber mit Erfolgsvita

Nicht wenige würden Korallen als Meerespflanzen einordnen. Das liegt bei ihrem Anblick auch nahe: Sie können sich schließlich nicht fortbewegen, haben keine Arme, Beine oder gar Gesichter. Und doch: Sie gehören zum Reich der Tiere. Eine Koralle besteht aus einzelnen, miteinander verbundenen Polypentieren. Diese sind der Gruppe der Nesseltiere zugeordnet, entfernten Verwandten der Quallen. Einige von ihnen, etwa Feuerkorallen, brennen sogar genau wie einige Quallen auf der Haut, wenn man sie berührt. Die meisten der über 3800 Korallenarten sind jedoch harmlos.[46]

Die kleinen Polypen bestehen vorwiegend aus Wasser und sind glibberig wie Gelatine. Der Körper ist länglich und hohl, mit einem Schlund für Nahrungsaufnahme und Ausscheidungen, an dem sich mit Nesselzellen besetzte Tentakel befinden. Mit ihnen können sie vorbeischwimmendes Plankton, sogar kleine Fischchen und Krebse fangen. Damit die Millionen und Milliarden Korallenpolypen im Riff aber wirklich satt werden, haben sie ein ausgebufftes System entwickelt: Sie lassen in ihrem Gewebe kleine einzellige Algen, die Zooxanthellen, wohnen. Für den sicheren Wohnraum revanchiert sich die Alge mit Nahrung. Algen betreiben Photosynthese, genau wie grüne Landpflanzen. Das heißt, sie stellen aus Kohlendioxid mit Hilfe von Sonnenlicht Zucker her – und damit begleichen sie die Miete: Dank der Algen können die Polypen 50 bis 90 Prozent ihres Kohlenhydratbedarfs decken. Nebenbei schenken die Mitbewohner den Korallen je nach Algenart die schönsten Färbungen.

Als Nebenprodukt ihres Stoffwechsels scheiden die Polypen mehrere Gramm Kalk am Tag aus, die feste Kalkskelette bilden, durch die die Polypen und Algen besser geschützt sind. Dadurch wachsen sie pro Jahr um bis zu 20 Zentimeter – und so entstanden im Laufe der Zeit auf der ganzen Welt Riffe gigantischen Ausmaßes.

Der Titan unter den Korallenriffen ist das bereits erwähnte Great Barrier Reef vor der Nordostküste Australiens: Millionen Jahre hat es gebraucht, um das mächtigste Bauwerk, das je von Lebewesen erschaffen wurde, zu werden. Seine Riffe, die sogar vom Mond aus erkennbar sind, erstrecken sich über eine Länge von etwa 2300 Kilometer. Das ist in etwa so weit wie von Hamburg bis nach Lissabon in Portugal. Über 1800 Meerestierarten tummeln sich in den Löchern und Spalten des Great Barrier Reef.

Wer so alt ist, die Dinosaurier überlebt hat und seit Anbeginn der Menschheit existiert, kann nur über eine erfolgreiche Vita verfügen. Ein paar Auszüge gefällig? Schon in den Frühzeiten der Erdgeschichte haben die Rifforganismen bei der Entwicklung der Erde ganz erheblich mitgemischt: Sie produzierten den ersten Sauerstoff, entgifteten die Meere und beeinflussten das Klima. Auch heute besitzen Riffe unschätzbare biologische Funktionen. Die wichtigste: Sie verleihen dem Meeresboden Struktur. Da passt wieder der Vergleich mit einer Unterwasserstadt ganz gut; ein Riff besteht quasi aus unzähligen verwinkelten Bauwerken, die mehrere Etagen mit Balkonen, Hinterhöfen und Kellern haben, es existieren schmale Gassen und dunkle Gänge. All das bietet den vielen Meeresbewohnern hinreichend Platz und Schutz. Fische oder Krebse paaren sich hier ungestört, legen ihre Eier ab, die wiederum beim Schlüpfen wesentlich höhere Chancen haben, zu überleben, weil sie sich in den Spalten des Riffs vor Raubfischen verstecken können. Dagegen gleichen die Sandböden außerhalb des Riffes Wüstengebieten. Karg und eben bieten sie wenig Schutz und Wohnraum, man ist dem nächsten Hungrigen schnell ausgeliefert – es sei denn, man ist Spezialist und weiß sich zu tarnen oder im flachen Boden zu verstecken.

Die Struktur der Riffe ist es auch, die Tausende Kilometer Land und Inseln schützen: Riffe gelten als natürlicher und nahezu unersetzlicher Küstenschutz, weil sie Wellen brechen und die Strömung beeinflussen. Stürme und Gezeiten können dem Land «dahinter» weitaus weniger anhaben, wenn ihm statt glattem Meeresboden ein Riff vorgelagert ist. Gäbe es keine Riffe, wäre schon so manche Insel oder Strand längst verloren.

Korallenriffe verbessern zudem die Wasserqualität, denn die vielen Pflanzen, Tiere und Kleinstlebewesen fungieren als Filter und fangen Schmutz ein. Und als riesiger, lebendiger, atmender Organismus spielt das Riff auch für die Regulierung des Kohlendioxidgehalts im Ozean eine wichtige Rolle.

Dazu kommt der wirtschaftliche Faktor. Riffe ernähren direkt oder indirekt Milliarden von Menschen – entweder, weil Fischer vor Ort nach ertragreicher Beute jagen oder weil sie die Kinderstube vieler Hochseefische sind. Riffe sind sogar für die forschende Medizin attraktiv: Sie produzieren hochwirksame Stoffe, um sich in der Enge der Kolonien vor Krankheiten zu schützen – Potenzial für Medikamente, auf die auch wir einmal angewiesen sein könnten. Nicht zuletzt sind sie eine Tourismusattraktion. So viel faszinierende Natur an einem Ort, so man denn gern taucht oder schnorchelt, macht einfach glücklich: Den Anblick eines blühenden Korallenriffs vergisst man nie.

Wir lassen die Korallen verblassen

Gerade haben wir unschlagbar gute Gründe kennengelernt, alles zu tun, um Korallenriffe zu erhalten. Leider kommt jetzt das Aber, denn seit Jahren passiert das genaue Gegenteil. Das Ergebnis ist schmerzhaft: Die Grenzen der Belastbarkeit, so die Forschungsergebnisse vieler Meeresbiologen, sind bei den meisten Korallen erreicht. Die Riffe kämpfen gegen viele negative Einflüsse an: unachtsame Touristen, Souvenirjäger, Sonnencremes, Schifftreibstoffe, Düngemittel und Pestizide aus der Landwirtschaft. Durch die Überfischung wird die Anzahl pflanzenfressender Fische reduziert, sodass Korallen im zu nährstoffreichen Wasser von Algen überwuchert werden. Tüten oder Folien verfangen sich in den Korallen und hindern die Algen an der Fotosynthese.

All das aber verblasst gegenüber dem enormen Einfluss der Klimakrise. Die globale Erwärmung der Meere ist mit Abstand die größte Gefahr für die Riffe und seine Bewohner. Die Symbiose der Korallen mit den Zooxanthellen ist clever, aber fragil. Bereits ein geringer Anstieg der Meerestemperaturen beeinträchtigt nämlich die WG-Bewohner der Korallen, und die Algen machen nicht mehr, was sie sollen. Statt Zucker herzustellen, produzieren sie Freie Radikale – das ist, als würden sie statt Popcorn plötzlich Gift herstellen. Die Korallenpolypen reagieren darauf natürlich nicht erfreut, es kommt zur Kündigung des Wohnverhältnisses und dem sofortigen Rausschmiss. Dafür blähen sie sich auf und stoßen die in ihnen wohnenden Algen mit kräftigem Druck aus. Die Korallenpolypen verblassen, denn mit den Bewohnern geht auch die Farbe. Dies nennt man Korallenbleiche.

Der Rausschmiss der Zooxanthellen hat noch einen weiteren, weitaus schlimmeren Effekt: Ohne ihre Mitbewohner überleben Korallen nur einige Tage bis Wochen. Sinkt in dieser Zeit die Temperatur nicht wieder auf die normalen Werte herab, dürfen die Zooxanthellen nicht wieder zurückkehren und die Polypen verhungern. Ist die Temperaturschwankung einmalig und kurz, schaffen es die Korallen in der Regel, sich weitestgehend zu regenerieren – auch wenn es Monate oder Jahre dauert. Häufen sich die ungesunden Temperaturspitzen hingegen, haben die Korallen nicht genügend Zeit, sich davon zu erholen. So sterben sie über kurz oder lang ab.

Ein ausgebleichtes oder totes Korallenriff ist ein niederschmetternder Anblick. Sein Sterben mag vielleicht nicht so offensichtlich sein wie ein Kahlschlag im Regenwald, weil hier und da noch ein kleiner Fischschwarm oder eine Schildkröte umherschwimmt, aber die großen Schwärme von kleinen und großen, bunt gestreiften, getupften oder marmorierten Fischen sind verschwunden. Ebenso wie das Kaleidoskop an Farben, mit denen die üppig leuchtenden Korallen den Boden in einen bunten Teppich verwandelten. Die Kleinstadt gleicht einer Geisterstadt mit heruntergekommenen Häusern – die Bewohner sind weitergezogen oder verstorben.

Weltweit sind die Bestände der Flachwasserkorallen bereits um etwa 30 bis 40 Prozent zurückgegangen. Steigen die durchschnittlichen Meerestemperaturen weiter an, werden noch mehr Riffe sterben.

Das betrifft dann selbst die Riffe, die geschützt sind, wie Sodwana Bay. In den Sommermonaten 2000 blieb 67 Tage lang die Temperatur in einigen Riffabschnitten in Sodwana Bay bei knapp unter 30 Grad, das Wasser war kristallklar und die Sonneneinstrahlung entsprechend sehr hoch. Zu viel für einen Teil des Riffes, etwa 12 Prozent der Korallen im Two-Miles-Reef wurde weiß und starb. Die Spuren dieser Bleiche konnte ich noch zwei Jahre später bei meinen Tauchgängen ausmachen. Leider gab es in einigen Arealen danach noch viele weitere Bleichen.

Beispiellos sind aber die «Bleich-Events» des Great Barrier Reef: Dort leiden die Korallen seit Jahren unter veränderten Umweltbedingungen wie dem Anstieg der Wassertemperatur und der Versauerung des Meerwassers. Im Jahr 2016 hieß es bereits, dass das Great Barrier Reef die bis dahin gravierendste dokumentierte Korallenbleiche erlitt: Etwa 90 Prozent der Riffe im Norden und im Zentrum waren betroffen. Sie entstand damals durch einen starken El Niño, ein Klimaphänomen, das im Durchschnitt alle vier Jahre das Oberflächenwasser des Pazifiks aufheizt, durch die globale Erwärmung allerdings verstärkt wird. Damals dachte ich geschockt: «Nun kann es aber nicht mehr schlimmer werden.» Doch die jährlichen Berichte über neue Hitzerekorde reißen nicht ab. 2017 stiegen die Wassertemperaturen erneut, auch ohne El Niño, so stark an, dass wieder weite Riffbereiche geschädigt wurden. Im Frühjahr riss der Zyklon Debbie die geschwächten Korallen von den Riffen und hinterließ Unterwasser-Trümmer, und 2019 folgte der nächste Hitzeangriff: Nach Angaben des australischen Wetteramts hatte das Korallenriff mit der höchsten Wassertemperatur seit Beginn der Messungen im Ozean zu kämpfen.[47] Wann genau sollen sich die Riffe erholen? Geht es so weiter, könnten die tropischen Korallenriffe schon im Jahr 2030 zerstört sein.[48]

Aufgrund der Corona-Pandemie sind Nachrichten über das rasante Absterben des Great Barrier Reefs, zuletzt im April 2020 publik gemacht, in den Hintergrund gerückt. Der Aufschrei darüber blieb und bleibt aus. Einerseits verständlich – angesichts der neuen Umstände, mit denen wir zu diesem Zeitpunkt klarkommen mussten –, andererseits macht das Artensterben keine Pause, sondern geht weiter, unbeeinflusst von der Pandemie. Die Korallenriffe verblassen gerade für immer. Der erste Dominostein ist gefallen und hat eine Kettenreaktion ausgelöst: Über kurz oder lang werden auch die anderen Lebewesen im Riff sterben, die Artenvielfalt wird eklatant abnehmen. Das ist nicht nur traurig, sondern für uns Menschen schlichtweg existenzbedrohend.

Ein nasses, aber reiches «Land»

Der wirtschaftliche Wert der Ozeane lässt sich berechnen, und das «Brutto-Meeres-Produkt» ist ziemlich beachtlich

Wäre Poseidon tatsächlich aktuell das Staatsoberhaupt des Meeres, er wäre ganz sicher zufrieden mit dem ökonomischen Wert seines Reichs – schließlich wäre er mal eben Chef einer der größten Wirtschaftsmächte der Welt. Gemessen am Bruttoinlandsprodukt der Wirtschaftsnationen liegen die Weltmeere auf dem siebten Platz, gleich hinter Frankreich und Großbritannien. Das hat eine Studie ergeben, die der WWF 2015 mit der Universität Queensland in Australien und der Unternehmensberatung Boston Consulting Group ausgearbeitet hat. Gemeinsam errechneten sie den «Wert des Meeres» und bezifferten ihn auf insgesamt mindestens 24 Billionen US-Dollar. Jährlich erwirtschaften die Meere 2,5 Billionen Dollar. Eine der wichtigsten «Waren» des Ozeans ist natürlich der Fisch, mit dem fast drei Milliarden Menschen mehr als 20 Prozent ihres Eiweißbedarfs abdecken. Hinzu kommen «Meeres-Dienstleistungen», zum Beispiel Tourismus, Handel und Transport durch die Schifffahrt – 90 Prozent des Warenaustauschs zwischen den Kontinenten passieren auf dem Seeweg.

Forscher finden in Meeresorganismen neue Wirkstoffe gegen Krebs und andere Krankheiten – nicht wenige Pharmapatente beruhen auf Organismen aus den Ozeanen. Die marine Wirtschaft schafft weltweit hunderte Millionen Arbeitsplätze, und die Küsten bieten Milliarden Menschen einen Lebensraum. Auf dem Grund der Weltmeere harren noch etwa drei Millionen Wracks ihrer Entdeckung. In einem Zehntel von ihnen vermutet man Schätze mit einem Gesamtwert von bis zu 30 Milliarden Euro. Allein in der Karibik, entlang der sogenannten Silberroute, sollen noch 3000 gekenterte Schiffe liegen, randvoll mit Schätzen – von denen allein Poseidon wissen dürfte, wo genau sie sich befinden.

Nicht mit eingerechnet ins «Brutto-Meeres-Produkt» sind andere wichtige Funktionen, etwa die Sauerstoffproduktion und die Regulierung des Klimas – und natürlich bieten die Meere unzähligen Tieren und Pflanzen einen wertvollen Lebensraum.

Am Ende werden wir es sein, denen die Zerstörung dieses Lebensraums wirtschaftlich teuer zu stehen kommt.

Einfach weg – und zwar für immer:
Das sechste große Artensterben

Auf den ersten Blick kommt er in der Tat gruselig daher: Viermal länger als ein ausgewachsener Mensch, schwimmt er blitzschnell durchs Wasser, wenn er seine Beute verfolgt, um dann mit messerscharfen, fast zehn Zentimeter langen Zähnen zuzupacken. So wurde der Weiße Hai zum gefürchtetsten Jäger der Welt. Wir haben ihm unzählige Filme gewidmet, in denen er Jagd auf uns macht, und jede reale Begegnung mit dem Menschen ist den Medien Schlagzeilen wert.

Dabei stehen wir gar nicht auf seinem Speiseplan. Die Wahrscheinlichkeit, zu sterben, weil man von einem Stuhl fällt, etwas verschluckt oder von einer Schlange gebissen wird, ist wesentlich höher, als auch nur von einem Hai gebissen zu werden. Wer jedoch allen Grund hat, sich zu fürchten, ist der Hai. Und zwar vor uns. Wir Menschen töten ihn, in einem Ausmaß, dass mittlerweile ein Viertel aller Hai-Arten vom Aussterben bedroht sind. In Zahlen bedeutet das: 63 bis 273 Millionen Haie werden jährlich gefangen.[49] Jede Minute sterben also mindestens 119 Haie.[50] Und da sie oft erst mit 30 Jahren überhaupt geschlechtsreif werden und nur wenige Junge zur Welt bringen, können diese enormen Verluste nicht durch den Nachwuchs ausgeglichen werden.

Gejagte Jäger – viele Haiarten sind vom Aussterben bedroht.

In erster Linie werden Haie ihrer Flossen wegen gejagt. Sie gelten in vielen Ländern als Delikatesse: 200 Dollar bringt ein Kilo Flossen. Die Flossen werden zu einer Suppe gekocht, die als besondere Spezialität gilt – schmecken, das habe ich mir sagen lassen, tut sie nicht mal besonders gut. Der Prozess des «Finnings» ist extrem grausam: Dem Hai wird die Flosse bei lebendigem Leib abgeschnitten, anschließend wird er ins Meer zurückgeschmissen. Um seine Bewegungsfähigkeit beraubt, sinkt er auf den Meeresgrund herab und bleibt gelähmt liegen, ein unglaublich trauriger Anblick. Er verblutet entweder, wird bei lebendigem Leib von anderen Jägern gefressen oder er erstickt.

In vielen Ländern ist das Finning zwar verboten, doch Hai-Wilderer interessiert das nicht, und die Überwachung auf dem offenen Meer ist auch hier schwierig. So schaffen es die Menschen, eine Spezies an ihre Grenzen zu bringen, die schon 450 Millionen Jahre existiert, also sogar schon vor den Dinosauriern in den Meeren schwamm.

Es sind nicht nur die Haie, die ums Überleben kämpfen – auch der bereits erwähnte Vaquita, der Nördliche Glattwal, die sieben noch existierenden Meeresschildkrötenarten, der Aal und viele andere sind gefährdet. An Land sieht es nicht anders aus: das Sumatra-Nashorn, die Riesenschildkröte, der Harlekinfrosch, der Feldhamster, der Kiebitz, die Bekassine – sie alle eint, dass es nur noch wenige ihrer Art gibt.

Es ist eine schwindelerregende Zahl: Von den weltweit bekannten 1,7 Millionen Arten sind aktuell etwa 25 Prozent gefährdet, also circa 425 000. Die Betonung liegt auf «bekannten», denn es existieren weit mehr Arten, die wir noch nicht erforscht haben. Wir können nur hochrechnen, wie viele das sind: Wissenschaftler gehen von etwa 8,1 Millionen Arten aus, wovon der Großteil Insekten sind. Von diesen geschätzt acht Millionen Arten sind ungefähr eine Million vom Aussterben bedroht. Wir haben 75 Prozent weniger Insekten als noch vor 25 Jahren, ein Viertel weniger Säugetierarten, 14 Prozent der Vogelarten und vier von zehn Amphibienarten sind verschwunden, dazu kommen zahlreiche Pflanzen. Verlässliche Aussagen über Meeresflora und -fauna sind schwieriger zu treffen, dort verläuft das Artensterben mehr im Verborgenen. Aber die Fischerei, die Arten bis zur Erschöpfung fischt, der damit einhergehende Beifang und auch das Korallensterben sind Indikatoren, dass zahlreiche Populationen unter Druck stehen: So wird geschätzt, dass ein Drittel aller marinen Säugetiere und ein Drittel aller riffbildenden Korallen gefährdet sind.

Wissenschaftler des Weltbiodiversitätsrates IPBES (Intergovernmental Science-Policy Platform on Biodiversity and Ecosystem Services) warnen vor einem sich rasch beschleunigenden globalen Artensterben, dem sechsten der Erdgeschichte. Fünf Massensterben gab es bisher, bei denen jeweils zwischen 70 Prozent und 95 Prozent der Arten von

Pflanzen, Tieren und Mikroorganismen vernichtet wurden. Das letzte und bekannteste ereignete sich vor rund 66 Millionen Jahren, als mit aller Wahrscheinlichkeit ein kilometergroßer Asteroid auf der Erde einschlug und die Dinosaurier auslöschte.

Diesmal sind wir der Asteroid. Darin sind sich die Wissenschaftler nach einer dreijährigen Auswertung aller Daten einig: Im Laufe des 20. Jahrhunderts sind 543 Landwirbeltierarten ausgestorben, von weiteren 515 Spezies existieren jeweils nur noch weniger als 1000 Individuen. Ohne die Zerstörung der Natur durch den Menschen, im normalen Verlauf der Evolution also, hätte dies bis zu 10 000 Jahre gedauert.[51]

Hauptursache ist der Verlust von Lebensräumen: Drei Viertel aller Landflächen sind durch den Menschen stark verändert worden – die Regen- und Mangrovenwälder werden abgeholzt, Moore trockengelegt, die Agrarindustrie lässt keinen Raum. Auch die Klimakrise beschleunigt das Artensterben – die Meere werden zunehmend wärmer und saurer, Bäume erkranken, weil den Wäldern die heißen regenarmen Sommer zu schaffen machen. Dazu addieren sich die Ausbreitung invasiver Arten, Luftverschmutzung, Einsatz giftiger Substanzen, der Verlust von Trinkwasserreserven und nicht zuletzt der milliardenschwere Handel mit Wildtieren. Wie gerade Letzteres heftig nach hinten losgehen kann, zeigt die Coronavirus-Krise, hängt sie doch aller Wahrscheinlichkeit nach mit dem Konsum von Wildtieren in China zusammen.

Vielen ist nicht bewusst, dass wir uns inmitten eines Artensterbens befinden. Weil wir viel zu lange nicht hingeschaut haben. Der 2019 veröffentlichte globale Zustandsbericht ist der erste seit 2005. Das Klima steht immer wieder im Mittelpunkt großer Konferenzen, an der viele Staatsoberhäupter teilnehmen, die wiederum mediales Interesse hervorrufen. Der Erhalt von Artenvielfalt steht bei Staatschefs nicht so weit oben auf der Agenda, da werden dann «nur» die Umweltminister geschickt. Und außerdem ist das Artensterben noch schwieriger zu beenden als die Klimakrise. Denn die Ursachen hierfür sind regional und lokal unterschiedlich – müssen also überall anders bekämpft werden.

Bei der Klimakrise müsste hingegen «nur» der Emissionsausstoß reduziert werden, und das wäre und ist fast überall mit mehr oder weniger den gleichen Optionen möglich. Darüber hinaus lässt sich mit Artenschutz kein neuer Markt generieren wie bei dem Bau von E-Motoren oder bei regenerativer Energie – und somit auch kein Geld verdienen. Für Politik und Industrie also maximal unattraktiv.

Doch das Artensterben wiegt für die Zukunft und das Wohlbefinden des Menschen ebenso schwer. Denn wie die Klimakrise kann auch das Artensterben die Erde in nicht allzu ferner Zukunft in einen unwirtlichen Planeten verwandeln. Klimakrise und Artensterben sind im Grunde wie zwei Seiten einer Medaille: Wissenschaftler sprechen deshalb von Zwillingskrisen. Die ansteigenden Temperaturen treiben das Artensterben voran, denn die Arten sind an bestimmte Temperaturen biologisch gebunden. Finden sie keinen Ort mit den passenden Temperaturen, sterben sie aus.

Mein Stichwort ist wieder einmal: Kreislauf. Denn wenn eine Tier- oder Pflanzenart ausstirbt, kann das ein ganzes Ökosystem aus dem Gleichgewicht bringen. Andere Arten, die von den aussterbenden abhängig sind, könnten ebenfalls verschwinden.

Schauen wir uns in diesem Zusammenhang noch einmal den Hai an. Die Top-Prädatoren sind für unsere Ozeane so wichtig wie die Tiger für den Dschungel und die Löwen für die Savanne: Sie stehen an der Spitze der Nahrungskette und halten alles darunter im Gleichgewicht. Sie jagen alte und kranke Fische, verhindern außerdem eine überstarke Ausbreitung vieler Meeresarten. Ein Verschwinden der Haie hätte weitreichende Folgen: Die ehemals Gejagten vermehren sich ungehindert und fressen die kleineren Fische weg. Diese fehlen dann, um Algen zu fressen, die wiederum rasant wachsen, Riffe überwuchern oder zu viel Sauerstoff verbrauchen und am Ende tote Zonen hinterlassen. Das System kippt.

Am Ende schadet das auch dem Menschen. Für unsere Gesundheit und unser Wohlbefinden sind wir auf biologische Vielfalt angewiesen. Wasser, Nahrung, ein verträgliches Klima – diese Dinge brauchen wir zum Überleben, und die Erde kann sie nur bereitstellen, wenn ihre Ökosysteme stabil sind. Was die Biodiversitätskrise so ernst macht: Das Aussterben einer Art ist – im Gegensatz zu anderen Umweltproblemen – irreversibel. Was weg ist, kehrt nie wieder zurück. Noch gibt es ein kleines Zeitfenster, diesen Verlauf anzuhalten.

Um unsere Welt nachhaltiger zu gestalten, müssen wir den Planeten schonen. Es gilt, die Abholzung von Waldflächen zu stoppen und die intensive Nutzung von Flächen nur so weit zuzulassen, wie es ökologisch vertretbar ist. Dem illegalen Wildtierhandel muss das Handwerk gelegt und unser Konsum maßvoller werden. Mehr Schutzgebiete an Land und im Meer würden Regionen gesunden lassen. Wir müssen begreifen, dass saubere Luft, klares Wasser, gesunder Fisch und fruchtbare Böden nicht endlos verfügbar und kostenlos zu haben sind – und vor allem müssen wir nach dieser Erkenntnis handeln. Nur so schaffen wir es, das Artensterben und die Klimakrise abzumildern.

ICH^WIR

Um das sechste Massensterben aufzuhalten, sind globale politische Maßnahmen nötig. Aber auch jeder Einzelne kann etwas tun: Am meisten Landfläche geht für die Viehzucht verloren, etwa, um Soja für Tierfutter anzubauen. Weniger oder gar kein Fleisch oder Milchprodukte zu essen, trägt dazu bei, Flächen und CO_2-Emissionen «einzusparen». Regenwald wird nicht nur für Sojaplantagen vernichtet, sondern im großen Stil auch für Palmöl. Dieses steckt in Süßigkeiten, Waschmittel, Fertigprodukten, Kosmetika und vielen anderen Produkten – es reicht ein Blick auf die Inhaltsstoffe-Liste. Meistens gibt es auch Alternativen ohne Palmöl. Es lohnt sich, Bio-Lebensmittel einzukaufen, weil sie auf dem Acker nicht mit synthetischen Pestiziden und Düngern behandelt werden. Und warum es gut ist, auf überfischten oder sogar bedrohten Fisch zu verzichten, habe ich bereits erwähnt.

Europäischer Aal ist vom Aussterben bedroht und gehört nicht auf den Teller. Und auch der Hai sollte nicht auf der Speiseliste stehen. Er kommt gern unter dem Deckmantel diverser Bezeichnungen in den Handel: als Königsaal, Kalbfisch, Speckfisch, Karbonadenfisch, Seestör, als Seeaal oder in Form der wohlklingenden Schillerlocke. Vor allem Letztere, die vom Dornhai stammt, ist noch immer populär und wird gerne auf deutschen Wochenmärkten feilgeboten.

Ein Bericht mit epischen Folgen

Wie wir gerade gelesen haben: Nicht nur die Korallenriffe, sondern auch viele weitere Tierarten sind Opfer der Klimakrise. Und leider nicht nur die. Das wurde mir besonders deutlich, als ich nach Monaco reiste, um mir im September 2019 den «Sonderbericht über die Ozeane und die Kryosphäre in einem sich wandelnden Klima» des Weltklimarats IPCC (Intergovernmental Panel on Climate Change – Zwischenstaatlicher Ausschuss für Klimaänderungen) anzuhören. Der Begriff «Kryosphäre» bezeichnet die Eisgebiete der Erde. Gemeinsam mit den Meeren machen sie 80 Prozent der gesamten Erdoberfläche aus. Angesichts dieser Dimension verweisen sie die restlichen 20 Prozent Landmasse, auf denen wir uns bewegen, locker auf die hinteren Plätze. Dieser Bericht war, ich kann es nicht anders sagen, niederschmetternd: 104 Wissenschaftler werteten über zwei Jahre 6981 Studien aus, um Rückschlüsse zu ziehen, welche Folgen der Klimakrise mit welcher Wahrscheinlichkeit auf uns zukommen werden. Die Ergebnisse sollen den Politikern der Welt dabei helfen, adäquate Entscheidungen für den Klimaschutz zu treffen.

Bevor die 30-seitige Zusammenfassung des insgesamt 900 Seiten starken Berichts verabschiedet wurde, wurde sie von den Vertretern

Der Eisbär – trauriges Symbol der Klimakrise

aller 195 IPCC-Länder in einem Konferenzsaal Seite für Seite durchgegangen. Vier zermürbende Tage dauerte die Anhörung, was vor allem am Widerstand der saudi-arabischen Delegation lag, die immer wieder die wissenschaftlichen Grundlagen in Frage stellte und Wörter und Sätze zu ihren Gunsten anpassen wollte. Wenig verwunderlich, dass ein Land, das durch seine Ölförderung zu den größten Profiteuren der ölbasierten Wirtschaften gehört, ungern die alarmierende Wahrheit anerkennen will. Ein Bericht, der so stark die Klimakrise thematisiert und drängt, aus den fossilen Energieträgern auszusteigen, stößt dort natürlich auf größten Widerstand.

Wir, die Umweltschützer von WWF, Greenpeace und Vertreter von CAN, dem Climate Action Netzwerk, saßen als Beobachter in den hinteren Reihen. Wir durften während der Plenarsitzung zwar kommentieren, Vorschläge machen und Fragen stellen, aber die Formulierungen beschlossen die Wissenschaftler und die Länder. Es war beeindruckend, bei einem solchen Prozess dabei zu sein.

Die Wucht, mit der die Fakten des Berichts mich trafen, ist allerdings kaum zu beschreiben. Obwohl ich mit den meisten Infos vertraut war, waren sie, so verdichtet dargestellt, ein echter Knock-out für mich. Und umso absurder fühlte es sich an, aus dem Hörsaal in den Prunk Monacos zu taumeln, wo goldfarbene Maseratis an mir vorbeifuhren und im Hafen Yachten ankerten, deren Beiboote sich ein Normalsterblicher schon nicht leisten kann. Wie soll man da nicht verzweifeln, wenn man gerade gehört hat, dass die Klimakrise vor allem in Äquatornähe am schlimmsten wüten wird – dort also, wo diejenigen leben, die selbst den niedrigsten CO_2-Ausstoß produzieren und am wenigsten finanzielle Möglichkeiten haben, der Krise zu begegnen?

Verschluckt an unseren Eskapaden

Die 104 Forscher kamen unisono zu einem Fazit: Das Meer hat uns über Jahrzehnte einen großen, von den meisten unbemerkten Dienst erwiesen – doch damit ist nun Schluss.

Seit Beginn der Industrialisierung haben wir zwei Billionen Tonnen CO_2 in die Atmosphäre gepustet. Verursacht durch Flug-, Schiffs- und Autoverkehr, Kohlekraftwerke, Landwirtschaft und Industrie. In der Atmosphäre ist es aber nicht geblieben: Stattdessen hat das Meer den Großteil unserer Eskapaden geschluckt und quasi als unser Kühlschrank fungiert: Über 90 Prozent der durch den Treibhauseffekt von der Erde erzeugten Überschusswärme hat es seit den 1970er Jahren gespeichert, während nur vier Prozent die Landfläche und die Atmosphäre erhitzt haben.

Die Menge an Wärmeenergie, die der Mensch den Meeren in den vergangenen 25 Jahren zugeführt hat, entspricht 3,6 Milliarden Mal der Energie, die die Atombombe von Hiroshima freigesetzt hat.[52]

Doch die Wärme verschwindet auch im Meer nicht. Wir haben nur so viel Wasser auf der Erde, dass es lange dauert, bis sich die Gesamt-temperatur signifikant ändert. Das ist nun aber der Fall. Seitdem Temperaturen gemessen werden, sind die oberen 2000 Meeresmeter stetig wärmer geworden. Insgesamt ergaben die vergangenen fünf Jahre die wärmsten fünf Messungen des Meeres seit 1950. Das Jahr 2019 stand ganz oben auf der Liste.[53] Die klimaentlastende Wirkung nimmt also kontinuierlich ab, und das bedeutet, dass die Temperatur der Atmosphäre im Gegensatz dazu stetig zunimmt. Schon jetzt ist die globale Durchschnittstemperatur im Vergleich zum vorindustriellen Zeitalter um ein Grad gestiegen. Die Jahre 2015 bis 2018 waren nach ersten Analysen der Weltwetterorganisation die vier wärmsten seit Beginn der Aufzeichnungen im 19. Jahrhundert.

Schon in den 1990er Jahren wurden Prognosen dazu getroffen, und die EU beschloss damals, dass der Temperaturanstieg unter zwei Grad gehalten werden sollte. 2009 zog der Rest der Welt nach: Bei der UN-Klimakonferenz von Kopenhagen einigte sich ein Großteil der Länder darauf, die Erderhitzung auf nicht mehr als zwei Grad ansteigen zu lassen. Da Klimawissenschaftler warnten, dass die Schäden schon bei diesen zwei Grad immens sein würden, wurden im historischen Abkommen von Paris 2015 ambitionierte 1,5 Grad als Ziel festgehalten.

Welche Auswirkungen das Ansteigen der Meerestemperaturen hat, fasst auch der IPCC-Bericht zusammen. Ich gebe ihn, hier und da ergänzt, wieder:

Den Fischen wird es zu heiß

Nicht nur an Land kann es zu großen Fluchtbewegungen kommen, sondern auch unter Wasser. Seit geraumer Zeit befinden sich Millionen von Fischen auf der Flucht: Sie suchen nach einem neuen, kälteren Zuhause. Im Zuge der Ozeanerwärmung verändern sich die marinen Lebensräume von den Polen bis zu den Tropen, und nicht nur die Korallen leiden unter Hitzestress. Wechselwarme Tiere können zwar nicht im menschlichen Sinne schwitzen, aber die höhere Temperatur beschleunigt ihren Stoffwechsel. Das kostet Energie, die den Tieren anderswo fehlt. Bei der Vermehrung zum Beispiel, was Auswirkungen auf die Bestände hat. Fische, aber auch Plankton, Quallen, Schildkröten und Seevögel sind deswegen schon zehn Breitengrade in Richtung der kühleren Pole gewandert[54], oder sie versuchen, in die Tiefe auszuweichen. Aber nicht für alle Arten ist ein Ausweichen aus ihren küstennahen Lebensräumen ins offene Meer oder in kühlere Meerestiefen eine Option. In tieferen Bereichen fehlen Sonnenlicht, pflanzliche Nahrung und Sauerstoff. Oder sie sind gänzlich auf spezielle Ökosysteme wie das Korallenriff angewiesen.

Keine Chance, vor den steigenden Temperaturen wegzulaufen oder -zuschwimmen, haben die Tiere, die schon jetzt in den kältesten Regionen der Erde an den Polen leben. Wohin sollen diese ausweichen?

Todeszonen breiten sich aus

Parallel mit der Erwärmung geht den Weltmeeren in atemberaubendem Tempo der Sauerstoff aus. Wärmeres Wasser kann weniger davon speichern. Erschwerend kommt hinzu, dass sich in wärmeren Gewässern die oberen sauerstoffreichen weniger gut mit den unteren sauerstoffarmen Schichten vermischen. Die Folge ist die Ausbreitung sogenannter Todeszonen, Bereiche am Meeresboden, die praktisch sauerstofffrei sind. Die Entstehung toter Zonen in Küstennähe wird noch beschleunigt durch Düngemittel und Abwässer, die vom Land in die Meere fließen. In den 1960er Jahren hat man 45 solcher Gebiete gefunden – heute sind es schon weit über 700. Gar nicht gut für die Meeresbewohner, die in tieferen Schichten leben oder nun, siehe oben, ins kühlere Wasser flüchten müssen. So sind Haie, Thunfische und viele weitere Fischarten betroffen, die ihrer Größe und ihres Energiebedarfs wegen viel Sauerstoff brauchen.[55] Ihnen bleibt nichts anderes übrig, als in relativ sauerstoffreiche Schichten in höheren Lagen aufzutauchen, wo sie sich aber wiederum nicht nur der steigenden Wassertemperatur aussetzen, sondern auch der Gefahr, gefischt zu werden.

Ein alles erstickender Algenteppich

Algen blühen auf

Im warmen, sauerstoffarmen und überdüngten Wasser können sich unterschiedlichste Algenarten explosionsartig vermehren, darunter Phytoplankton, also Kleinstpflanzen, Bakterien, aber auch größere Algen, die sich durch Flüsse, Seen und Meere treiben lassen oder dort wachsen. Als kleinere Ansammlungen stellen die Algen kein ökologisches Problem dar. Im Gegenteil: Sie bieten Fischen, Schildkröten und Vögeln Nahrung und Unterschlupf. Erst in der Masse werden sie zum Problem. Sinken große Mengen toter Algen zum Meeresgrund ab, können sie Korallen und Seegras ersticken. Sind sie giftig, wie manche Blaualgenarten, töten sie Fische und andere Meereslebewesen und können auch für uns Menschen gefährlich werden. Von ihnen sind vor allem im Spätsommer die Ostsee und das Schwarze Meer betroffen. Krankheiten, die durch solche giftigen Algenblüten verursacht werden, sind zwar selten, sie können aber Lähmungen hervorrufen oder sogar tödlich enden. Braunalgen wiederum breiten sich seit einigen Jahren im Atlantik über eine Länge von bis zu 8850 Kilometern aus. Angespült an Stränden, verrotten sie, verbreiten den unangenehmen Geruch fauliger Eier und bedrohen Fischereiwirtschaft und Tourismus.

Die Meere werden sauer

Durch den Anstieg der CO_2-Konzentration werden die Meere nicht nur wärmer, sondern auch sauer. Das Meer nimmt außer der von den Emissionen verursachte Wärme auch das Kohlendioxid selbst auf: seit Beginn der Industrialisierung etwa 30 Prozent. Leider löst sich das CO_2 im Meerwasser, wobei Kohlensäure entsteht. Dadurch ist der durchschnittliche pH-Wert der Meeresoberfläche von 8,2 auf 8,1 abgesunken. Hört sich nicht viel an, doch hinter den Ziffern verbergen sich Logarithmen. 0,1 Einheiten weniger bedeuten in der Realität der Meere, dass ihr Wasser schon um 30 Prozent saurer geworden ist. Ein existenzbedrohendes Problem insbesondere für alle Meeresbewohner, die eine Kalkschale bilden, also Korallen, aber auch Muscheln, Krebse, Seeigel: Sie verlieren ihre Fähigkeit, Skelette oder Hüllen zu bilden. Die Schalen werden dünner, bekommen Löcher, wachsen langsamer. Das macht sie anfälliger für Fressfeinde oder für Stürme; Korallen können beispielsweise leichter abbrechen. Küstenregionen werden ohne Riffe dauerhaft überflutet und weggespült, da diese nicht mehr als Wellenbrecher fungieren können. Fische scheinen in der Lage zu sein, sinkende pH-Werte in ihrem Blut auszugleichen. Empfindlich ist jedoch ihr Nachwuchs: Laut einer Studie des deutschen Forschungsverbundes Bioacid steigt die Sterblichkeitsrate des Fischlaichs, sobald der pH-Wert sinkt – Fischpopulationen könnten so nachhaltig geschädigt werden.[56]

Meeresnahrung wird knapper

Leider bleiben auch die Kleinstlebewesen im Meer, das Plankton, nicht von den Auswirkungen der Klimakrise verschont. Allein das müsste uns schlaflose Nächte bereiten. Schließlich bilden sie die Basis allen tierischen Lebens in den Ozeanen. Von ihnen ernähren sich kleine Fische, die wiederum von größeren Fischen oder Seevögeln gefressen werden. Bis zu Walen, Robben und uns Menschen reicht das Nahrungsnetz. Mit sinkendem pH-Wert aber fällt es beispielsweise kleinen Algen schwer, Eisen aufzunehmen, was wiederum für ein kräftiges Wachstum bedeutsam ist. Andere Planktonarten bilden Kalkskelette wie Korallen aus, auch sie sind betroffen. Der Krill in der Antarktis lebt unter dem Eis, wo er Algen abknabbert, die an der Unterseite der Schollen wachsen. Schmilzt das Eis, finden die kleinen Krebstierchen nichts mehr zu fressen und sterben. Wale, die jedes Jahr Tausende Kilometer in die Antarktis wandern, um sich dort mit Krill vollzufressen, machen dann die weite Reise umsonst. Ihre Bäuche, und auch die anderer Meereslebewesen, die vom Krill abhängen, bleiben dann leer.

Das Eis schmilzt dahin, und der Meeresspiegel steigt

Eiskalt, unnahbar, gefährlich – und ewig. Das Eis der Pole ist die Region der Erde, die aufgrund ihrer unwirtlichen Lebensbedingungen am wenigsten von uns Menschen geprägt wurde. Bisher, denn wir haben es geschafft, sie zum Schmelzen zu bringen. Auf absurde 20 Grad Celsius stiegen die Temperaturen am 9. Februar 2020 auf der Seymour-Insel am Rande der Antarktis, wo eigentlich zu keiner Jahreszeit Freibadwetter herrscht: Im wärmsten Monat steigt das Thermometer am Südpol eigentlich nur auf ungemütliche ein Grad Minus.[57] Die antarktische Eiskappe, die zu 98 Prozent aus kilometerdicken Gletschern besteht, hält der Erhitzung nicht mehr stand. In den vergangenen sechs Jahren hat sich die Eisschmelze zusehends beschleunigt. Seit 2012 hat der eisige Kontinent pro Jahr rund 219 Milliarden Tonnen Eis verloren. Es ist gar nicht so lange her, 2017, da löste sich einer der größten Eisberge, die je beobachtet wurden, vom sogenannten Schelfeis. Der «A68» besaß eine Fläche von rund 5800 Quadratkilometern, der siebenfachen Größe von Berlin.

Die riesigen Meereisflächen des Nordpols tauen ebenfalls: Auf Satellitenbildern ist schon gut zu erkennen, dass bereits große Schneemassen der Arktis geschmolzen sind – seit 1970 über 14 Prozent. Die Menge des grönländischen Eises, das gerade schmilzt, könnte 270 000 olympische Schwimmbecken füllen – und zwar täglich.[58] Wenn weiterhin in dem jetzigen Maße Emissionen freigesetzt werden, dürfte die Arktis im Jahr 2030 in den Sommermonaten eisfrei sein.[59] Mit dem Verlust der Eiskappen an den Polen verlieren nicht nur Eisbären, Seelöwen, Pinguine, Krill und viele andere Tier- und Pflanzenarten ihre Heimat – jeder einzelne Kubikmeter geschmolzenes Meer- und Gletschereis beschleunigt fatalerweise die Erwärmung. Je mehr weiße Oberfläche die Erde hat, desto mehr Sonneneinstrahlung wird zurück in den Weltraum reflektiert, während dunkler Erdboden die Sonnenstrahlen schluckt und die eingestrahlte Energie die Erde weiter aufheizt. Wer bei 30 Grad mit einer schwarzen Jeans in der Sonne sitzt, der weiß, wie sich dieser Effekt anfühlt.

Damit nicht genug, zehrt die Erhitzung auch an den Gletschergebirgen wie dem Himalaya oder den Alpen. Es ist nicht nur die schiere Menge an Wasser, die durch das Abschmelzen des Eises zunimmt. Physikalisch erschwerend kommt hinzu, dass warmes Wasser ein größeres Volumen hat als kälteres und sich ausdehnt. Uns droht ein Meeresspiegelanstieg.

Die Permafrostböden tauen auf

In einigen Teilen des Erdbodens herrscht bis heute die Kälte der Eiszeit. Sogenannte Permafrostböden, Landmassen, die bis in Tiefen von 1500 Metern dauerhaft gefroren sind, finden sich in Sibirien, Kanada und Alaska. Rund ein Viertel der gesamten Landfläche der Nordhalbkugel sind gefroren. Das sind Abermillionen von Quadratkilometern, in denen ein Gigant schlummert: Kohlenstoff. 1500 Billionen Tonnen des Gases sind in den Böden eingelagert. Zum Vergleich: Die Masse des CO_2 in der Atmosphäre beträgt «nur» etwa 870 Billionen Tonnen.

Das CO_2 im Boden stammt aus Pflanzen, die vor Hunderttausenden, zum Teil vor Millionen Jahren gewachsen sind und dabei CO_2 aus der Luft aufgenommen und in Blätter, Holz, Wurzeln und andere Biomasse umgewandelt haben. Die Überreste dieser Pflanzen wurden im Dauerfrostboden konserviert, aber wir sind dabei, den Giganten zu wecken.

Ein Vorgeschmack auf den Anstieg des Meeresspiegels:
Überflutungen und Landverlust

Da die arktischen Winter wärmer und die Sommer länger werden, beginnen die Permafrostböden zu tauen. Mikroorganismen zersetzen die einst fest in dieser natürlichen Tiefkühltruhe verpackten fossilen Überreste – dabei entsteht Methan, CH_4, ein Treibhausgas, das 40-mal so stark ist wie Kohlendioxid, CO_2 (siehe auch Kasten Seite 160). Es würden also Unmengen an weiteren Emissionen frei, die die Klimaerhitzung massiv verstärken. Die Gase dieses schlafenden Giganten können wir sicher nicht noch zusätzlich gebrauchen.

Steckbrief eines vermeintlichen Täters

Warum CO_2 in Verruf geraten ist,
obwohl wir ohne auch nicht können

Der Feind ist unsichtbar, meist geruchslos und sehr, sehr klein. Sein Name: CO_2. Zwei Buchstaben, eine Zahl. Kohlendioxid besteht aus einem Atom Kohlenstoff und zwei Atomen Sauerstoff. Ganze Länder haben sich seiner Bekämpfung verschrieben. Grund genug, ihn sich einmal genauer anzuschauen. Zunächst müssen wir fair sein, denn CO_2 ist keineswegs so schädlich, wie es uns bisweilen vorkommt – im Gegenteil. Gäbe es kein CO_2, würden wir nicht existieren, denn das Leben auf unserer Erde wäre schlichtweg nicht möglich. Vor Milliarden von Jahren legte sich CO_2 als hauchdünne Schicht um die noch lebensfeindliche Erde. Pflanzen, damals Cyanobakterien und Algen im Meer, nahmen CO_2 auf und bildeten mit Hilfe von Sonnenlicht und Wasser Sauerstoff – so läuft die sogenannte Photosynthese bis heute ab. Im Laufe der Zeit entstand dadurch eine Atmosphäre, die weiteres Leben ermöglichte. Mit rund 640 Kilometern Dicke ist sie im Verhältnis zum gesamten Planeten recht dünn, was die wunderschönen Aufnahmen aus dem Weltall am besten verdeutlichen. Der Anteil des CO_2 macht sogar nur einen Bruchteil unseres Schutzmantels aus, gerade mal 0,044 Prozent. Die restlichen rund 99 Prozent bestehen aus Stickstoff, Sauerstoff und Argon. Ohne Atmosphäre würde es der Erde übrigens gehen wie dem Mond: Tagsüber würden kochend heiße 100 Grad herrschen, nachts tödliche minus 160 Grad. Nur unserer perfekt abgestimmten Schutzschild-Atmosphäre haben wir es zu verdanken, dass auf der Erde im Schnitt 15 Grad plus herrschen. Sie verhindert auch, dass die gesamte Sonnenstrahlung auf die Erde trifft – vor allem die durch Gase entstandenen Wolken reflektieren einen Großteil.

Wie aber entsteht nun der Treibhauseffekt? CO_2 ist empfänglich für Wärme. Im Gegensatz zu Sauerstoff oder Kohlenstoff allein, nimmt die Verbindung (zurückgestrahlte) Wärmewellen auf und wird durch sie in Schwingung versetzt. Dadurch entsteht neue Energie, also weitere Wärme. Ein unproblematischer, normaler Vorgang, solange die Menge des CO_2 hauptsächlich von Lebewesen produziert wurde und somit Produktion und Verbrauch im Gleichgewicht waren. Nun entsteht CO_2 aber auch, wenn man Kohle oder Erdöl verbrennt – und das tut der Mensch seit ein paar Jahrzehnten bekanntermaßen in großem Stil. Dadurch erhöht sich die CO_2-Konzentration der Atmosphäre. Das zusätzliche CO_2 reagiert mit der Strahlung, mehr Wärme entsteht, die Temperaturen steigen. Durch die erhöhten Temperaturen verdampft nun auch noch mehr Wasser, das als Wasserdampf in der Atmosphäre zusätzlich die langwellige Wärmestrahlung der Erdoberfläche speichert. So erhöht sich die Temperatur noch mehr. Diesen verstärkenden Effekt nennt man eine «positive Rückkopplung».

Noch nie gab es in der Atmosphäre dieses Planeten eine so hohe Konzentration an CO_2: Seit Beginn der Industrialisierung bis in die Gegenwart stieg der CO_2-Gehalt der Atmosphäre um rund 35 Prozent.[60] Dazu kommen neben dem Wasserdampf leider noch andere, wesentlich klimaschädlichere Gase, allen voran der Zwillingsbruder des CO_2, das Methan, kurz CH_4. Es entsteht in Mooren und anderen Feuchtgebieten, aber auch durch die Förderung von und das Heizen mit Erdgas, und in großen Mengen durch die Massen von Kühen, wenn diese pupsen. Wissenschaftler haben festgestellt, dass der Methananteil in der Atmosphäre in den letzten 12 Jahren beunruhigend stark angestiegen ist.[61]

Wie ernst die Lage ist, zeigt, was passieren würde, wenn sämtliche CO_2-Emissionen von heute auf morgen eingestellt würden: Die Klimaerhitzung würde sich fortsetzen. Das Klimasystem ist unheimlich träge, sodass die Erhitzung von Luft und Ozeanen noch sehr lange weitergehen würde. Vergleichbar mit einem Zug, der, einmal in Fahrt geraten, auch nicht sofort stoppen kann, weil er einen langen Bremsweg hat. CO_2 bleibt rund 120 Jahre in der Luft, bis ein Großteil in der Tiefsee landet. Ob sich dann ein Zustand einstellen würde, der mit der Vergangenheit vergleichbar wäre, oder lediglich der Status quo gehalten werden würde, ist unklar. Was aber klar ist: Mit jedem Jahr, das die Menschheit länger wartet, werden die Konsequenzen für uns und nachfolgende Generationen und für die Artenvielfalt dieser Erde schwerwiegender. Es gibt nichts mehr, was auf morgen verschoben werden kann.

Veränderung der Meeresströmungen

Ein Lieblingsthema von mir sind die Meeresströmungen – weil ich es faszinierend finde, wie Temperatur, Wind und Salzgehalt des Wassers wie Zahnräder ineinandergreifen und dadurch Wetter und Klima entstehen.

Die offenen Ozeane sind nie in Ruhe. Die Wassermassen bewegen sich, ähnlich wie Förderbänder, von einem Ort zum anderen, legen unglaublich lange Wege zurück, die vom Äquator bis zu den Polen reichen können. Diese mächtigen Meeresströmungen haben Einfluss auf unser Leben, weil sie wichtige Klimafaktoren sind. Sie sorgen für einen Austausch von Kälte und Wärme und halten die gesamte globale Temperatur im Gleichgewicht. Sie liefern Sauerstoff und verteilen Nährstoffe auf der ganzen Erde. Auch Eisberge oder Müll werden durch die Strömungen transportiert.

Eine der wichtigsten Strömungen verläuft im Atlantik, ihr Name dürfte bekannt sein: der Golfstrom. Wäre er ein Fluss, würde er 30-mal mehr Wasser führen als alle Flüsse der Welt zusammen, so riesig ist er.[62] Sein Job ist verantwortungsvoll: Er transportiert warmes Wasser aus dem tropischen Atlantik in unsere Richtung und beschert so Nord- und Nordwesteuropas Küsten ein mildes Klima. Die Wärme, die er mit sich führt, entspricht ungefähr dem Output von zwei Millionen Atomkraftwerken.[63]

Man kann sich den Golfstrom als Fahrradkette vorstellen: Auf dem Weg zum Nordatlantik fließen die Wassermassen relativ oberflächennah. Auf dem Weg zur Arktis verdunstet Wasser, gleichzeitig kühlt es sich, je mehr der Strom gen Norden kommt, ab, wodurch die Salzkonzentration des verbleibenden Wassers steigt. Durch beide Faktoren – Kälte und hoher Salzgehalt – wird das Wasser dichter, schwerer und sinkt in die Tiefsee hinab, wo es zurückfließt Richtung Südatlantik. Die Fahrradkette dreht sich, ein System, das die Temperaturen im Wasser und vor allem an Land ausgleicht.

Schmilzt nun aber immer mehr arktisches Süßwassereis vom Festland, verdünnt es das Meerwasser, sodass der Salzgehalt wieder abnimmt. Das Wasser verliert an Dichte und kann nicht in die Tiefsee absinken und zurückfließen – die Fahrradkette verliert ihren Schwung.

Lange Zeit wurde prognostiziert, dass ein verlangsamter Golfstrom ein kälteres Europa bedeuten würde und wir uns warm anziehen müssten. Doch das Klima ist ein hochkompliziertes System, bestehend aus vielen schwer berechenbaren Faktoren. Gerade wenn man denkt, man hätte alle Faktoren miteinbezogen, kommt ein neuer hinzu und schmeißt die Prognose über Bord: Klimawissenschaftler haben festgestellt, dass sich durch die steigenden Meerestemperaturen auch die Windströmungen und -geschwindigkeiten ändern. Der Jet-Stream beispielsweise, ein Starkwindband in der oberen Atmosphäre, pustet immer häufiger heiße Luft aus Nordafrika bis nach Europa. Seine Fließbewegungen sind gleichzeitig geschwächt, weshalb die Hochs und Tiefs auf ihren Bahnen langsamer sind. Bleibt ein Hoch lange vor Ort, hat das Hitzewellen und Rekordtemperaturen zur Folge: eine Dürre. Ein anhaltendes Tief bringt mehr Regenmassen und somit Überschwemmungen mit sich. Es ist also schwierig, vorauszusagen, welche Auswirkungen ein gebremster Golfstrom hat und wie die weiteren Meeresströmungen und Winde durch die Erhitzung beeinflusst werden. Fakt ist: Das Wetter verändert sich. Nicht zum Besseren.

Was bedeutet das konkret für uns?

«Wann kommt sie denn nun, die Klimakrise?» Als Umweltschützerin werde ich häufig nach meiner Einschätzung gefragt – die Zahlen und Thesen würden sich schließlich laufend ändern und widersprechen. Mal gebe es «Schockprognosen», mal erlebten wir einen «Vorgeschmack», mal relativierten Klimaskeptiker die aktuelle Lage. Erst heißt es: «Kommt erst 2100», dann: «2050», immer häufiger: «2030».

Meine Antwort lautet: Die Klimakrise «beginnt» nicht dann und dann, sie ist längst im Gange.

Es gibt so viele verschiedene Prognosen, weil es schwierig ist, alle Faktoren dieser Welt – einschließlich des Verhaltens von uns Menschen – zu 100 Prozent vorherzubestimmen. Klimamodelle liefern uns sehr gute Annäherungen, und je besser die Computerleistung wird, desto komplexere Modelle können berechnet werden. Zahlen, die von Wissenschaftlern genannt werden, sind daher Anhaltspunkte, wann bestimmte Ereignisse eintreten oder wann Systeme kippen könnten. Sie werden nach strengen, wissenschaftlichen Kriterien sorgfältig ermittelt und sind im ständigen Korrektiv – *die* absolut sichere Vorhersage liefern die Annäherungen allerdings nicht.

Mein Bild vom Jenga-Turm veranschaulicht es erneut: Das Klima und die Ökosysteme der Meere, auf die sich die Erhitzung auswirkt, bestehen im Grunde genommen aus unendlich vielen dieser Jenga-Türmchen. Wie sollen wir berechnen, zu welchem Zeitpunkt all diese Türme einstürzen, wenn es uns schon bei einem schwerfällt? Wie können wir voraussagen, wie viel Schaden die eingestürzten Türme anrichten? Und ob sie sich wieder aufbauen lassen? Fallen sie so, dass sie die anderen Türme gleich mit umreißen? Wissenschaftler können sich der Realität nur annähern und ungefähre Angaben darüber machen, bei welcher Temperatur, welchem CO_2-Gehalt oder welchem pH-Wert welches Ökosystem unwiederbringlich kippt. Bei den Folgen nach dem Überschreiten dieser sogenannten Kipppunkte ist es noch viel schwieriger:

Sie können sprunghaft, aber auch schleichend auftreten, sie können geringfügig sein oder weitreichende Umweltauswirkungen für Milliarden von Menschen und Tieren haben.

Klar scheint mittlerweile nur zu sein: Es geht alles schneller vor sich, als die meisten Wissenschaftler noch vor ein paar Jahrzehnten angenommen haben. Wir haben das Klima so in Bewegung gebracht, dass die Veränderung unumkehrbar ist – in einer Geschwindigkeit, die kein ökologisches System ohne gravierende Auswirkungen übersteht.

Die Klimakrise ist also längst kein Enkelkinder-Problem mehr, wie so manch einer einst (vielleicht erleichtert) gedacht haben mag. Die ersten Auswirkungen erleben wir jetzt schon: die Waldbrände in Kalifornien oder Australien, das Zunehmen verheerender Stürme, die Sommer mit ihrer Rekordtrockenheit in unseren Regionen.

Das sind keine Einzelfälle mehr oder Warnzeichen – das, was wir derzeit beobachten, ist schlicht das «neue Normal». Da die Emissionen aber weiter steigen, ist das neue Normal im schlimmsten Fall allerdings nur eine Zwischenstation auf dem Weg zu weiteren Extremen.

Die bisherigen Auswirkungen, gepaart mit den Prognosen für die nahe Zukunft, sind in jedem Fall folgenschwer:

Hohe Schäden durch Extremwetterlagen

Je wärmer die Meere, desto mehr Wasser verdunstet. Je höher die Lufttemperatur, desto mehr Wasser nehmen die Wolken auf. Die Folge: Hitzewellen und Dürreperioden häufen sich, trockene Weltregionen werden noch trockener. Wetterextreme wie Starkregenfälle und Stürme sowie Sturmfluten werden öfter vorkommen und heftiger ausfallen. Ein einziger Hurrikan kann dann so massive Schäden anrichten, dass Regionen viele Jahre für den Wiederaufbau benötigen, so wie zuletzt in Puerto Rico oder Haiti. In den vergangenen 20 Jahren haben laut der Entwicklungsorganisation Germanwatch insgesamt mehr als 12 000 solcher Ereignisse knapp einer halben Million Menschen das Leben gekostet und Schäden von rund 3,2 Billionen Euro verursacht.

Brände nehmen zu

Schon jetzt ist das Risiko für Busch- und Waldbrände erhöht, die Feuersaison hat sich in vielen Vegetationsgebieten verlängert, und Brände sind verheerender geworden.[64] Das könnte noch zunehmen. Wenn Bäume verbrennen, gehen wiederum wichtige CO_2-Senker verloren, die ebenso wie ein gesundes Meer dazu beitragen, die Klimakatastrophe abzumildern. Durch die Brände werden außerdem zahlreiche Leben ausgelöscht: Während des zehn Monate anhaltenden Buschfeuers in Australien 2019/2020 war die Rede von einer Milliarde verbrannter Tiere – exklusive Insekten. 34 Menschen verloren ihr Leben und knapp 3000 Wohnhäuser wurden vernichtet.

Wassermangel in immer mehr Regionen

Durch das Abschmelzen der Gebirgsgletscher werden zwar zunächst riesige Wassermassen freigesetzt, die mit vernichtenden Flussüberschwemmungen einhergehen. Nach und nach verlieren die Gletscher dann aber ihre Funktion als Wasserspeicher für niederschlagsarme Jahreszeiten – es kommt zu Wassermangel. Denn nur ein Viertel der weltweiten Süßwasserreserven kommt aus Grundwasser, Seen, Flüssen oder Wasser in der Atmosphäre. Drei Viertel bestehen dagegen aus Eis und Schnee der Polargebiete und eben den Gletscherregionen.[65] Die Gletscher des Himalaya, die aufgrund ihrer Größe als «dritter Pol» bezeichnet werden, speisen die zehn größten Flüsse der Welt, zum Beispiel den Ganges oder den Brahmaputra. Sie liefern Trink-, Waschwasser und Strom, bewässern Felder und bieten durch Fische Nahrung. Auch die Alpen, die Anden oder der Tien Shan in Zentralasien werden stark betroffen sein. Und mit ihnen Abermillionen Menschen.

Es kommt zu einem umfangreichen Artensterben

Das Klima erhitzt sich derart schnell, dass sich die Tiere nicht auf die veränderten Rahmenbedingungen werden einstellen können. Viele Arten werden ihren Lebensraum verlieren, ihre Population nimmt ab, und am Ende sterben sie aus. Laut einem weiteren Bericht des Weltklimarats von 2018[66] droht bei einer Temperaturzunahme von zwei Grad ein fatales Massensterben. Insgesamt würde die Artenvielfalt um rund ein Viertel zurückgehen, wobei Meereslebewesen besonders betroffen wären. Pro Grad Erwärmung wird das globale Fangpotenzial von Fisch und Meeresfrüchten um mehr als drei Millionen Tonnen sinken. In manchen Ländern wird sich der Fischfang bis 2050 halbieren.[67] Das wiederum führt zur Destabilisierung der marinen Nahrungskette. Was die schwindende Biodiversität für die Meeresbewohner, aber auch für uns bedeutet, habe ich ja auf Seite 144 beschrieben.

Städte, Küsten und Inseln werden überschwemmt

Durch den Anstieg des Meeresspiegels könnten die Karten der Küstengebiete neu geschrieben werden müssen. Einen verlässlichen Wert zu nennen, ist schwer. Der IPCC hat konservative Zahlen für den Anstieg herausgegeben, 40 Zentimeter bis ein Meter – viele Wissenschaftler rechnen damit, dass diese Werte übertroffen werden. In Europa – den Küsten Norwegens, der Niederlande, Großbritanniens, Frankreichs und natürlich Deutschlands – könnten die Pegel bis zum Ende des Jahrhunderts um 1,10 Meter steigen. Dann wird sich leider rächen, dass wir an vielen Küsten durch künstliche Landgewinnung, massiven Städtebau nahe den Meeren und durch Aquakulturzuchten im Laufe der Jahrhunderte wertvolle Küstenlebensräume wie Salzwiesen oder Mangroven vernichtet oder ihnen keine Möglichkeit gelassen haben, ins Landesinnere mitzuwachsen. Sie sind, wie auch Korallenriffe, natürliche Küstenschützer. Der Mensch hat sein Territorium so besitzergreifend abgesteckt, dass die Natur keine Chance hat, ihn auf ihre Weise zu schützen. Weltweit sind rund 200 Millionen Menschen in tiefer gelegenen Küstengebieten von dieser Entwicklung betroffen, 30 der 50 größten Städte liegen am Meer. Schon jetzt verlieren Inseln Land. Die 1190 Inseln der Malediven ragen beispielsweise gerade mal einen Meter aus dem Indischen Ozean heraus. Das Schicksal der Traumurlaubsziele mit immerhin 400 000 Einwohnern sieht düster aus: Entweder werden sie bald versinken oder von starken Sturmfluten heimgesucht. In jedem Fall spart die Regierung seit geraumer Zeit, um sich eines Tages ein neues Land kaufen zu können. Vielen Inselparadiesen wird es ähnlich ergehen: die Fidjis, die Seychellen, Mikronesien, Palau ... – sie alle könnten in den nächsten Jahren vom Wasser verschlungen werden. Die kleine Insel Gardi Sugdub vor Panama beispielsweise hat den Kampf schon aufgegeben: 1500 Einwohner, Menschen, die dort seit Generationen leben, haben die 300 Meter kurze Insel 2020 weitestgehend geräumt.

Millionen Menschen auf der Flucht vor der Klimakrise

Die Klimakrise trifft die Länder besonders hart, die am wenigsten CO_2-Emissionen zur globalen Erwärmung beigetragen haben: die Entwicklungsländer. Dort leben Menschen, die Subsistenzwirtschaft betreiben, also meist für den Eigenbedarf produzieren, nur wenig Energie verbrauchen und somit für die Klimakrise weitgehend unverantwortlich sind – und die dennoch mit ihren Auswirkungen zu kämpfen haben: überfischte Meere, Fische, die in kältere Regionen abwandern, Stürme, noch weniger oder zu viel Regen, ausgeprägte Dürrezeiten und infolgedessen Ernteausfälle; auf der anderen Seite durch das Abschmelzen der Gebirgsgletscher Überschwemmungen oder Sturmfluten und der Meeresspiegelanstieg. Für Millionen von Menschen wird es künftig noch schwerer sein, Armut und Hunger zu entgehen – zumal es in den besagten Ländern meist kaum oder keine Hilfe für Sturmschäden oder Ernteausfälle vom Staat gibt. Schon jetzt fliehen mehr Menschen vor Naturkatastrophen und Klimaereignissen als vor Krieg und Gewalt. Das wird noch zunehmen: In den kommenden 20 Jahren ist mit rund 200 Millionen Klimamigranten zu rechnen.[68]

Deutschland ist bereits jetzt stark betroffen

Auch hierzulande sind bereits eklatante Auswirkungen festzustellen. 2018 gehörte Deutschland erstmals zu den drei am stärksten von Extremwetter betroffenen Staaten. Wir landeten gleich hinter Japan und den Philippinen auf dem Klima-Risiko-Index, den German Watch seit 1999 erstellt.[69] Verantwortlich für diesen unschönen dritten Platz waren Hitzewellen, Stürme und Dürren, die alle im selben Jahr aufgetreten waren. Im Juli 2019 hatten wir in Deutschland an über 60 Wetterstationen gleichzeitig über 40 Grad, das gab es seit Beginn der Aufzeichnungen in Deutschland noch nie. Ernteausfälle, Grundwasserspiegelabsenkungen, Überschwemmungen, Sturmfluten, Schädlingsverbreitung, vertrocknete Wälder, mehr Hitzetote – wir stecken bereits selbst mitten in der Klimakatastrophe.

Als ich vom IPCC kam und meinen Kollegen eine Zusammenfassung der Konferenz gab, hatte ich einen Kloß im Hals und schaute in lauter betroffene Gesichter. Verständlich. Abends stand ich dann an den Betten meiner Töchter und musste daran denken, was für eine Welt wir ihnen hinterlassen. Am liebsten möchte man sich selbst verkriechen und eine Decke über den Kopf ziehen. Doch es bringt nichts, in Schockstarre zu verfallen oder zu resignieren – wir müssen unbedingt handeln. Und zwar jetzt.

Die Politik hatte lange Gelegenheit, auf Klimaneutralität hinzuarbeiten. Autofreie Städte zu schaffen, den Kohleabbau zu stoppen, regenerative Energien massiv auszubauen – alles bisher verpasst. Nun müssen Maßnahmen in hoher Geschwindigkeit getroffen werden, denn Zeit ist das Einzige, was wir nicht mehr haben. Das haben der IPCC-Bericht und alle Untersuchungen und Studien, die dazu beigetragen haben, mehr als deutlich gemacht.

Die Welt braucht eine Vollbremsung. Würde der jährliche CO_2-Ausstoß so bleiben wie jetzt, blieben uns für die angestrebten 1,5 Grad nur noch neun Jahre, bis wir gar keine Emissionen mehr ausstoßen dürften, bei zwei Grad wären es höchstens 25 Jahre. Wir müssen alles daransetzen, die Welt so schnell wie möglich zu dekarbonisieren. Unser Energieverbrauch muss reduziert werden. Denn die Meer- und Klimaerhitzung haben wir nur einem zu verdanken, nämlich dem Verbrennen von fossilen Stoffen. Doch die Lobbyisten der Öl- und Automobilbranche verhindern durch Geld und Einfluss schnelle Maßnahmen.

Was ich als Fan von Kreisläufen so absurd finde: Wir holen Erdgas, Kohle und Öl aus der Erde, Ressourcen, die halbe Ewigkeiten alt sind, transportieren sie mitunter absurd lange Wege zum Zielort, und dann: werden sie einmalig verbrannt. Die Ressource ist für immer weg. Im Gegensatz zu Wind, Wasser und Sonne, Energiequellen, die unendlich sind.

Das Meer hat eben keine Lobby. Damals, als der IPCC-Bericht veröffentlicht wurde, berichteten einige Fernsehsender kurz darüber, die meisten aber nur an diesem Tag. Anderen Sendern war es nicht mal eine Meldung wert. Unsere Pressesprecherin rief eine ihr bekannte TV-Redakteurin an und fragte sie, warum sie das Thema nicht bringen würden. Sie sagte, dass es ihr leidtäte, aber an dem Tag habe man sich intern geeinigt, über den «Nationalen Waldgipfel» zu berichten, dessen Eckpunktepapier genau an diesem Tag diskutiert worden war. Soll heißen: Eine Umweltnachricht war genug.

Wir brauchen eine Mischung aus Konsens – und Verboten

Das Meer braucht Klimaschutz, und Klimaschutz braucht die Bereitschaft, unser Verhalten zugunsten der Natur zu verändern. Die ist aber noch viel zu gering – in der Industrie, aber auch bei uns, der Bevölkerung. Wie kann man sich das erklären angesichts der Bedrohungen, die da auf uns zukommen? In der ZEIT hat der Feuilleton-Redakteur Thomas Assheuer gesagt, der Zwang zum Klimaschutz bedrohe die Freiheit: «Wenn die Klimakrise so gewaltig ist, wie die erdrückende Mehrheit der Klimaforscher behauptet, dann hat die Freiheit definitiv keine Wahl mehr, sie muss umsteuern.» Die Freiheit, die den Menschen bliebe, sei die Einsicht in die Notwendigkeit des Klimaschutzes. Assheuer sagte weiter, es komme darauf an, welche Freiheit man meine.

Bedroht sei in erster Linie die Freiheit, mit der Natur umzugehen, wie es einem gerade passe. Ich finde, treffender kann man das nicht sagen – egal, ob es um Klimaschutz oder Überfischung geht.

Freiheit ist ein unschätzbarer Wert. Viele Menschen fühlen sich durch strenge gesetzliche Maßnahmen zum Klimaschutz gemaßregelt – finden, dass diese zu tief in ihre Freiheit eingreifen. Gerade hier kann die Stärke der Demokratie zum Tragen kommen: zuhören, verhandeln und Kompromisse finden und so einen Großteil der Menschen mitnehmen auf die schwierige Reise, die uns bevorsteht.

«Was mit Gewalt durchgesetzt wurde, ist auch nur mit Gewalt zu halten», hat Mahatma Gandhi in einem anderen Zusammenhang gesagt, aber es ist auch auf unseren Zusammenhang übertragbar. Würden Änderungen undemokratisch durchgedrückt, dann sind sie auch nur undemokratisch zu halten – und das wollen wir ganz sicher nicht!

Ohne ein gewisses Maß an Verständnis und Akzeptanz würden sämtliche Schutzregeln gleich bei der nächsten Wahl von Profit- und Machtinteressierten oder Rechtsorientierten wieder abgeschafft werden. Sie wären nicht beständig, was aber gerade in schwierigen Zeiten enorm wichtig ist.

Ein Beispiel, wie es gehen kann, ist der Kohleausstieg – klar, zu spät, zu langsam. Aber durch finanzielle Kompensationen für die, die davon betroffen sind, deutlich tragfähiger als ohne. Bei der Verkehrswende oder beim Ausbau der regenerativen Energien fehlt dieser Kompromiss noch. Gerade bei der Verkehrswende liegen die Interessen weit auseinander. Der politische Wille zur Einigung fehlt. Politik muss hier positiv gestalten, den Menschen eine lebenswerte Zukunft zeichnen, die durch Klimaschutz und die einhergehenden Maßnahmen möglich ist. Das nennt man politische Willensbildung. Man braucht ein Ziel, also den Willen zu einer politischen Entscheidung, und ein allgemein akzeptiertes Verfahren, wie man zu dieser Entscheidung gelangen kann. Dann braucht man Regeln für den Dialog, die garantieren, dass niemand Angst haben muss, das Wort zu ergreifen. Denn nur so lässt sich sicherstellen, dass alle Seiten gehört werden. Und vor allem braucht man den Druck der Bürger, um die Debatte in Gang zu setzen und eine Entscheidung zu suchen – daran hat es in der Klimapolitik der vergangenen Jahre lange Zeit gemangelt.

Bis die «Fridays for Future»-Bewegung kam. Mein ganzer Berufsstand war und ist begeistert, dass es wieder eine Umweltbewegung gibt, die leider durch die Corona-Pandemie einen Dämpfer bekommen hat. In den 1960er Jahren ging die Jugend für den Frieden auf die Straße, in den 1970ern wurde gegen Atomkraft demonstriert. Die Generation danach hatte Freude am Leben und am Konsum – ohne Verantwortung für ihren Raubbau an der Natur übernehmen zu wollen. Jetzt sind unsere Kinder mobil geworden. Mit Recht fordert diese Generation ein, auch in Zukunft ein gutes Leben führen zu können und nicht mit schwierigsten Bedingungen klarkommen zu müssen. Mit Recht riefen sie bei den wöchentlichen Demos: «Wir sind hier, wir sind laut, weil ihr uns die Zukunft klaut!»

Meine ältere Tochter, die jetzt 16 Jahre alt ist, hält mir immer wieder den Spiegel vor und fragt: «Was tust du für meine Zukunft?»

Ich finde den Elan der jungen Menschen einfach toll. Darüber hinaus regt er viele Erwachsene zum Nachdenken an und bewirkt bei ihnen eine Einstellungs- und im besten Fall auch eine Verhaltensänderung – was wiederum die politischen Entscheider beeinflusst.

Die am 20. September 2019 angekündigten Maßnahmen mit Vorschlägen für die Erreichung der deutschen Klimaziele des Klimakabinetts zeigen, dass der Druck zu ersten Ergebnissen geführt hat, wenn auch noch lange nicht zu den gewünschten und gebotenen. Es geht also doch, aber Bürger und Politiker müssen am Ball bleiben, mit großer Willenskraft. Was gemeinsam möglich ist, haben die ersten Wochen der Coronapandemie-Maßnahmen in Deutschland gezeigt. Wenn wir zusammenhalten und an einem Strang ziehen, lässt sich Schlimmstes verhindern. Doch je länger wir warten, umso schwieriger – und teurer! – wird es, die Pariser Klimaziele noch zu erreichen.

Wir brauchen schnellstmöglich viel weniger bis gar keine Treibhausgase mehr, wenn das Klima nicht irreparabel leiden soll. Ein bisschen weniger CO_2 ist noch immer zu viel CO_2. Oder anders gesagt: Mit der Natur kann man nicht verhandeln. Wir können nicht einfach sagen: «Oh, jetzt haben wir uns doch so schön geeinigt, nun mach mal langsamer mit der Erhitzung.» Physikalische Prozesse lassen sich nicht mit Argumenten aufhalten. Die einzige Hoffnung dieser im Grunde pessimistischen Beurteilung der Lage der Menschheit besteht darin, anzuerkennen, wohin Tatenlosigkeit uns führt – und dann den nötigen Wandel beherzt in Angriff zu nehmen. Es zeichnet uns Menschen aus, dass wir Lösungen finden. Ich selbst habe Hoffnung, weil ich weiß, wie hoch die Regenerationskraft der Natur ist. Es gibt einiges, was wir tun können, um sie zu unterstützen.

Es müssen drastischere Maßnahmen getroffen werden – das Argument, diese der Industrie oder Bevölkerung gegenüber nicht ergreifen zu können, solange die Klimawissenschaftler die Auswirkungen der Krise nicht hundertprozentig voraussagen können, wurden durch die Coronakrise beeindruckend ausgehebelt.

Als sich das Virus auf der Welt ausbreitete und die Krankenhauskapazitäten in Spanien und Italien in die Knie zwang, ließ sich die deutsche Regierung von Wissenschaftlern beraten, um die Lage so weit wie möglich unter Kontrolle zu bringen. «Flatten the curve» war das Ziel, und die ganze Welt begab sich in den Lockdown (das eine Land mehr, das andere Land weniger). Dabei konnten die Virologen gerade zu Beginn der Pandemie keine hundertprozentig validen Angaben machen, was genau das Virus bewirkt und ob die Maßnahmen wirklich nötig sind. Wie bei der Überfischung, bei der man auch nicht mit letzter Sicherheit sagen kann, wann nur noch ganz wenige Fische da sind.

«Prognosen sind schwierig, besonders wenn sie die Zukunft betreffen», sagte schon Mark Twain. Die Natur gehorcht dynamischen, mitunter chaotischen naturwissenschaftlichen Prozessen – und auch die Entscheidungen und das Verhalten von uns Menschen selbst sind nicht mathematisch berechenbar. Worüber sich alle Wissenschaftler, die in den Bereichen forschen, allerdings einig sind: Die Welt wird sich verändern, und wir werden uns mit ihr verändern.

Die Klimakrise, das Artensterben und die vermüllten und überfischten Ozeane werden uns etwas kosten, aber es wird weitergehen, irgendwie. Vor der Coronapandemie hätte auch jeder gesagt: Wochenlang in Isolation leben, Abstand halten, Masken tragen – das geht nicht. Wir haben festgestellt: Es geht doch. Weil es keine Alternative gab.

In Umfragen haben die Menschen außerdem angegeben, dass während des ersten Lockdowns nicht alles negativ war: Die Hilfsbereitschaft untereinander wurde geschätzt, ebenso wie die Entschleunigung. Viele hielten den Himmel sogar für blauer als sonst und vermuteten, dass es am herabgedrosselten Flugverkehr lag. Ein Irrtum allerdings, es lag einfach am extrem guten Wetter im April 2020.

Während der Coronakrise wollten wir nicht krank werden oder dass unsere Eltern und Freunde erkranken – wir schützen, was wir lieben. Wie wäre es, wenn wir anfangen, unseren Planeten zu lieben? Er bietet uns ein Zuhause. Mit idealen Lebensbedingungen. Und kein Dienstleister dieser Welt kann den Service toppen, den uns eine intakte Natur und ein lebendiges Meer tagtäglich erweisen. Wir sollten schleunigst etwas zurückgeben und unsere Umwelt schützen. Weil sie unsere Vergangenheit und unsere Zukunft ist.

Fangen wir bei uns an

Ich mag es nicht, wenn bei uns im Haus in jedem Zimmer Licht brennt. Das halte ich für absolute Energieverschwendung. Deshalb gehe ich oft durch die Räume und schalte die Festtagsbeleuchtung aus, die meine Familie gern verursacht. Mein Mann reagiert hingegen allergisch darauf, wenn die Heizungen voll aufgedreht sind. Dann stromert er durchs Haus und dreht sie runter, gern auch an den ganz kalten Tagen. So sitzen wir also dann am Ende eines Tages da – im Dunkeln und im Kalten – und lachen über uns.

Ich übertreibe natürlich, aber tatsächlich bemühen wir uns, unseren CO_2-Abdruck in allen Lebensbereichen möglichst niedrig zu halten. Mittlerweile mischen auch unsere Töchter mit – und die beiden sind um einiges strenger, als wir es sind.

Ihnen kann keiner erzählen, man sei ein zu kleines Licht und könne nichts Wesentliches zur globalen CO_2-Emissionsreduktion beitragen. Aber das ist ja sowieso mein Credo: Absolut jeder Einzelne zählt, damit wir einen Wandel erreichen können. Das macht der deutsche Pro-Kopf-Ausstoß sogar deutlich: Er liegt bei rund 12 Tonnen und damit deutlich über dem Weltdurchschnitt und auch über dem EU-Wert von acht bis neun Tonnen CO_2 pro Person und Jahr. Idealerweise sollte der Pro-Kopf-Verbrauch bei nur zwei Tonnen CO_2 liegen.[70] Da geht also noch was bei jedem von uns.

Was sind die Big Points, die Maßnahmen, mit denen wir, jeder Einzelne von uns, besonders viel CO_2 sparen kann? Stellen Sie sich die folgenden Fragen:

Beziehe ich Ökostrom?

Je mehr Menschen Ökostrom beziehen, desto stärker wird schmutzige Energie aus fossilen Rohstoffen und Atomkraftwerken vom Markt verdrängt. Wichtig ist dabei, einen Ökostromanbieter zu wählen, der nachweisen kann, dass er tatsächlich in den Bau neuer, regionaler Wind- und Solaranlagen an naturverträglichen Standorten investiert. Aber natürlich muss man nicht, wie ich, im Dunkeln sitzen.

Nutze ich für Kurzstrecken mein Fahrrad?

Der Straßenverkehr ist verantwortlich für einen großen Teil der Treibhausgas-Emissionen. Vor allem auf Kurzstrecken ist der Ausstoß von CO_2 besonders hoch. Laut Umweltbundesamt sind 40 bis 50 Prozent der Autofahrten in deutschen Großstädten weniger als fünf Kilometer lang. Eines muss uns klar sein: Es ist nicht harmlos, «eben mal» mit dem Auto zum Supermarkt zu fahren. In diesen Minuten entstehen Treibhausgase, die nie wieder verschwinden. Jedes CO_2-Molekül bleibt für Hunderte Jahre in der Luft, im Meer oder Wald. Das Thema Auto ist gerade hierzulande ein großes – den Wagen seltener zu benutzen oder gar abzuschaffen, ist für die meisten keine Option. Man will mobil bleiben. Und das heißt für viele Menschen, dass jeder, der im Haushalt einen Führerschein besitzt, auch ein Auto vor der Haustür stehen haben will. Aber zwei oder mehr Autos pro Haushalt – muss das wirklich sein? Und muss es wirklich unbedingt ein SUV sein? Diese Autos stehen zu Recht in der Kritik eines jeden Klimaschützers. Ihr Anteil an den verkauften Wagen ist seit 2010 so stark angestiegen, dass sie noch vor der Schwerindustrie, der Luftfahrt und dem Schiffsverkehr den zweitgrößten Beitrag zum weltweiten Anstieg der CO_2-Emissionen geleistet haben. Sie verbrauchen ein Viertel mehr als ein durchschnittlicher Mittelklassewagen, und wenn der Kauftrend so weitergeht, dann werden die SUVs die Einsparungen, die durch 150 Millionen E-Autos geleistet werden, vernichten.[71] Das muss man erst einmal schaffen. Wenn ich einen Kindersitz in dem als so familienfreundlich gepriesenen Geländewagen sehe, kommt mir unweigerlich der Gedanke, dass es genau dieser Nachwuchs ist, der ausbaden muss, was die Eltern da durch den Auspuff herausschleudern.

Öfter aufs Rad umzusteigen, ist nicht nur gesund, sondern auch gut für unsere Umwelt. Für diejenigen, die Autofahrten regelmäßig ersetzen, ist es sogar mehr als das: Ein Berufspendler kann auf der Fahrt zu seiner Arbeitsstätte bei einer Strecke von fünf Kilometern hin und zurück rund 310 Kilogramm CO_2-Emissionen pro Jahr einsparen, wenn er seinen Wagen stehen lässt.[72]

Ist mein Zuhause CO_2-freundlich?

21 Prozent der CO_2-Emissionen pro Kopf entfallen in Deutschland auf Heizung und Strom – damit blasen unsere Häuser und Wohnungen so viele Treibhausgase in die Luft wie der gesamte Verkehr.

Generell gilt: Je kleiner das Haus oder die Wohnung, desto weniger CO_2 fällt an. Denn jeder zusätzliche Quadratmeter muss ja beheizt werden. Nun muss man nicht gleich auf Wohnungssuche gehen: Auch ohne Umzug in eine kleinere Wohnung gibt es etliche Maßnahmen, mit denen sich die eigene Klimabilanz beim Wohnen verbessern lässt.

Mein Mann hat recht – auch wenn ich es ungern zugebe: Die Heizung muss nicht immer bis zum Anschlag aufgedreht sein. Schon ein Grad weniger spart 5 bis 10 Prozent Heizenergie. Zum Glück habe auch ich recht: Es lohnt sich, elektronische Geräte abzuschalten. Lampen in Zimmern, in denen kein Mensch ist, der PC-Monitor, der Fernseher – kann alles ausgeschaltet werden. Und zwar ganz, denn der Stand-by-Betrieb kostet Strom und Bares.

Statt Fenster stundenlang zu kippen, sollte man lieber alle zwei bis drei Stunden stoßlüften – damit kennen wir uns seit Corona wohl alle bestens aus. Beim Kauf von Kühlschränken, Waschmaschinen und anderen Elektrogeräten können Sie auf die Effizienzklasse achten. Beim Kochen einen Deckel benutzen, Sparprogramme einschalten und niedrige Temperaturen bei Spül- bzw. Waschmaschine wählen, und: auf einen Wäschetrockner verzichten.

Achte ich auf klimafreundliche Ernährung?

Der Konsum und die Produktion von Lebensmitteln gehören zu den Hauptursachen der Klimakrise und Umweltzerstörung. Nahrungsmittel verursachen tatsächlich zwischen 15 und 30 Prozent der globalen Treibhausgasemissionen.[73] Der Grund ist einfach: Die allerwenigsten Menschen ernähren sich von dem, was sie selbst anbauen. Im Gegenteil. Was auf unseren Tellern landet, hat meist viele Stationen und lange Wege hinter sich: Anbau oder Zucht mit meist hohem Einsatz von Wasser (und Futter). Nach Ernte oder Schlachtung folgen kilometerweite Transporte, Kühlung, Lagerung, Weiterverarbeitung, Verpackung, bis die Waren im Handel landen – wo wir sie dann kaufen. Bei uns zu Hause werden die Produkte eventuell noch mal gekühlt und gelagert, bevor wir sie zubereiten – oder wegwerfen. Das Ziel sollte sein, Lebensmittel auszusuchen, deren Produktion möglichst wenige Ressourcen verbraucht hat und die somit klimafreundlich sind.

Heimisch, regional, saisonal und bio sind gute Kriterien, nach denen man einkaufen kann. Das klappt bei den meisten Lebensmitteln ganz gut – wenn man bereit ist, seine Gewohnheiten zu ändern. Kein Fleisch zu essen, war zum Beispiel lange Zeit keine Option in meiner Familie. Unseren Konsum einzuschränken, dazu waren wir bereit. Wir traten in eine «Rindergilde» ein, bei der man anteilig ein Tier erwirbt, von dem man immerhin weiß, wo es steht, wie es gehalten und dass es unter möglichst nachhaltigen Bedingungen gezüchtet wird.

Doch unsere älteste Tochter hat sich dafür eingesetzt, gänzlich auf Fleisch zu verzichten. Sie war, sagen wir mal, ziemlich überzeugend und hielt mir bei jeder Gelegenheit den Spiegel vor: «Das zweite Stück Fleisch diese Woche? Schon wieder ein Stück Regenwald gegessen. Hör auf damit, Mama, ich brauch den Regenwald.»

Tatsächlich ist für uns alle der Fleischverzicht inzwischen okay, allein, weil es mittlerweile gute Ersatzprodukte gibt. Schwerer ist es mir gefallen, Butter gegen Margarine auszutauschen. Leider ist Butter ein Lebensmittel, das sehr hohe CO_2-Werte mit sich bringt. Ein Kilogramm verursacht den Ausstoß von 23 Kilo CO_2, dem Zehnfachen von Margarine, denn die Herstellung braucht enorm viel Wasser, Futter, Fläche und Energie. Die Herstellung von Butter ist damit sogar CO_2-intensiver als die von Rindfleisch, die ja auch schon einen Ausstoß von 11 Kilo hat. Nur mal zur Orientierung: Ein Kilo frisches Gemüse verursacht in der Herstellung nur 1,2 Kilo CO_2.

Aber auch ich stoße an meine Grenzen. Die regionale Gemüsebox habe ich nach einiger Zeit wieder abbestellt: Irgendwann konnte ich Möhren, Rote Bete und Kohl wirklich nicht mehr sehen. Ich gehe also wieder selbst Obst und Gemüse einkaufen, achte darauf, wann sie Saison haben. Im Frühling kaufe ich eben Spargel, im Sommer Erdbeeren, im Herbst Äpfel.

Im Frühjahr hat selbst ein Apfel aus deutscher Ernte lange Zeit in der Kühlung hinter sich und erzeugt damit einen hohen CO_2-Fußabdruck – trotz regionaler Herkunft. Ob man zu dem Apfel greift, der mit dem Containerschiff aus Neuseeland hierhergebracht wurde, oder zum deutschen Apfel, ist dann auch schon «egal».

Worauf man konsequent verzichten sollte, sind frische Lebensmittel, die per Flugzeug geliefert werden, wie Flugmangos, Papayas, Ananas. Beim Flugtransport entstehen pro Kilo Lebensmittel bis zu 170-mal mehr Treibhausgase als beim Schiffstransport – das ist einfach unverantwortlich. Eine Kennzeichnung, was eingeflogen wird, wäre hilfreich, dann könnte man sich aktiv dagegen entscheiden. Es gibt sogar grüne Bohnen, die aus Kenia eingeflogen werden – das muss dringend für Verbraucher sichtbar werden.

Frustrierend empfinden viele Konsumenten, die nachhaltiger und gesünder leben wollen, die vielen Stolperfallen: Kaum hat man beispielsweise Avocados als gesundes Lebensmittel für sich entdeckt, weil sie viele Vitamine und ungesättigte Fettsäuren enthalten, muss man erfahren, dass nicht nur der Wasserverbrauch für den Avocadoanbau immens hoch ist, sondern dass in Mexiko die Mafia das lukrative Geschäft mit dem grünen Gold für sich entdeckt hat, die Bauern terrorisiert und Wälder rodet. Oder Superfood wie Quinoa, Gojibeeren, Chiasamen: Sie haben lange Transportwege hinter sich, und die Bedingungen, unter denen sie in ihrem Ursprungsland angebaut werden, lassen oft zu wünschen übrig. Aber es gibt meistens Alternativen: Hirse oder Hafer, Heidelbeeren oder Leinsamen sind heimisches Superfood, auf das man genauso gut zurückgreifen kann – und mit dem man eine wesentlich bessere Ökobilanz hat.

Ein weiterer Grund, warum ich unsere Gemüsekiste abbestellt habe: Wir haben am Ende nicht alles genutzt. Und Lebensmittel wegzuschmeißen, bringe ich kaum über mich. Als ich Kind war, war das bei uns zu Hause ein echtes Tabu. Und dennoch: Ein Drittel aller weltweit produzierten Lebensmittel wird weggeworfen. Traurig schon deshalb, weil so viel Arbeit drinsteckt, bis es bei uns im Kühlschrank liegt. Für die CO_2-Emissionen aber ist es ein Albtraum. Die ehemalige Präsidentin des Umweltbundesamtes Maria Krautzberger hat es so zusammengefasst: «Allein die Lebensmittelverluste Deutschlands sind für etwa vier Prozent der deutschen Treibhausgasemissionen verantwortlich. Weltweit verursachen die Lebensmittelverluste mehr als drei Gigatonnen Treibhausgase. Wenn Lebensmittelverschwendung ein Land wäre, wäre es der drittgrößte Treibhausgasemittent, direkt nach den USA und China.»

Wie viel, was und wie oft shoppe ich?

Ich erwähnte es schon im Kapitel übers Plastik: Die Textilindustrie hat einen gigantischen CO_2-Abdruck. Sie bläst mehr davon in die Luft als alle internationalen Flüge und die Schifffahrt zusammen.[74] Wenn SUV-Fahrer, Vielflieger oder Steakesser aufgerufen werden, ihr Verhalten zu ändern, kommt man nicht drum herum, dies auch von denjenigen zu verlangen, die wöchentlich shoppen gehen, Sachen nur einmal tragen oder sie nach einem Jahr wegschmeißen. Klima- und umweltfreundlicher ist es immer, wenn man nicht so viel neue Kleidung kauft – mal abgesehen davon hilft es, die schlimmen Arbeitsbedingungen in den produzierenden Ländern nicht weiter zu unterstützen. Second-Hand-Kleidung kann eine gute Option sein.

Wie, wohin und wie oft reise ich?

Die Corona-Krise hat zumindest Geschäftsreisen häufig als unnötig entlarvt. Vieles – das weiß man seitdem – klappt auch via Videokonferenz. So kann man sich selbst vor jeder Geschäftsreise fragen: Wie wichtig ist es, dass ich vor Ort bin? Ist es den CO_2-Preis wert? Kann ich auch anders reisen? Innerhalb Deutschlands geht das sicher besser per Bahn. Bedauerlicherweise ist Bahnfahren oft so viel teurer als Fliegen. Das darf nicht sein. Ich möchte nicht wissen, wie viele Menschen bereit wären, mit der Bahn zu fahren, beim Preisvergleich dann aber doch den Flug wählen, weil er so viel günstiger ist.

Bei den Urlaubsreisen kann jeder Einzelne durch die bewusste Gestaltung seiner Reisen dazu beitragen, dass der CO_2-Fußabdruck so klein wie möglich bleibt. Müssen es wirklich die Bahamas sein, gleich mehrmals im Jahr Fernreisen auf andere Kontinente? Oder reicht es vielleicht auch aus, sich auf Borkum oder Fehmarn zu entspannen? Es existieren unendlich viele Möglichkeiten, hier in Europa einen schönen

Urlaub zu verbringen, ohne Kerosin zu verbrennen. Je näher das Urlaubsziel, desto geringer sind Energieverbrauch und Emissionen.

Dem steht oft der Wunsch entgegen, etwas von der Welt sehen zu wollen, oder die Befürchtung, hier in Deutschland könnte es regnen. Beim Thema Reisen scheint das Klimagewissen ebenso schweigsam zu sein wie beim Blick auf das Grillgut. Das ist auch deshalb bemerkenswert, wenn man bedenkt, dass jeder fünfte Deutsche bei den Europawahlen 2019 für die Grünen stimmte. Bei einer Umfrage des Bundesumweltministeriums hielten mehr als zwei Drittel der Befragten den Umwelt- und Klimaschutz für eine sehr wichtige Herausforderung.[75] Wer doch die «Flugscham» in sich spürt, ein Wort, das aus Schweden («Flygskam») zu uns rüberschwappte, kann Ausgleichszahlungen bei einem Anbieter mit Gold-Standard tätigen. Das Geld fließt in der Regel in Projekte zur Energieeffizienz oder -einsparung in Entwicklungsländern. Am besten aber bleibt man «am Boden», so oft es geht.

Wer genau wissen möchte, wie hoch der eigene CO_2-Fußabdruck ist, kann das mit einem CO_2-Rechner selbst und ziemlich einfach bestimmen. Das fühlt sich vielleicht ein bisschen so an wie auf die Waage zu gehen – aber für die Eigenwahrnehmung ist es eine gute Maßnahme. Dann fällt es leichter, sich zu überwinden und seinen CO_2-Abdruck etwas schmaler werden zu lassen – im Wissen, dass es uns und späteren Generationen hilft und unseren Planeten auf Dauer entlastet.

Was der Gesetzgeber und die Industrie leisten müssen

Die klimaentlastende Wirkung der Meere nimmt also kontinuierlich ab – ein dringendes Argument für eine beherzte Klimaschutzpolitik. Würden jetzt sinnvolle Maßnahmen getroffen werden, um Treibhausgasemissionen zu vermeiden, ließen sich Tempo und Ausmaß der Meereserwärmung noch so aufhalten, dass wir mit einem, vielleicht auch zwei blauen Auge(n) davonkämen. Je geringer die Emissionen, desto beherrschbarer die Risiken. «Flatten the curve» ist also auch beim Klima eine gute Strategie.

Die G20-Staaten, zu denen wir mit der EU gehören, sind für etwa 80 Prozent des weltweiten Treibhausgasausstoßes verantwortlich. Machen wir so weiter wie bisher, werden wir das Ziel, die Erderhitzung bis zum Jahr 2050 auf 1,5 Grad zu begrenzen, locker verfehlen. Wir steuern in unseren SUVs quasi mit Vollgas auf drei Grad Erhitzung bis zum Ende des Jahrhunderts zu. Das ist so ziemlich das Gegenteil davon, die Kurve flach zu halten …

Weltweit müssen Regierungen jetzt sofort anfangen, weitsichtige Entscheidungen mit Rücksicht auf unser Leben in den nächsten 20 Jahren und für nachfolgende Generationen zu treffen. Viele Jahre war Deutschland Vorreiter in der Klimaschutzpolitik, doch wir fallen immer weiter zurück, was beispielsweise den Aufbau von erneuerbaren Energien betrifft. Wir müssen wieder kräftig aufs Radpedal treten. Mit Gesetzen, Steuern und Förderprogrammen muss die Politik wichtige Impulse für den Klimaschutz setzen, die die Industrie zum Umdenken und Handeln bringt.

Fossile Brennstoffe in den Ruhestand schicken

Kohle, Öl, Erdgas – sie werden weiter gefördert, gehandelt und verbrannt, als wären sie nicht die Hauptverursacher der Klimakrise. Die meisten Länder haben bisher keine überzeugenden langfristigen Strategien für einen schnellen Weg zur Klimaneutralität vorlegen können – Hoffnung macht der «New Green Deal», in dem EU-Kommissionschefin Ursula von der Leyen vorsieht, nicht nur die angepeilten 40 Prozent weniger CO_2-Emissionen in der EU bis zum Jahr 2030 zu erreichen, sondern sogar 50 bis 55 Prozent. Wenn es den EU-Regierungen mit dem Klimaschutz ernst ist, müssten dringend Subventionen für fossile Brennstoffe abgeschafft werden. Diese Art der Unterstützung sollte nur noch für regenerative, saubere und sichere Energieförderung zur

Verfügung gestellt werden. Angesichts der klimapolitischen Rückwärtsbewegung der USA muss die EU die Führung übernehmen, damit wichtige Schwellen- und Entwicklungsländer folgen. Nur dann können wir so schnell wie möglich das Ziel «Netto-Null-Emissionen» erreichen.

Dem Meer den Rücken stärken

Die Klimakrise ist auch eine Ozeankrise. Wenn wir den Service der Meere für uns Menschen erhalten wollen, müssen wir sie dringend besser behandeln. Mit Überfischung, Vermüllung, dem Artensterben und durch Erhitzung und Versauerung aber werden die Meere geschwächt. Dann sind sie irgendwann nicht mehr in der Lage, weiter ausreichend CO_2 aufzunehmen – das dann in der Atmosphäre verbleibt. Unser Planet wäre überhitzt und unbewohnbar. Ich komme erneut auf die Schutzzonen zu sprechen. Solche Gebiete sind erwiesenermaßen ein geeignetes Instrument, um Biodiversität zu wahren und Populationen wieder aufzubauen. Und das würde die Widerstandskraft der Ökosysteme steigern. Mindestens 30 Prozent der Meeresfläche, verteilt über die gesamten Ozeane, müssten schnellstmöglich unter Schutz gestellt werden, und die übrigen zwei Drittel dürften nur nachhaltig genutzt werden. Unsere eigene Zukunft sollte uns das wert sein.

Reisen mit dem Alb-Traumschiff

Nachhaltig Urlaub machen geht anders: Die meisten Kreuzfahrtschiffe belasten die Umwelt

«Ein Ort, an dem alle Wünsche erfüllt werden.» So heißt es in einem Werbespot eines Kreuzfahrtschiffanbieters. Und ja, das ist wohl so: Man wird an die schönsten Orte der Welt gefahren, ohne ständig seinen Koffer ein- und auspacken zu müssen, denn das Zimmer reist praktischerweise gleich mit. Von der Kabine aus ist es nur einen Katzensprung über hochflorige Teppiche und schnurrend fahrende Fahrstühle, bis man Dutzende Restaurants und Freizeitangebote in Hülle und Fülle erreicht. Alles gratis – genauso wie der Blick aufs weite Meer im 360-Grad-Modus inklusive eines spektakulären Sonnenauf- und -untergangs – sofern das Wetter mitspielt. Bevor es zum Lagerkoller kommt, steht für ein paar Stunden ein Landgang in sehenswerten Städten an, wo man die pittoresken Highlights besichtigt, zur Erinnerung bzw. zum Beweis noch ein Selfie macht und vorm Abendessen zurück an Bord schlendert. Der Magen knurrt – und die vielen kulinarischen Schlemmereien wollen getestet werden.

Mehr als 2,2 Millionen Deutsche machten 2019 per Kreuzfahrtschiff Urlaub. Die 440 000 Gästebetten der 400 bis 500 schwimmenden Hotels weltweit waren sogar so gut ausgelastet, dass immer mehr Schiffe zum Bau in Auftrag gegeben wurden. Bis zur Corona-Krise boomte die Kreuzfahrtbranche.

Ich kann es prinzipiell niemandem verübeln, Urlaub auf dem Meer machen zu wollen – auch mich erfüllt es ja mit Glück pur, wenn ich stundenlang in die Ferne aufs Wasser blicken kann. Nun ist es aber so, dass diese Art des Reisens so ziemlich das Gegenteil von nachhaltig (und fair) ist – und damit einiges gegen eine Fahrt auf den motorisierten Ozeankolossen spricht.

Allem voran der hohe CO_2-Verbrauch: Kaum eine Industrie in Deutschland hat einen so hohen Anstieg des Treibhausgasausstoßes zu verzeichnen wie die Kreuzfahrtbranche (außer vielleicht die SUVs). Absurd in Anbetracht dessen, dass sich Staaten und Industrien weltweit verpflichten sollen, ihren Ausstoß zu senken. Die Zahl der Reiseschiffe vor der Corona-Pandemie nahm kontinuierlich zu – und selbst neu in Auftrag gegebene Schiffe werden in der Regel weiter mit fossilen Kraftstoffen betrieben. Damit hat automatisch jeder Reisende einen großen CO_2-Verbrauch: Wer eine Woche auf einem Schiff unterwegs ist, so hat es die Organisation Atmosfair 2019 berechnet, verbraucht 1,5 Tonnen Kohlendioxid. Zur Einordnung: Das «klimaverträgliche Jahresbudget» pro Kopf sollte bei 2 Tonnen CO_2-Emissionen liegen. Für die restlichen 51 Wochen wären dann eigentlich nur noch Radfahren, heimisches Gemüse essen und im Dunkeln sitzen drin.

Das gern verwendete Argument, dass der Schiffsverkehr mit drei Prozent lächerlich gering sei verglichen mit den 17 Prozent, die die Autos an CO_2 in die Luft wirbeln, mag richtig sein, aber im Unterschied zu Autos fahren Hochseeschiffe mit Schweröl, einem giftigen Abfallprodukt aus der Petrochemie, das eigentlich als Sondermüll entsorgt werden müsste. Dieses enthält 3500-mal mehr Schwefel, als in Diesel und Benzin zugelassen sind. Bis zu 170 Tonnen verbrauchen Kreuzfahrtschiffe auf hoher See davon. Täglich. Das lässt sich kaum mit dem gesunden Menschenverstand vereinbaren.

Immerhin gelten seit Anfang 2020 neue Obergrenzen: Schiffe dürfen weltweit nur noch mit Treibstoff fahren, der höchstens 0,5 Prozent Schwefel enthält – was immer noch reichlich ist. Die Reedereien der Kreuzfahrtschiffe behelfen sich allerdings damit, die Abgase von Reinigungsanlagen filtern zu lassen – und dürfen so weiter Schweröl benutzen. Immerhin 60 Prozent der Rußpartikel verbleiben tatsächlich in den «Scrubbern», das ist recht effektiv. Allerdings müssen die Filter irgendwann entsorgt werden – und das wiederum ist sehr aufwendig und wird nicht in jedem Land sachgemäß durchgeführt.

Auch die wenigen Schiffe, die mit vergleichsweise schadstoffarmem Flüssiggas betrieben werden, bekommen mit Blick auf den Klimaschutz schlechte Noten. Denn ebenso wie Diesel ist dieses sogenannte LNG (Liquid Natural Gas) ein fossiler Brennstoff, und der hinterlässt einen stattlichen CO_2-Fußabdruck. Im Grunde sind nur Segelschiffe wirklich «grün» – aber auf ihnen gibt es natürlich keine zig Restaurants, Kasinos, Kletterparcours und Pools.

Auch hier ist es daher höchste Zeit, dass die Steuerbefreiung mariner Kraftstoffe dringend beendet wird – mit diesem Geld könnte die Entwicklung und der Einsatz emissionsfreier Technologien in der Schifffahrt befördert werden. Ein Hersteller hat immerhin ein Schiff im Bau, das ab diesem Jahr mit Wasserstoffantrieb ausgestattet ist – das Schiff versorgt die Brennzelle dabei durchs Fahren selbst. Man muss sich aber nichts vormachen: Bis das Gros der Kreuzfahrtschiffe mit Klima- und umweltfreundlichen Antrieben, die durch «grünen» Strom gespeist werden, über die Weltmeere kreuzen, ist es noch ein langer Weg. Kaum eine Kreuzfahrtreederei hat derzeit eine konkrete Strategie, um den konsequenten Umbau der Flotte in Richtung emissionsfreien Betrieb voranzutreiben – Klimaneutralität bis 2050 wird so sicher nicht erreicht.

Außerdem kommt es durch die Kreuzfahrtschiffe zu dem unsympathischen Effekt des Overtourismus. Wer fragt, was das ist, war noch nie an einem Ort, an dem plötzlich Tausende von Menschen gleichzeitig die Straßen überschwemmen. So passiert es, wenn ein oder mehrere Kreuzfahrtschiffe beispielsweise in Dubrovnik, Barcelona oder Kotor in Monte Negro anlegen. Schließlich verlässt dann nicht nur ein Urlauber seinen Liegestuhl, um an Land zu gehen, sondern im schlimmsten Fall 5999 andere mit ihm. Alle zur gleichen Zeit. Sie drängeln sich in Horden hinter einem Guide mit Fähnchen durch enge Gassen von Städten, die nicht auf solche Menschenmengen ausgelegt sind. Sie haben Zeit für ein paar Fotos, kaufen hoffentlich kleine Souvenirs und Postkarten – dann geht es auch schon wieder zurück. 650 Kreuzfahrtschiffe laufen jährlich in Venedig ein, im Hafen von Palma de Mallorca liegen manchmal fünf monströse Schiffe gleichzeitig nebeneinander, deren bis zu 11 000 Gäste sich dort ausbreiten. Die kleine Stadt Honningsvåg in Norwegen wird jährlich von bis zu 300 000 Touristen besucht – ein Ort, an dem sonst gerade einmal an die 2900 Menschen leben.

Man braucht nicht lange darüber nachzudenken, wie man selbst es finden würde, wenn die eigene Hochzeit oder die Beerdigung zur Touristenattraktion wird, wie in Honningsvåg, wo die kleine Kapelle so «schnuckelig» ist. Oder wenn Reisende in den eigenen Garten spazieren, so wie im norwegischen Stavanger, in der Annahme, es handele sich bei den privaten Häusern um Teile eines Museumsdorfes. Oder wenn alteingesessene Geschäfte aufgeben müssen und von 90 Geschäften 85 Touristenshops sind wie in Kotor, vollgestopft mit angeblich landestypischen Souvenirs – made in Asia. Wenn gleichzeitig die netten kleinen Restaurants oder Hotelbetriebe leer bleiben, weil dort kein einziger Kreuzfahrt-Tourist sein Geld lässt. Warum auch? Schließlich wird an Bord geschlafen und all-inclusive gegessen. In den von Kreuzfahrtgästen überrannten Orten dreht sich alles nur noch um Tourismus. Authentizität oder normales Alltagsleben sind nicht mehr möglich. Mehrere Städte wie z. B. Cannes oder Venedig wehren sich mittlerweile gegen den Ansturm und machen Auflagen, welche und wie viele Schiffe kommen dürfen.

Natürlich müssen immer neue Anreize her für die vielgereisten Kreuzfahrt-Fans. Mittlerweile gibt es Kreuzfahrten in die Polarregionen, um «die wunderbare Tierwelt in Arktis und Antarktis» zu entdecken – in den Katalogen Bilder von Eisbären und Pinguinen. Zehntausende reisen in die sensiblen Gebiete – sie mögen sich wie Entdecker fühlen, doch sie lassen zu, dass Feinstaub und Ruß ins empfindliche Ökosystem gepustet werden, und riskieren im schlimmsten Fall eine Havarie, bei der auslaufendes Schweröl in die Gewässer gelangt. Immerhin wurde in der Antarktis das Fahren mit Schweröl mittlerweile verboten, in der Arktis bisher noch nicht.

Weitere Begleiterscheinungen der Kreuzschifffahrt sind Nahrungsmittelverschwendung und schlechte Arbeitsbedingungen der Mitarbeiter, die tief in den Bäuchen der Schiffe arbeiten.[76] Bis zu 2,5 Kilo Speisereste fallen pro Tag und Passagier an. Immerhin landen sie mittlerweile, gemeinsam mit den Fäkalien und anderem Müll, in den bordeigenen Verbrennungsanlagen. Für die Mitarbeiter der Schiffe dagegen hat sich noch nicht viel getan.

Oft arbeiten sie monatelang durch – für Löhne von zwei Euro pro Stunde. Das «All you can eat»-Buffet wird angerichtet, serviert und abgeräumt von Menschen, die jeden Tag mindestens 12-Stunden-Schichten haben und zur «Erholung» in Mini-Kajüten direkt neben den ohrenbetäubend lauten Maschinen schlafen. Diese Arbeiter, in der Regel aus Entwicklungsländern, sind es, die den Urlaub überhaupt ermöglichen: Durch ihren miserabel bezahlten Rund-um-die-Uhr-Einsatz können sich sehr viele Menschen eine Kreuzfahrtreise leisten – es ist längst kein besonderes Ereignis mehr für Superreiche.

Mag sein, dass die Reedereien versprechen, in Zukunft abgasarme Schiffe zu bauen, Abwasser nicht mehr hafennah abzulassen, die Portionen zu verkleinern und Essensreste zu spenden. Mag sein, dass manche Schiffe sogar reine Seefahrten anbieten, das heißt, ohne an Land zu gehen. Doch ich befürchte, dass «Essen satt» und ganz bequem «etwas von der Welt sehen» die wichtigsten Argumente für eine Kreuzfahrt sind.

Die Corona-Krise hat dem Kreuzfahrt-Tourismus einen gewaltigen Strich durch die Rechnung gemacht. Die Bilder von unter Quarantäne stehenden Menschen an Bord der Schiffe, die wochenlang in keinem Hafen der Welt anlegen durften, haben sich eingebrannt. Die Buchungstrends für 2021 waren allerdings im Juni 2020 schon wieder so hoch, dass die Branche optimistisch in die Zukunft schaut. Andere Experten der Reisebranche prognostizieren, dass sich das Kreuzfahrt-Urlaubsgeschäft nie mehr von der Corona-Krise erholen wird. Weil die Vorstellung, tage-, womöglich wochenlang in Quarantäne auf einem Kreuzfahrtschiff eingepfercht zu sein, selbst für Kreuzfahrt-Fans ein Horror wäre. Für die Umwelt wären weniger Kreuzfahrten ein Segen.

Schwimmender Massentourismus – Miami Hafen, 18 Uhr:
Sechs Kreuzfahrtschiffe auf dem Weg in die Karibik

ICH WIR

Urlaub, den braucht jeder. Aber muss es auf dem Rücken der Umwelt sein? Ich finde nicht. Ist die Sehnsucht nach einem Schiffsurlaub trotzdem groß, sollte man den Anbieter sorgfältig aussuchen und wenigstens die folgenden Dinge berücksichtigen:

Ein Schiff mit umweltschonendem LNG-Treibstoff-Antrieb ist zwar kein Freifahrtschein, auch wenn die Werbung es verspricht, aber es ist besser als ein herkömmliches. Slow Cruisen ist außerdem ein sehr guter Weg für einen geringeren Schadstoffausstoß: kürzere Fahrstrecken und längere Liegezeiten helfen, weniger Treibstoffe zu verbrennen. Dazu gehört auch, nicht extra mit dem Flugzeug anzureisen, um an Bord zu gehen. Das CO_2 durch eine freiwillige Zahlung an einen Gold-Standard-zertifizierten CO_2-Kompensationsanbieter auszugleichen, ist ebenfalls empfehlenswert. Das Treibhausgas ist natürlich trotzdem in die Luft gegangen, aber immerhin werden durch den Ausgleich sinnvolle Klimaprojekte finanziert.

«Menschen, die das Meer schützen,
schützen sich selbst.»

Jean-Michel Cousteau
(französischer Taucher und Filmproduzent)

Die Kraft der Natur

Es gibt Anlass zur Hoffnung: Stärken wir die Resilienz der Natur, hilft sie uns bei der Bewältigung der Klimakrise. Über Erhalt, Schutz und Wiederaufbau wichtiger Ökosysteme.

E in wenig langweilig wirkt es, zugegeben. Wenn Ebbe herrscht und überall nur graubrauner Schlick zu sehen ist, in den Wind und Wasser wellenartige Muster gemalt haben, gleicht das Wattenmeer der Nordsee eher einer Wüstenlandschaft als einer Oase für Tiere. Vor allem an Schlechtwettertagen, an denen alles grau in grau ist und Himmel und Watt eins zu sein scheinen. Und so muss es den WWF-Kollegen aus Asien sehr komisch vorgekommen sein, als mein damaliger Chef sie genau dorthin führte, zu einer tristen Schlammfläche, und ihnen vorschwärmte, dass sie mit ihren Gummistiefeln gerade mitten durch ein faszinierendes, weltweit einmaliges Naturresort wateten.

Es war im Spätsommer 2009, als uns einige WWF-Mitarbeiter aus Indonesien besuchten. Durchaus üblich, immerhin habe ich mehr als 7000 Kollegen in über 100 Ländern, und ab und an ist es nötig, sich persönlich zu treffen, um ein gemeinsames Vorgehen zu diskutieren. Natürlich wollen wir dann auch ein Naturschutzprojekt der Kollegen vor Ort sehen, um voneinander zu lernen – und da war es für meinen ehemaligen Chef ganz klar, wohin wir fahren: ins mit 10 000 Quadratkilometern größte zusammenhängende Wattgebiet der Erde, zwei Monate zuvor von der UNESCO zum Weltnaturerbe erhoben. Das war ein

Riesenerfolg für uns beim WWF, denn wir setzen uns seit Jahrzehnten intensiv für das Nordsee-Gezeiten-Areal ein. Durch Aufklärung, politisches Engagement und das gemeinsame Handeln mit anderen Organisationen hatten wir bisher erreicht, dass in den 1980er Jahren in den Wattenmeer-Anrainerstaaten Dänemark, Niederlande und Deutschland zahlreiche Nationalparks gegründet wurden. Die Robbenjagd hatte somit ein Ende, und Arten wie die Kegelrobbe oder der Löffler, ein Vogel mit löffelartigem Schnabel, siedelten sich wieder an. Durch die UNESCO-Auszeichnung wurde der Schutz des Watts für die Zukunft bestmöglich abgesichert, wenn man etwa an den Bau neuer Industrieanlagen denkt. Unvorstellbar, dass die Bundesregierung in den 1970er Jahren Pläne hatte, Teile des Wattenmeeres trockenzulegen, um dort Atomkraftwerke zu errichten.[77]

Aber der Tag, an dem die Indonesier zwischen Prielen und Pfützen standen, war kein guter, um seine Liebe für die Nordsee bei Ebbe zu entdecken. Die Temperaturen: alles andere als sommerlich. Der Himmel: eine einzige graue neblige Masse. Der Wind: ungemütlich und haarezerzausend.

Unsere Gäste hatten sich in dickste Daunenjacken eingemummelt, schauten fröstelnd in alle Richtungen und versuchten betont höflich, nette Worte über die «Sehenswürdigkeit» zu finden, die nun mit dem Grand Canyon und dem Great Barrier Reef im selben Atemzug genannt wird. Aber was sollten sie über die Komposition aus Beige-, Braun- und Grautönen groß sagen? Sie kamen aus einem Teil der Erde, wo alles bunt ist: die Tiere, die Vegetation der Tropenwälder, die Korallenriffe. Ich weiß noch, dass ich gegen einen aufkeimenden Lachkrampf ankämpfen musste, weil es so rührend war, wie sehr sich beide Seiten bemühten, das Beste aus der Situation zu machen.

Ich kann die damalige Entscheidung, dorthin zu fahren, allerdings nur zu gut verstehen: Das Watt ist kein bisschen langweilig. Es kommt vielleicht ein bisschen norddeutsch daher und prahlt visuell nicht mit seinen Fähigkeiten, wie es ein Dschungel zu tun vermag. Aber es kann durchaus mithalten, denn es bietet unzähligen Kleintieren einen Le-

Was so unscheinbar daherkommt, gehört zu den artenreichsten Lebensräumen der Welt.

bensraum, die sich mit raffinierten Tricks an das Kommen und Gehen der Gezeiten angepasst haben. Sie machen die Schlickgründe zur Energietankstelle für mehr als zehn Millionen Watt- und Wasservögel. Gut gesättigt, von dem, was sich dort tummelt, können die meisten ihre Reise von der Arktis bis nach Afrika fortführen. Und, was die wenigsten wissen, aber immer bedeutsamer wird: Das gesamte Wattgebiet kann uns im Kampf gegen die Klimakrise helfen.

Das ungeübte Auge aber sieht erst einmal wenig vom Lebensreichtum. Man muss schon etwas genauer hinschauen – oder beherzt im Schlick wühlen. So wie ich es während meines Studiums getan habe.

Damals jobbte ich als Hilfswissenschaftlerin, und zu meinen Aufgaben gehörte es, Wasserproben und vor allem Herzmuscheln für die Forschungsarbeit einer angehenden Biologieprofessorin zu sammeln. Ihr Themengebiet war Stressphysiologie und Altern bei marinen wirbellosen Arten, und bei ihrer Arbeit ging es um den oxidativen Stress im Gewebe der Muscheln, der durch UV-Strahlung ausgelöst wird.

Bei Ebbe gräbt sich die Muschel mit den zwei aneinander geklappten Schalen, die von der Seite wie ein Herz aussehen, ein paar Zentimeter im Watt ein – und ich holte sie da per Hand raus. Im Sommer wie im Winter. Ich werde nie vergessen, wie taub meine Finger waren, als ich im Dezember stundenlang den harten Boden durchwühlte und dafür an manchen Tagen erst mal ein Loch in die Eisschicht treten musste.

Während meiner vielen Besuche verliebte ich mich in die Nordsee: der ehrliche salzige Geruch des Meeres, die kreischenden Möwen und dieser unendliche Blick, der weder durch Häuser noch durch Bäume gestört wird … Bei jedem Schritt schmatzte und saugte es an meinen Schuhen, und manchmal schlang sich der weiche Schlick so um meine Schuhe, als ob er mich am liebsten nicht wieder loslassen wollte.

In der Zeit lernte ich viel über die tierischen Wattbewohner, allen voran über die «Small Five». Das ist die liebevolle Bezeichnung für die Herzmuschel, den Wattwurm, die Wattschnecke, die Sandkrabbe und die Nordseegarnele und natürlich eine Anspielung auf die «Big Five» der afrikanischen Safari: Elefant, Nashorn, Büffel, Leopard und Löwe.

Die Herzmuschel, mein Ausgrabungsobjekt, kommt sehr oft vor, einige hundert pro Quadratmeter sind keine Seltenheit. Bei Ebbe verbuddelt sie sich, wie gesagt, im Schlick. Das ist auch klüger, denn sie hat viele Feinde, die ihr schmackhaftes Inneres schätzen: Krebse, Wellhornschnecken, Plattfische, vor allem aber die Wandervögel, deren Hauptnahrungsbestandteil sie sind. Ein einziger Austernfischer, so der Name dieses mit seinem schwarz-weißen Gefieder und dem langen Schnabel wohl charakteristischsten Bewohners des Watts, kann pro Tag schon mal 300 der Muscheln verspeisen.

Neben den Muscheln stößt man bei der «Wattsafari» am häufigsten auf den Wattwurm – beziehungsweise auf seine Ausscheidungen, die aussehen wie Sandspaghetti. Der rotbraune, etwa 20 bis 40 Zentimeter lange – und wenn man ehrlich ist, nicht besonders hübsche – Wurm durchpflügt und isst mit Vorliebe die ganze liebe Ebbe lang Sand, um aus ihm Algen und Bakterien zu sieben. Ganze 25 Kilo verspeist er jährlich, mischt 4000 Tonnen Sand auf und schafft es so zusammen mit seinen Kumpanen, den gesamten Sand des Nordseewatts bis 20 Zentimeter Tiefe binnen eines Jahres zu fressen und als reinen Sand wieder auszuscheiden. Das ist wie eine Wellnessbehandlung für das Watt, denn so wird der Boden gesäubert und mit Sauerstoff versorgt – davon profitieren alle Bewohner.

Auch die millimeterkleine Wattschnecke, deren Schleichspuren durch die braunen Kieselalgenteppiche ein bisschen wie Kinderkritzeleien anmuten, hat Erstaunliches zu bieten: Bei Flut wird sie zur Rennschnecke. Mit ihrem Schneckenschleim bildet sie eine Art Floß, mit der sie bis zu drei Stundenkilometer schnell surfen kann, um in der nächsten Pfütze zu landen.

Etwas größer und lustig seitwärts laufend kommt die Sandkrabbe daher. Sie atmet eigentlich über Kiemen, doch bei Ebbe kann sie auf Luftatmung umschalten und versteckt sich dann unter Algen und Steinen oder verbuddelt sich gleich ganz im Sand. Vor den Räubern mit den kräftigen Scheren ist keine Muschel sicher – allerdings sind sie selbst Objekt der Begierde von Tintenfischen oder Vögeln. Werden sie an einem Bein geschnappt, haben sie Glück, denn sie können es abstoßen und so entkommen. Die Gliedmaßen wachsen praktischerweise nach.

Ihr Namensvetter, die Nordseekrabbe, ist die Fünfte im Bunde: Sie ist in Wahrheit allerdings eine Garnele und tummelt sich in Heerscharen im Schlick. Weil sie ihre Farbe dem Untergrund anpassen kann, ist sie im Watt kaum zu entdecken – weder von Fressfeinden wie Vögeln und Sandkrabben noch von Wattwanderern. Bei Flut geht es ihr allerdings an den Kragen – wenn die Fischer sie mit ihren Kuttern aus dem Meer ziehen, damit sie schnellstmöglich gekocht werden können. Für das Pulen werden sie absurderweise nach Marokko oder Polen transportiert – das ist trotz des langen Transportwegs erschreckenderweise immer noch günstiger, als sie vor Ort zu bearbeiten. Am Ende liegen die gepulten Krabben zum Verkauf in den Buden am Hafen, als wären sie nie woanders gewesen.

Leider konnten wir die Small Five unseren indonesischen Besuchern nicht zeigen, weil es bei unserem deutsch-asiatischen Ausflug anfing, wie aus Eimern zu schütten. Mit zukünftigen Besuchern sind wir gleich zu einer der zehn Halligen gefahren – dort bietet sich für das ungeübte Auge ein besseres Bild. Hinter diesen flachen, höchstens zehn Quadratkilometer kleinen Inseln sowie an den Küsten der Nordsee befinden sich die Salzwiesen, die den schmalen Saum zwischen Land und Meer bilden. Sie werden regelmäßig überflutet, an den tieferen Flächen um die 700-mal pro Jahr, sodass hier nur salztolerante Pflanzenarten wie Queller und Schlickgras eine Chance haben, sich zu behaupten.[78] Oberhalb der Flutlinie wachsen Strandflieder und -astern, die unregelmäßige Salzduschen vertragen, es aber gern schon etwas trockener mögen. Gerade im Spätsommer ist ein Besuch der Halligen ein echtes Highlight, weil man eindrucksvoll präsentiert bekommt, warum das Wattenmeer eine der fruchtbarsten Naturlandschaften der Welt ist. Zunächst wird das Auge belohnt, denn die Salzwiesen sind in dieser Zeit unfassbar schön anzuschauen. Wenn Strandwermut, Strandwegerich und vor allem der Strandflieder blühen, legt sich über die Horizontale ein lilafarbener Blumenteppich. Aber auch Nase und Ohren kommen nicht zu kurz: Der Geruch der Blüten ist geradezu betörend, die umherflirrenden Insekten und zwitschernden Vögel liefern ein kleines Naturkonzert. Über 50 Vogelarten ruhen sich hier aus, brüten ungestört in den Wiesen und ziehen irgendwann gesättigt weiter.

Ganz zur Erheiterung meines jetzigen Chefs komme ich immer ins Schleudern mit den ganzen Vögeln: Alpenstrandläufer, Rotschenkel, Brandgans und Brandseeschwalbe, Austernfischer, See- und Sandregenpfeifer, Lach-, Silber-, Mantel- und Heringsmöwe, um nur einige zu nennen – ich kann nur sehr wenige aus der Ferne treffsicher identifizieren.

Einer der vielen Gäste des Wattenmeeres: die Kegelrobbe

Queller und Schlickgras haben noch andere Talente, als im salzreichen Wasser zu überleben: Sie lagern CO_2 ein und machen Salzwiesen damit zu sogenannten CO_2-Senken. Wälder, allen voran tropische Regenwälder wie die des Amazonas, sind uns hinlänglich bekannt als Sauerstofflieferanten und Kohlendioxidverwerter. Lange Zeit galten sie als ungeschlagene Sieger bei der Aufnahme von klimaschädlichem CO_2. Seit einiger Zeit weiß man aber, dass andere Ökosysteme wesentlich effektivere Kohlendioxidsenken sind, weil sie das Gas länger speichern können: Gemeint sind neben den Meeren Mangrovenwälder, Seegraswiesen, Moore – und eben Salzwiesen.[79]

Die Natur als unser zuverlässigster Partner

Obwohl die Ozeane und küstennahen Ökosysteme diese Aufgabe bereits seit Millionen von Jahren erfüllen, haben wir sie aus Unwissenheit viel zu lange viel zu gering geschätzt. Wir hatten einen eingeschränkten Blick auf die Natur – und haben ihn teilweise sicher noch immer. Es liegt in unserem Wesen, zunächst nur das Offensichtliche zu betrachten und erst dann ins Detail zu gehen. So sind uns die komplexen Interaktionen der Systeme nicht klar gewesen. Was wirkt wie womit aufeinander? Warum ist eine Salzwiese mehr als nur eine horizontale Fläche, bewachsen mit «Kraut», das im Salzwasser überlebt? Vor Jahrhunderten standen unsere Vorfahren dort und sahen das Offensichtliche: Hier kann kein Haus gebaut werden, kein Nutztier weiden … Aus dieser Sicht heraus war es für sie unbrauchbares Land. Erfinderisch wie der Mensch ist, wurden Deiche errichtet, die das Land trockengelegt haben – es konnte bewirtschaftet und bebaut werden. Man wähnte sich in Sicherheit vor dem brachialen, rauen Meer bei Flut und Sturm. Dass diese unscheinbaren Wiesen im perfekten Einklang mit der Natur leben und welchen Dienst sie damit auch uns Menschen leisten, haben wir unterschätzt. Unser simples Verständnis der Dinge prägte unseren Umgang mit der Natur.

Mittlerweile sind wir weiter – und erkennen, welche faszinierende Kraft in der Natur steckt und dass es höchste Zeit ist, sie um jeden Preis zu bewahren und als Teil der Lösung gegen die Erderhitzung zu nutzen. Wir sehen inzwischen den Wert der sogenannten Nature-Based Solutions (NBS) – Lösungen auf Basis der Natur. Welche Ökosysteme das sind und inwiefern sie uns NBS ermöglichen, möchte ich Ihnen in diesem Kapitel näherbringen.

Die Pflanzen der Salzwiesen nehmen also CO_2 auf – im Unterschied zum Laub eines Waldes aber zersetzen sie sich nach ihrem Verwelken in den nassen, kalten Böden des Watts wesentlich langsamer. Das bedeutet, dass das CO_2 länger gebunden bleibt. Und genau das ist gut fürs

Klima. Je mehr Salzwiesen es gibt, desto mehr CO_2 verschwindet aus der Atmosphäre.

Nicht nur das macht sie zu wichtigen Gehilfen: Sie sind auch für den Küstenschutz von großer Bedeutung, dienen quasi als Sicherheitspuffer. Bei Sturm bremsen sie die Wucht der auflaufenden Wellen und reduzieren ihre Höhe. Die Vegetation der Salzwiesen trägt gegenüber einer unbewachsenen Fläche bis zu 60 Prozent zur Reduzierung der Wellenkraft bei.

Zu guter Letzt halten sie die sogenannte Sedimentfracht fest, also das, was durch jede Welle mitgenommen wird, allem voran Sand. Ist da einfach nur glatte Fläche, wird der Sand hin- und hergespült – wachsen dort aber Pflanzen, bleibt der Sand hängen. So wächst der Boden, erhöht sich und ermöglicht wieder anderen Pflanzen, sich anzusiedeln. Land wird vertikal neu gewonnen.

Beim WWF gibt es das Projekt «Wachsen mit dem Meer». Sein Ziel ist es, einerseits die Menschen an der Nordsee vor Sturmfluten und andererseits das Wattenmeer zu schützen – denn das geht im Grunde Hand in Hand. Wir wissen inzwischen, dass sich auf Salzwiesen mit jeder Überflutung feiner Meeresschlick ablagert und Land von ganz alleine aufwachsen lässt. Salzwiesen sind sogar in der Lage, sich an einen gemäßigten Meeresspiegelanstieg anzupassen, wenn sie dafür genug Platz und Zeit bekommen. Dieses Wachstum lässt sich gut auf den Halligen beobachten. Deswegen traut man sich mittlerweile, Vordeiche zu öffnen, damit neue Salzwiesen entstehen. Bei einem beschleunigten Meeresspiegelanstieg stößt dieses Wachstum jedoch an Grenzen: Das Wattenmeer kann nicht schnell genug mitwachsen und droht dann regelrecht zu ertrinken. Die Fähigkeit des Wattenmeeres, sich dem durch die Klimakrise ansteigenden Meeresspiegel anzupassen, muss also gestärkt werden. Aber es ist ein schwieriges Unterfangen. Es gibt nicht mehr genug Platz im Landesinneren, wohin die Salzwiesen wachsen können, weil hier Menschen leben und das Land nutzen. Und natürlich haben die, die dort leben, schlichtweg Angst vor der Wucht des Meeres. Wenn Hab und Gut, Leib und Seele auf dem Spiel stehen, ist es nicht so einfach, darauf zu vertrauen, dass die Natur es schon richten wird. Erst recht nicht, wenn der Meeresspiegelanstieg nicht gemäßigt sein wird, sondern höher ausfallen sollte. Ein Großteil Schleswig-Holsteins liegt unter dem Meeresspiegel. Wenn der Meeresspiegel bis 2050 gemäßigt, also um etwa 80 Zentimeter steigt, könnten wir mit einem adaptiven Küstenschutz – einer Kombination aus Salzwiesen und Dünen sowie erhöhten Deichen oder sogenannten Poldern (natürlich angelegte Auffangbecken) – glimpflich davonkommen.[80] Wenn wir aber so weitermachen mit dem Emissionsausstoß, ist es wahrscheinlich, dass der Pegel weit mehr als einen Meter steigt – und dann werden wir Land verlieren an das Meer. Teile der Norddeutschen Tiefebene könnten verschwinden. Das würde durch den tidenabhängigen Strom Elbe bis nach Hamburg zu spüren sein.

Nicht umsonst gibt es seit 2008 die sogenannten Anpassungsstrategien an den Klimawandel der Bundesregierung, die Deutschland vorbereiten sollen auf die Veränderungen. So sollen im Küstenbereich Überschwemmungsflächen verbreitert und Massivbauwerke wie Sperrwerke, Siele und Schutzmauern so gebaut werden, dass sie nachträglich um bis zu einem Meter nachgerüstet werden können. Auch die Deiche können so erhöht werden, dass sie einen Meter dauerhaften Wasseranstieg aushalten.

Auch wenn es noch keine perfekte Lösung zur Anpassung des Wattenmeeres an die Klimakrise gibt, hat es sich als gut erwiesen, dass es seit Jahrzehnten die höchste Schutzkategorie genießt: Die Salzwiesenflächen am Festland sind seit Bestehen des Nationalparks Schleswig-Holsteinisches Wattenmeer 1986 um mehr als 30 Prozent angewachsen – und stärken gemeinsam mit anderen sinnvollen Schutzmaßnahmen unsere Küsten.

Von Wäldern und Walen

Was Bäume und die sanften Riesen der Meere gemeinsam haben

Vor zwei Jahren ging ein regelrechter Baumhype los, seitdem wollen alle Bäume pflanzen, viele Bäume. Eine Milliarde, vier, zehn, 100… Es ist fast so, als würden Kanada, China, Äthiopien, Pakistan, Indien, Neuseeland und Amerika sich gegenseitig überbieten wollen, wer mehr Stecklinge oder Samen einsetzt. Philippinische Schüler sollen zehn Bäume pflanzen, bevor sie ihren Schulabschluss erhalten, in China sind 60 000 Soldaten zum Aufforsten abgestellt, und auch Privatinvestoren und Firmen sehen darin eine Maßnahme, etwas gegen die Klimakrise zu tun.

Dass Bäume beim Wachsen CO_2 aus der Atmosphäre ziehen, so die Erde abkühlen und für frische Luft sorgen, ist hinlänglich bekannt. Was also hat zu diesem Trend geführt? Ausschlaggebend war eine Studie, die Mitte 2019 im renommierten Wissenschaftsmagazin «Science» erschien. Dort hieß es, dass die (Wieder-)Aufforstung die größte natürliche Klimaschutzmöglichkeit ist, die uns zur Verfügung steht. Die Macher der Studie hatten Satellitenbilder ausgewertet, um bepflanzbare Flächen zu suchen – und wurden großflächig fündig. Würden auf diesen Arealen Bäume gepflanzt, so schrieben sie, könnten zwei Drittel der vom Menschen verursachten CO_2-Emissionen aufgenommen werden. Zwei Drittel. Zu schön, um wahr zu sein? Jein. Bei genauerer Betrachtung stellte sich heraus, dass längst nicht alle Flächen, die in der Studie angegeben waren, wirklich bepflanzbar sind. Leider hatten die Wissenschaftler auch noch andere Denkfehler gemacht, so wurde unter anderem nicht mit einbezogen, dass bei Torfmooren oder Savannen viel CO_2 im Boden und nicht in der darauf wachsenden Vegetation gebunden sind. Doch der Ansatz ist richtig. Obwohl Bäume prozentual nur einen Bruchteil dessen aufnehmen, was Küstensysteme wie Mangroven oder Seegraswiesen schlucken können, sind sie natürlich wichtige Partner im Klimaschutz.

Sich aufs Baumpflanzen zu stürzen, ist ganz sicher der Tatsache geschuldet, dass es zum einen wesentlich mehr Spaß macht, als auf Fleischessen, Autofahren oder Flugreisen zu verzichten. Zum anderen lässt es sich sofort und noch dazu einfach umsetzen – was bei anderen CO_2-entlastenden Innovationen wie dem Elektroauto nicht der Fall ist.

Bäume zu pflanzen ist also durchaus sinnvoll – es geht aber um das Wie. Darüber besteht auch im Weltklimarat (IPCC) Einigkeit. Im letzten Bericht von 2019 über «Klimawandel und Land» wird ebenfalls eine rasche Aufforstung empfohlen, allerdings zusätzlich zu anderen Maßnahmen – und nicht statt ihnen. Alle natürlichen Landschaften müssten erhalten, geschützt oder möglichst naturnah wiederhergestellt werden, so sie bereits zerstört sind: Nur der Erhalt verschiedener Naturräume sorgt für ein hohes Maß an Biodiversität und damit Klimaresilienz.

Überall wird nach neuen, möglichst kostengünstigen Lösungen gesucht, und tatsächlich hat die Natur noch einige andere erstaunliche Klimahelfer in petto. Eine pflanzliche Wunderwaffe ist der Speckbaum, der gerade in Südafrika für Furore sorgt. Lange Zeit wuchs er unbeachtet vor sich hin und diente unter anderem Elefanten als Nahrung. Seinen ökologischen Wert haben wir erst vor wenigen Jahren erkannt. Der Speckbaum ist pflegeleicht und sehr genügsam, weil er wenig Wasser braucht und es auch mal ganz ohne aushält. Seine Blätter sind essbar und voller Vitamin C, nebenbei sind sie feuerresistent und antiseptisch, sodass sie medizinisch eingesetzt werden können, zum Beispiel bei leichten Verbrennungen. Und: Speckbäume saugen CO_2 geradezu auf. Eine einzige Pflanze ist in der Lage, pro Jahr vier Tonnen Kohlendioxid aufzunehmen, und macht damit tropischen Regenwäldern Konkurrenz. Der Speckbaum verdeutlicht, welche Schätze die

Natur parat hält, von deren Wirkkraft wir erst nach und nach erfahren. Umso wichtiger ist es, jedem Lebewesen eine wichtige Funktion zu unterstellen – auch wenn sie uns vielleicht nicht sofort ersichtlich ist.

Im Meer lebt ein weiterer gigantischer Umweltschützer. Wale sind nicht nur hochintelligente, faszinierende Tiere: Die sanften Riesen können eine beeindruckende Menge CO_2 in ihrem Körper speichern, indem sie riesige Mengen an Kleinstlebewesen zu sich nehmen, die ja ebenfalls, wie auch wir Menschen, zum größten Teil aus CO_2 bestehen. Große Walarten, etwa Blau- und Pottwale, binden im Schnitt über ihre Lebenszeit 33 000 Kilogramm CO_2.[81] Wenn man davon ausgeht, dass Blauwale um die 80 Jahre alt werden, sind das um die 412 Kilogramm im Jahr. Ziemlich beeindruckend im Vergleich zu einem Baum, der jährlich rund 20 Kilogramm des Treibhausgases absorbiert. Damit nicht genug, fördern Wale das Wachstum des pflanzlichen Planktons. Meeresbiologen bezeichnen sie deswegen auch als «Gärtner der Meere». Wale scheiden nämlich ihr (beachtliches) Geschäft nahe der Meeresoberfläche aus, ganz zur Freude des pflanzlichen Planktons. Im Walkot und -urin ist eine sehr seltene Substanz enthalten, die sie besonders gern mögen und unbedingt brauchen: Eisen. So «gedüngt», wächst die Phytoplankton-Population sprungartig an. Nun stehen die Kleinstlebewesen nicht nur am Anfang der Nahrungskette der Meeresbewohner, sondern wandeln mittels Photosynthese Sonnenlicht und CO_2 in Energie und Sauerstoff um – sie produzieren so mindestens die Hälfte unserer Atemluft und verbrauchen 40 Prozent des produzierten CO_2. Das entspricht der Leistung von 1,7 Billionen Bäumen oder von vier Amazonas-Regenwäldern. Würden also mehr Wale leben, gäbe es mehr Walausscheidungen, das Phytoplankton vermehrte sich – und das bedeutete mehr Sauerstoff und weniger Kohlendioxid. Nur ein Prozent Wachstum der Planktonproduktivität würde hunderte Millionen zusätzliche Tonnen Kohlendioxid absorbieren. Ohne

Risiken und Nebenwirkungen, wenn wir es der Natur überlassen, das selbst zu regulieren, denn so funktioniert es ohne unser Zutun schon seit Millionen von Jahren.

Aber dieser geniale Kreislauf ist damit noch immer nicht zu Ende. Selbst im Tod leistet der Wal der Umwelt seine Dienste. Stirbt er auf natürliche Weise, sinkt er meist zum Meeresboden. Weil sich der Körper gerade in der Tiefe extrem langsam zersetzt, ist das in ihm enthaltene CO_2 für lange Zeiträume aus der Atmosphäre verschwunden. Über Jahre ist so ein Walkadaver dann eine wichtige Nahrungsquelle für Tiefseebewohner.

Zurzeit schwimmen geschätzt rund 1,3 Millionen Wale durch die Meere. Das mag sich viel anhören – doch in ihren besten Zeiten waren es vier bis fünf Millionen. Den größten unter ihnen, den Blauwalen, ging es zu Walfangzeiten besonders an den Kragen, etwa 97 Prozent des Bestandes wurden getötet. Ihre Populationen erholen sich, wie erwähnt, nicht richtig, weil ihnen Schifffahrt, Lärm- oder Meeresverschmutzung zu schaffen machen. Die heutige Population wird auf 5000 bis 10 000 Blauwale geschätzt.

Die Ökonomen des Internationalen Währungsfonds haben sich übrigens die Mühe gemacht, den wirtschaftlichen Wert eines Wals zu ermitteln.[82]

Sie haben die Menge an CO_2 genommen, die ein Wal absorbiert, ihn mit dem Marktwert verglichen und zu dem addiert, was Whale Watching der Tourismusindustrie einbringt. Das Ergebnis: Ein Wal ist zwei Millionen Dollar wert. Einen solchen monetären Wert zu kennen, ist hilfreich für die Bemessung von Kompensationen für Fischer und Reeder, die Schutzauflagen in Kauf nehmen müssen. Walschutz muss also weiterhin ganz nach oben auf die Tagesordnung. Denn: Jeder Wal zählt.

Seegraswiesen:
Die grünen Lungen der Meere

Ein weiteres Ökosystem profitierte von dem Schutz, der im Wattenmeer durch die Ernennung zum Weltnaturerbe entstanden ist: das der Seegraswiesen. Damit niemand durcheinanderkommt: Seegras ist nicht gleichzusetzen mit Salzwiesen. Es wächst im flachen Wasser in Küstennähe. Noch zwischen den 1970er und 1990er Jahren sind Seegraswiesen in der Nordsee auf ein Viertel zusammengeschrumpft, weil zu viele Düngemittel durch Elbe, Rhein und Weser ins offene Meer gelangten und die Menge an Nährstoffen dem Seegras nicht guttat.[83] Durch die Aufrüstung der Kläranlagen, Auflagen für die Landwirtschaft und andere Düngemittel konnten inzwischen allerdings die Phosphatmengen verringert werden. Das kam vor allem dem Nördlichen Wattenmeer zugute, dort haben sich die Flächen der Seegraswiesen ausgedehnt und sind laut Alfred-Wegener-Institut sogar größer als zuvor. An der Küste Niedersachsens und der Niederlande sind die Nährstofffrachten aus den Flüssen nach wie vor zu hoch.

Die meisten von uns dürften Seegras aus dem Urlaub kennen, vor allem aus der Ostsee oder aber dem Mittelmeer, wo die Pflanze den schönen Namen Neptungras trägt. Aber auch an den Küsten Afrikas, Asiens, Australiens und Amerikas kommen Seegraswiesen vor. Als junges Mädchen fand ich die Wiesen unter Wasser immer ein bisschen unheimlich: Da wurde es plötzlich dunkel am Meeresgrund, und ich bekam eine diffuse Angst vor dem, was dort wohnen und mich in den Zeh beißen könnte. Auf die glitschigen Blätter treten? Lieber nicht. An Land wiederum nervte das abgestorbene Gras, weil es unangenehm roch und Fliegen und Möwen anzog.

Aber seit ich schnorchele, sehe ich die Wiesen mit anderen Augen. Wenn die Strahlen bis auf den Meeresboden scheinen und die Gräser sich im Wasser wie in Trance hin und her wiegen, haben sie etwas Magisches, Geheimnisvolles, Einladendes an sich. Auch als Meeresbiologin muss ich ganz entschieden eine Lanze für sie brechen, denn Seegraswiesen gelten zu Recht als grüne Lungen der Meere. Sie sind die unterschätzten Mitglieder im Club der Klimaretter. Wenn man sie als lästiges, stinkendes und den Strand verschmutzendes Gestrüpp ansieht, ist das in etwa so, als spazierte man durch den Wald und sagte: Das herabgefallene Laub stört mich.

Seegras ist eine hochentwickelte Pflanze, die einst ein Landbewohner war und ins Wasser zurückgekehrt ist. Nun schlägt sie im Meer ihre Wurzeln, blüht und bildet Samen. Was an Land Bienen leisten, übernimmt im Wasser die Strömung, indem sie die Pollenkörner befördert.

Wie seine Verwandten an Land produziert auch Seegras Sauerstoff, jeden Tag bis zu 14 Liter. Vor allem aber bindet es ein Vielfaches an Kohlendioxid. Der größte Teil des Kohlenstoffs, den Seegräser aufnehmen, landet im umgebenden Boden, in dem abgestorbene Pflanzenteile nach und nach von Sediment überdeckt werden. In manchen Küstenregionen sind die Depots zum Teil zehn Meter dick.

Seegraswiesen entfernen große Mengen des Treibhausgases aus der Atmosphäre – langfristig. Eine ein Hektar große Seegraswiese speichert dieselbe Menge an Kohlendioxid wie ein circa zehn Hektar großes Waldgebiet! Der gespeicherte Anteil wird auf bis zu 83 Millionen Tonnen Kohlenstoff pro Jahr geschätzt, das entspricht den jährlichen CO_2-Emissionen aller Autos in Italien und Frankreich.[84]

Durch das Festhalten des Sediments fungieren auch Seegraswiesen als Strukturbildner unter Wasser – wie wichtig Halt für den Boden ist, habe ich schon erwähnt. Sie wirken außerdem wie ein natürlicher Filter, in dem sie Nährstoffe und, in Maßen, Schadstoffe absorbieren. Dass das Wasser rund um die Mittelmeerküsten meist so kristallklar ist, ist das große Verdienst der Neptungraswiesen.

Sauber, schützend und sauerstoffreich – da möchte man wohnen. Kaum verwunderlich also, dass sich in ihrer Umgebung eine ganze Reihe von Meeresbewohnern aufhalten. Seegraswiesen sind direkter Weidegrund für Schildkröten oder vom Aussterben bedrohte Dugongs, gemütlich grasende Seekühe. Tintenfische wuseln farblich angepasst durchs Grasdickicht, Seepferdchen und Seegurken schmiegen sich in die sanft wiegenden Blätter. Fische laichen bevorzugt in den Wiesen, da ihr Nachwuchs hier weniger Gefahr läuft, von der Strömung weggetragen oder gefressen zu werden.

In der Ostsee sind Seegraswiesen für den Dorsch von großer Bedeutung. Der beliebte Speisefisch ist stark überfischt, und das überdüngte und zu warme Wasser setzt ihm zu. Im Seegras findet er sauerstoffreicheres Wasser und seine liebste Nahrung: die Eier von kleinen Fischen wie Stichlingen oder Heringen, die selbst kleine Schnecken, Flohkrebse und Muscheln schnabulieren, die wiederum quasi das Reinigungspersonal des Seegrases sind und es von Mikroalgen befreien.

Selbst die abgestorbenen Teile des Seegrases sind nicht nutzlos: Am Strand mögen sie wenig angenehm für Auge und Nase sein, aber die Laubhaufen bilden einen natürlichen Schutz der Strände und verhindern, dass Wind und Wellen zu viel Sand abtragen.

Ein Seestern hat es sich im Seegras gemütlich gemacht.

In der Natur ist nichts unnütz: selbst die Blattgerippe des Neptungrases nicht, die, von Wellen und Wasser geformt, als filzige Bälle an Land gespült werden. Lange Zeit wurden sie schlicht weggeworfen – bis ein Erfinder und Architekt aus Deutschland feststellte, dass die Bälle nicht entflammbar und resistent gegen Schimmel sind und überschüssige Feuchtigkeit aufnehmen. Heute verkauft er die Neptunbälle erfolgreich als Hausdämmung.

Selbst die Teile des Seegrases, die nicht an die Küste angeschwemmt werden, sondern ins offene Meer getrieben werden, haben eine wichtige Funktion: Sie tragen Nährstoffe bis in die Tiefsee ein.

Den Seegraswiesen in der Nordsee geht es in einigen Arealen wie erwähnt besser, weltweit sieht es leider anders aus. Laut Roter Liste der Weltnaturschutzunion (IUCN) schrumpft die Seegrasbedeckung um 1,5 Prozent pro Jahr, vorsichtig geschätzt. Ein Drittel der globalen Bestände ist vermutlich bisher verschwunden. Damit gehören die Wiesen neben Korallenriffen, den Mangrovenwäldern und den tropischen Regenwäldern zu den am stärksten bedrohten Ökosystemen der Erde.

Das liegt vor allem daran, dass die Küstenregionen zu den am dichtesten besiedelten Gebieten der Erde gehören: 45 Prozent der Weltbevölkerung leben auf fünf Prozent der Landfläche in Küstennähe und setzen die Ökosysteme in dieser Gegend mächtig unter Druck. Dazu kommt intensive Fischerei mit bodenunfreundlichen Fanggeräten, die die Wiesen am Meeresgrund schlimmer als jeder Rasenmäher abraspeln. Die Aquakulturanlagen in Asien und Südamerika oder die Landwirtschaft in Ostsee- und Nordseenähe verursachen wiederum einen hohen Gehalt an Nähr- und Schwebstoffen im Küstenmeer, der die Seegraswiesen massiv schädigt. Durch die Überdüngung werden die Seegraswiesen mit Mikroalgen überwuchert, verfilzen und sterben schließlich durch den Lichtmangel ab.

Auf den Balearen, den Inseln Mallorca, Ibiza, Formentera und Menorca, herrscht ein ganz anderes Problem: Dort kann man sich als Urlauber eines der zehntausende Boote chartern, die in den Sommermonaten im seichten Küstengewässer vor Anker gehen – diese ziehen dann Furchen in die Neptunwiesen. Weil davon sehr große Bereiche betroffen waren, hat die balearische Inselregierung eine Schutzflotte eingesetzt, die den Bootsbesitzern nahelegt, doch bitte schön in sandigen Bereichen den Anker zu werfen. Damit soll vor allem das Gebiet rund um die balearische Inselgruppe der Pityusen, zu der auch Ibiza und Formentera gehören, geschützt werden. Zwischen ihnen wächst eine Neptungraswiese, die seit 1999 zum Weltnaturerbe zählt. Sie gehört vermutlich zu den ältesten Lebensräumen der Welt: Anhand der jährlichen Wachstumsrate wird das Alter der Wiesen auf bis zu 100 000 Jahre geschätzt. Der biblische Methusalem mit seinen 969 Jahren ist dagegen geradezu ein Jungspund.

So eine Wiese der Superlative gehört zu Recht geschützt, denn weniger Seegras bedeutet nicht nur weniger CO_2-Bindung, sondern auch weniger Sauerstoff, weniger Lebensraum für Jungtiere und damit weniger Fische. Von gesunden Seegraswiesen hängt also nicht nur das Leben vieler Tierarten ab, sondern auch der Lebensunterhalt vieler Menschen, vor allem in subtropischen Küstenregionen. Wie bei den Korallenriffen ist der Fisch, der in den Seegraswiesen groß wird, oft derjenige, der später in den Netzen landet.

Es gibt mittlerweile Bestrebungen, Seegraswiesen wiederaufzuforsten, sie gezielt anzupflanzen. Auf der ganzen Welt werden Versuche unternommen, Unterwasserplantagen anzulegen. Ein mühseliges Unterfangen, denn es ist schwierig, die Samen des Seegrases zu gewinnen, und die Schösslinge müssen von Tauchern per Hand eingepflanzt werden. Die Unterwasserwirtschaft wird noch ein bisschen Zeit benötigen, bis es funktioniert. Umso wichtiger ist es, die Wiesen dort zu schützen, wo sie noch vorhanden sind, und wie im Wattenmeer der Natur den Raum und die Ruhe zu geben, sich selbst zu regenerieren.

Mangroven: Wälder zwischen Meer und Land

Als ich 2014 in Mexiko war, hatte ich ein bisschen mehr Glück mit der Exkursion als meine indonesischen Kollegen bei ihrem Besuch des Wattenmeeres. In Puerto Morelas, einem relativ ruhigen Städtchen auf der Halbinsel Yucatán, führte der WWF einen Workshop durch, an dem Kollegen aus etwa zehn Ländern teilnahmen. Wir erarbeiteten Eckpunkte für ein Arbeitsprogramm, wie mit dem zunehmenden Massentourismus an den Küsten umgegangen werden sollte. Gerade in der Gegend rund um die «Riviera Maya» wurden viele große Urlaubsresorts gebaut. In der Touristenhochburg Tulum steht, Bestechung sei Dank, eine Bettenburg neben der nächsten an der Strandallee, obwohl viele Abschnitte eigentlich geschützt sind und nicht hätten bebaut werden dürfen, weil dort beispielsweise Schildkröten ihre Eier ablegen.[85] Auch für die lokale Bevölkerung sind die vielen All-Inclusive-Anlagen nicht gut, denn meist bleibt das Geld bei den (internationalen) Betreibern, während Einheimische zu Niedriglöhnen arbeiten. Das Gebiet wird von einigen wenigen ausgebeutet, die lokale Wirtschaft leidet. Weil diese Art des Tourismus auch zulasten des Meeres geht – es entsteht mehr Müll, dreckiges Abwasser, der Schiffsverkehr nimmt zu –, nahm ich an dem Workshop teil. Die Verantwortung für das Internationale Tourismusprogramm war damals ebenfalls in meinem Team angesiedelt, und so zählte es zu meinen Aufgaben, gemeinsam mit den Kollegen zu erarbeiten, wie und mit welchen Ansätzen wir zu einem naturverträglichen Tourismus kommen könnten.

Wie wir bemühen sich auch die Kollegen in Mexiko, ihren Gästen erfolgreiche Naturschutzprojekte zu zeigen. Und da wir in Seminarräumen ohne Fenster tagten, war ich eine der Ersten, die «Hier!» riefen, als eine Tour zu einem intakten Mangrovengebiet angeboten wurde. Zugegebenerweise vor allem auch deshalb, weil die Tour den schönen Titel trug: «Auf dem Rücken treibend durch die Mangroven».

Dafür fuhren wir ins Biosphärenreservat Sian Ka'an an der Ostküste

Ein intakter Mangrovengürtel

der Halbinsel Yucatán. In der Sprache der Maya-Völker, die dort einst lebten, bedeutet das: «Wo der Himmel geboren wurde». Ein wundervoller Name für einen wahrlich traumhaften Ort. Auch er ist von der UNESCO zum Weltnaturerbe erhoben worden, anders als das Wattenmeer allerdings schon 1987. In diesem Schutzgebiet befinden sich tropische Wälder, Palmensavannen, Sandstrände, Moore, karibische Lagunen – zum größten Teil aber Mangroven. Schon auf der Fahrt wurde ich mit visuellen Eindrücken bombardiert: Allein diese Blau- und Türkistöne, bei denen sich das Wasser einen Wettbewerb mit dem Himmel zu liefern schien! Dagegen nimmt sich mein geliebtes Wattenmeer zugegebenermaßen farblich recht bescheiden aus.

Unsere Tour startete von einem Steg aus, mitten in einem der verzweigten Kanäle der Mangroven, in denen eine seichte Strömung Richtung offenes Meer führte. Weil die Intensität der Sonnenstrahlen so hoch war, behielt ich meine Klamotten unter der Schwimmweste gleich an. Trotz Sonnenschutzfaktor 50 bekam ich einen ordentlichen Sonnenbrand auf Nase und Stirn – aber das war es wert. Ich trieb gemütlich rücklings durchs Wasser, mit Blick in den freien Himmel, während rechts und links die Mangrovenbäume standen, deren knorrige Wurzeln ins Wasser eintauchten. Nicht ein Lufthauch regte sich, ich fühlte mich wie in einem Vakuum. Keine Motorengeräusche störten das Plätschern des Wassers und das exotische Vogelgezwitscher. Ich hätte ewig durch die Kanäle schweben können.

Ein Mangrovenwald ist eine ganz eigene Welt, kaum zu vergleichen mit anderen Waldgebieten dieser Erde. Er wächst dort, wo die Bedingungen für gewöhnliche Bäume tödlich sind: in salzigem, warmem Wasser, unter sengender Sonne, dem Wechsel der Gezeiten ausgesetzt. Die Mangroven haben die einzigartige Fähigkeit entwickelt, Salzwasser in Süßwasser umzuwandeln. Über ihre Blätter «schwitzen» sie einen Teil des Salzes wieder aus oder werfen diese einfach ab, wenn der Salzgehalt irgendwann zu hoch ist. Durch sogenannte Atemwurzeln, die wie Venen aussehen oder wie überdimensionale Zahnstocher aus dem Wasser ragen, können die Mangroven auch bei regelmäßiger Überflutung atmen. Es gibt übrigens nicht nur die eine Mangrove – vielmehr ist das Wort ein Sammelbegriff für eine ganze Reihe immergrüner Sträucher und Bäume. Genau genommen haben sich 70 bis 80 Arten den Lebensbedingungen im Brackwasser angepasst. Nur mit einem braucht man den Überlebenskünstlern nicht zu kommen: Kälte. Bei einer Wassertemperatur von unter 23 Grad vermögen sie nicht zu wachsen, deswegen sind sie vor allem an den Küsten der Tropen anzutreffen.

Und wie sollte es auch anders sein, dieses einmalige Ökosystem ist prall gefüllt mit Leben. Weil das Dickicht zu undurchdringlich ist, habe ich davon leider nicht viel gesehen, aber hinter den ledrigen Blättern verstecken sich Tausende von Tieren, die sich auf drei biologische

Stockwerke verteilen. Die Baumkronen bilden die oberste Etage, der mittlere Bereich ist die Gezeitenzone und die tiefste, riffartige, die, die niemals trocken wird, die Unterwasserzone.

In den obersten Etagen, im dichten Gestrüpp, regieren die Vögel, die von dort aus auf Fischjagd gehen. Affen und Eidechsen klettern flink durchs Geäst, Faultiere verdösen hier ihren Tag, Schlangen warten auf vorbeikletternde Beute.

In der Gezeitenzone wimmelt es von Insekten, Krebsen, Fröschen und Echsen, und kuriose Wesen wie der Schlammspringer haben hier ihre Nische gefunden. Der Schlammspringer ist ein Fisch, der die meiste Zeit außerhalb des Wassers lebt, indem er im Maul und in den Kiemen Wasser speichert, um zu «atmen». Außerdem treiben sich in dieser Zone ein paar gefährliche, höchst faszinierende Raubtiere herum: Anakondas, Jaguare und Krokodile. Zum Glück eher in den Mangrovenwäldern Südamerikas, Floridas und Australiens, sonst wäre ich kaum so entspannt durch die Kanäle geschwommen. In den Sundarbans von Indien und Bangladesch, die zu den größten Mangrovenwäldern der Erde gehören, war einst der Bengaltiger der unumstrittene Chef. Leider gibt es nur noch wenige Exemplare, die auf der Jagd nach Axishirschen oder Wildschweinen durch Wälder pirschen – aber seine Ausrottung ist ein anderes Thema.

Das dichteste Leben herrscht in der dauerüberfluteten Zone, unter Wasser. Ich konnte im glasklaren Wasser Krebse und Muscheln sehen, wie glitzernde Wolken zogen Schwärme von winzigen Fischen an mir vorbei. Muscheln, Anemonen, Schwämme und Algen halten sich an den Wurzeln der Mangroven fest – die auch für Fische, Krabben und Langusten nicht nur als Speisekammer dienen, sondern auch als Versteck vor gefräßigen Feinden. Das Unterwasserwurzelreich ist darüber hinaus eine sichere Kinderstube für größere Fischarten, bevor sie sich ins offene Meer aufmachen.

Für Klimaschützer ist spannend, was sich im Wurzelgeflecht und in den schlammigen Bodenschichten darunter tut, die bis zu zehn Meter in die Tiefe gehen können. Ein Forscherteam vom US-amerikanischen

Wald auf Stelzen: Mangroven wachsen zwischen Meer und Küste.

Forest Service (USDA) hat vor ein paar Jahren 25 Mangrovenwälder im indopazifischen Raum genauer untersucht und herausgefunden, dass 1000 Tonnen an Treibhausgas pro Hektar tief im Erdboden unter dem Wasser stecken. Wieder lohnt der Vergleich, um die Dimensionen einschätzen zu können: Regenwald speichert etwa 200 Tonnen pro Hektar, heimischer Wald 13 Tonnen. Das CO_2, das so gebunden wird, verbleibt jahrhundertelang in den weichen Böden – sofern der Mangrovenwald nicht abgeholzt wird. Doch das wird er zunehmend. Kein Waldöko-system schrumpft gerade schneller als der Mangrovenwald. Ein trauri-ger Rekord, bei dem selbst die Regenwälder an Geschwindigkeit nicht mithalten. Natürlich ist die Rodung so oder so schlecht – wobei die Mangrovenwälder gerade mal ein Prozent der Fläche des Regenwaldes einnehmen. In den vergangenen 50 Jahren wurden 30 bis 50 Prozent der weltweiten Mangrovenbestände zerstört, vor allem in Indien, auf den Philippinen und in Puerto Rico. Das liegt vor allem daran, dass der Mensch sich dort, wo die Mangroven wachsen, am liebsten ausbrei-tet und sein Auskommen sucht. Städte, Dörfer und Neuansiedlungen brauchen Platz. Von den 20 Megastädten mit mehr als zehn Millionen Einwohnern liegen 13 am Meer. Weil die Menschen Arbeit und Essen brauchen, werden Ackerflächen benötigt, insbesondere für Soja- und Palmölplantagen und Reisfelder. Und weil die tropischen Küsten im-mer beliebtere Reiseziele werden, müssen die Mangroven zusätzlich noch Ferienanlagen weichen.

In den letzten 30 Jahren wurden außerdem riesige Flächen zuguns-ten der Shrimpzucht gerodet und die Nachfrage nach möglichst kosten-günstigen Garnelen steigt noch immer. Leider mögen die Garnelen das gleiche warme Meerwasser, in dem sich auch die Mangroven wohlfühlen. Abertausende Hektar wurden in Brasilien, Thailand, Indonesien, In-dien oder auf den Philippinen für den Bau von Zuchtanlagen vernichtet. Besonders schlimm dabei: Die gerodeten Flächen waren nach nur we-nigen Jahren so verseucht durch die vielen Düngemittel, Pestizide und Antibiotika, dass sie teilweise bis heute nicht mehr nutzbar sind.[86] Wo sich einst die produktivsten, artenreichsten und anpassungsfähigsten Ökosysteme der Welt befanden, gibt es heute nur noch unfruchtbare Landstriche – während ein paar Kilometer weiter die nächsten Bäume für die nächste Aquakulturanlage gefällt werden. Aber wer ahnt das schon, wenn er Shrimps im Salat, auf der Pizza oder in der Pasta isst?

Der Verlust der Mangroven hat dramatische Folgen für Mensch und Natur. Seit Jahrtausenden leisten sie unbezahlbare Dienste: 3000 Fischarten wachsen im Wurzelgeflecht der Mangroven auf. Ohne Bäume also keine Fischerei – die Ernährungs- und Einkommensgrundlage vieler Küstenbewohner geht verloren.

Die Bäume liefern aber nicht nur Fische und andere Meerestiere, sondern auch Honig, Algen, Früchte, Salz und Blätter für Tierfutter. Das Holz wird schon seit Jahrhunderten zum Kochen und Heizen genutzt. Doch wie soll man Menschen, davon überzeugen, dass sie damit aufhören sollen, wenn es für sie keine Alternative gibt? Auf Madagaskar unterstützen wir deswegen Projekte, in denen vermittelt wird, wie man verbrauchsarme Öfen herstellt, um das wertvolle Holz zumindest sparsamer verwenden zu können.

So wie die Seegras-, Salzwiesen und Korallenriffe sind auch die Mangroven Küstenschützer. Die Wälder reichen bis zu 30 Kilometer ins Landesinnere und bilden so die perfekte Barriere gegen Sturmfluten und Überschwemmungen. Mangroven absorbieren die Kraft des Windes, ihre Wurzeln brechen die Wellen. Schon ein 1500 Meter breiter Mangrovenwald lässt eine Ein-Meter-Welle auf nur noch fünf Zentimeter schrumpfen.[87] Belize City in Belize, Bangladesch, Thailands Ostküste: Die meisten Todesopfer durch Fluten, Hurrikane oder den Tsunami im Dezember 2004 gab es genau dort, wo zuvor Mangrovenwälder gerodet wurden, um Reisfeldern, der Aquazucht oder Hotelresorts Platz zu machen.[88]

Was genau passiert, wenn man die Mangroven einfach rodet, hat eine Journalistin von «Geo» berichtet, die die Ökologin Ilka Feller auf ihren Forschungstouren im karibischen Belize begleitete: Die Wissenschaftlerin markierte Bäume auf zwei kleinen Mangroveninseln namens Twin Cays, um sie zu untersuchen. Nach und nach wurden diese Bäume allerdings abgeholzt: Ein ambitionierter Investor wollte eine Hotelanlage auf den Inseln bauen. Sein Plan ging nicht auf, denn ohne das Wurzelwerk der Bäume gab es kein Halten mehr für Schlick und Sand, gnadenlos wurden sie von der Gezeitenströmung abgetragen – 30 Meter sind dem Meer schon zum Opfer gefallen.

Viele Länder haben die Bedeutung der Mangrovenwälder inzwischen erkannt. Es gibt Aufforstungsprojekte, zum Beispiel in Pakistan,

Indien, Thailand, Madagaskar, Tansania und auf den Philippinen. Verschiedene Strategien sollen helfen, Mangrovenwälder nachhaltig zu nutzen, ohne sie in ihrem Bestand zu gefährden. Umweltverträgliche Formen der Garnelenzucht oder der Fischerei stehen an oberster Stelle, aber auch das Einrichten von Schutzzonen. Diese müssen streng kontrolliert werden, denn es kommt sehr häufig zu illegalen Rodungen, um eben wieder ein neues Hotel zu errichten – die Korruption ist vielerorts groß.

ICH WIR

Für uns zu Hause gilt es, die nächste Reise in tropische Gebiete zu hinterfragen, um nicht auf Kosten wertvoller Ökosysteme Urlaub zu machen – sich also gut zu informieren und für einen nachhaltigen Anbieter zu entscheiden. Genauso kann jeder Konsument bewusst nachhaltig produzierte Bio-Shrimps einkaufen, um für den Erhalt der Mangroven einzustehen.

Moore:
Die schlucken so richtig was weg

Den größten Imagewandel unter den Ökosystemen hat das Moor vollzogen. Es gehört zwar nicht zu meinem Arbeitsbereich, darf aber trotzdem nicht unerwähnt bleiben.

Als Kind und Jugendliche fand ich Geschichten über Moore herrlich gruselig. Da gingen angeblich Geister um, lockten Irrlichter Wanderer im Nebel an grundlose Stellen, an denen sie dann versanken und qualvoll starben. Sherlock Holmes' dritter Fall «Der Hund von Baskerville» spielte im englischen Dartmoor, in Michael Endes «Die unendliche Geschichte» versank Atrejus Pferd in den Mooren der Traurigkeit, und im Museum scharen wir uns um die Schaukästen, in denen konservierte Moorleichen liegen. Jahrhundertelang wurden Moorlandschaften als reines Ödland abgetan, und es galt regelrecht als Tugend, sie trockenzulegen, um die Flächen landwirtschaftlich nutzbar zu machen oder Bau- und Brennmaterial zu gewinnen.

So verschwanden Moore langsam aus den Köpfen, aber vor allem von der Bildfläche. Allein in Deutschland sind über 90 Prozent der Moore nach Angaben des Bundesamtes für Naturschutz entwässert. Das war leider alles andere als eine gute Idee, wie sich nun herausstellt – mit der Trockenlegung haben wir uns in Zeiten der Klimaerhitzung selbst ein Bein gestellt. Heute ist nämlich klar, dass durch die Zerstörung der Moore nicht nur viele Tier- und Pflanzenarten auf der Strecke geblieben sind, sondern uns auch ein gigantischer Helfer in Sachen CO_2-Speicherung abhandengekommen ist. Weil die abgestorbenen Pflanzenteile im Matsch konserviert werden, können sie sich nicht zu Kohlendioxid zersetzen und verbleiben dort ewig. In einem Hektar Moor mit einer 15 Zentimeter dicken Torfschicht findet sich in etwa so viel Kohlenstoff wie in einem 100-jährigen Wald auf gleicher Fläche. Hochgerechnet hat das einmal der Naturschutzbund NABU: Obwohl sie nur drei Prozent der Erdoberfläche bedecken, speichern Moore weltweit doppelt so viel CO_2 wie alle Wälder der ganzen Erde zusammengenommen. Jeder Hektar geschütztes Moor spart jährlich rund neun Tonnen CO_2 ein, nah dran an dem, was jeder von uns im Durchschnitt pro Jahr verursacht.

Moore sind von zentraler Bedeutung für die Klimapolitik. Auch die Bundesregierung hat begriffen, wie wichtig Moore im Kampf gegen die Erderhitzung sind und will sie für das Einhalten der Klimaziele nutzen. Der Schutz von Moorböden ist eine Maßnahme im «Aktionsprogramm Klimaschutz 2020» und im «Klimaschutzplan 2050» der Bundesregierung geworden. Moore sollen geschützt und trockengelegte Moore vorsichtig wieder vernässt werden. Das ist erfreulich und clever, denn der Aufwand und die Kosten sind im Vergleich zu anderen Maßnahmen im Kampf gegen die Erderhitzung vergleichsweise gering.

Absurd, dass Moore anderenorts weiterhin ungebremst trockengelegt werden. In Indonesien existieren große Torfwälder, die in rasantem Tempo für Palmölplantagen vernichtet werden. In Russland, wo sich ein Drittel der globalen Moorfläche befindet, sind immerhin noch 65 Prozent intakt – doch auch dort werden die Flächen immer schneller künstlich entwässert, um sie industriell zu nutzen. Bei uns in Niedersachsen besteht noch immer eine aktive Torfindustrie: Jährlich werden rund 6,5 Millionen Kubikmeter Torf abgebaut. Weil die Nachfrage an Blumen- und Gartenerde für den industriellen Gartenbau, aber auch für unsere Gärten und Blumenkästen so groß ist, wird sogar noch zusätzlich Torf aus dem Baltikum importiert. Zu wenige Menschen wissen um die Bedeutung der Moore. In der Klimadebatte wird viel über Massentierhaltung, Pestizide oder Bienensterben diskutiert, wenn es um den Anteil der Landwirtschaft an der Klimakrise geht. Den Ruf «Rettet die Moore» hört man nicht. Es ist wichtig, dass auch in der Bevölkerung anerkannt wird, welche Wunderwaffe Moore sein können.

Vom Helfer zum Brandbeschleuniger

Leider hat die Zerstörung der von mir geschilderten Ökosysteme noch einen weiteren Nebeneffekt: Aus den einst hilfreichen CO_2-Senkern werden Klimakiller. Eigentlich ganz logisch – werden sie vernichtet, können sie nicht nur kein weiteres Kohlendioxid mehr aufnehmen, sondern lassen CO_2, das sie und der Erdboden bisher gespeichert haben, frei und werden somit selbst Quellen für Treibhausgas: eine Milliarde Tonnen CO_2 gelangen dadurch jährlich in die Atmosphäre.

Wird einem Moor beispielsweise das Wasser entzogen, trocknen die Torfkörper aus. Das Moor kann kein Wasser mehr speichern oder zurückhalten, Unmengen an Kohlendioxid werden freigesetzt. Die vielen mittlerweile trockengelegten Moore sind für geschätzt zwei bis fünf Prozent der CO_2-Emissionen in Deutschland verantwortlich – und das ist leider weit mehr, als alle Windräder in Deutschland einzusparen vermögen.[89] Im weltweiten Vergleich verursacht die EU zusammen mit Indonesien, Russland, China und den USA die größten Treibhausgasemissionen durch die Zerstörung von Moorgebieten.[90]

Wir haben also allen Grund, diese Ökosysteme zu erhalten, zu schätzen und zu schützen, denn nur, wenn sie gesund sind, sind sie in der Lage, CO_2-Fallen zu sein.

Emissionen zu reduzieren und gleichzeitig auf Nature-based Solutions gegen die Klimakrise zurückzugreifen, ist weise.

Investitionen in ihre Erhaltung lohnen sich. Der ökonomische Schaden eines verlorengegangenen Systems ist hingegen immens: Wenn ein Sturm ungebremst auf eine Küste prallt, weil Mangroven abgeholzt, Salzwiesen trockengelegt wurden, dann gehen die Schäden schnell in Milliardenhöhe und kosten viele Menschen das Leben. Dazu entstehen Emissionen, die die Klimakrise noch beschleunigen. Klima- und Biodiversitätsschutz gehen hier Hand in Hand.

Meeresschutz – leider nur auf dem Papier

Wie bereits erwähnt, spielen Schutzzonen beim Kampf gegen die Zwillingskrisen eine tragende Rolle. Nur wenn der Mensch nicht oder naturverträglich in ein Ökosystem eingreift, kann es sich erholen – gesunde Naturhaushalte sind widerstandsfähig. Man nennt das Resilienz. Mit diesem Begriff, der zurzeit im Bereich der Psychologie in aller Munde ist, ist die Fähigkeit gemeint, schwierige Lebenssituationen ohne anhaltende Beeinträchtigungen zu überstehen. Auf uns Menschen bezogen kann das bedeuten: Hat man in der Kindheit stärkende und vertrauensvolle Bindungen zu Vertrauenspersonen gehabt, die einem beim Bewältigen erster Krisen zur Seite standen, kann man als Erwachsener Veränderungen oder schwierige Situationen wie Trennung, Kündigung oder Ähnliches besser überstehen. Oder: Ist unser Körper gesund und unser Immunsystem gestärkt durch ausreichend Bewegung und ausgewogene Kost, kann er Krankheiten wie eine Grippe besser wegstecken.

In der Natur ist ein System resilient, wenn zahlreiche Tiere und Pflanzen darin vorkommen, die unterschiedlich sind, aber ähnliche Funktionen haben, es also eine hohe Biodiversität aufweist und so zum Beispiel widerstandsfähiger gegen veränderte pH-Werte oder steigende Wassertemperaturen ist. Wirken von außen allerdings zu viele schädliche Komponenten oder sogenannte Stressoren ein, wird ein System schwächer und ist weniger resilient gegen die Auswirkungen der Klimakrise. Wir brauchen aber eine Natur, die ihre Funktionen und Prozesse auch unter starken Belastungen aufrechterhalten oder sich den veränderten Umständen durch die Klimakrise anpassen kann.

Schifffahrt, Überfischung, die Entnahme von Bodenschätzen oder Verschmutzungen haben immense Auswirkungen auf die Meeresumwelt. Das Fazit ist daher erschreckend einfach: Wenn man weiß, dass etwas schlecht ist, sollte man es abstellen, abmildern oder auf einen Teil der Fläche eindämmen. Doch bis jetzt leistet gerade die Fischerei-Industrie überall auf der Welt Widerstand gegen Schutzgebiete, obwohl wir wissen, dass der schon erwähnte Spillover-Effekt nicht nur die Fischbestände gesunden ließe, sondern auch den Ertrag steigern würde. Die größte Wirkung zum Wohle der Natur entfalten Gebiete, die frei von Nutzung sind. Davon profitieren auch Küstenschutz, Fischerei und Tourismus.

Die Crux: Aktuell stehen lediglich sieben Prozent der globalen Meeresfläche unter Schutz – und das auch nur auf dem Papier. Bis zum Jahr 2020 hatte sich die internationale Staatengemeinschaft zum Ziel gesetzt, mindestens zehn Prozent der Weltozeane als Meeresschutzgebiete auszuweisen. Immerhin: In der EU sind es inzwischen sogar mehr als 12 Prozent.

Was sich auf dem Papier erst mal gut anhört, hat mehrere Haken: Zum einen, siehe oben: Zehn Prozent sind viel zu wenig. Mehr als

30 Prozent müssten geschützt werden – und zwar so schnell es geht. Zum anderen: Elf EU-Mitgliedstaaten haben bis dato überhaupt noch keine Managementpläne für ihre marinen Schutzgebiete vorgelegt.[91] Wie aber soll ich etwas schützen, wenn ich keine genauen Maßnahmen und Regeln dafür festlege, an die sich jeder zu halten hat?

Immerhin ist Deutschland im Mai 2020 der «Global Ocean Alliance» beigetreten, einem Bündnis von Staaten, die sich auf der internationalen politischen Bühne für die Ausweitung von Schutzzonen einsetzen.

Es wäre wünschenswert, wenn daraus auch Taten erwachsen würden, denn im deutschen Meeresschutz klaffen nach wie vor Anspruch und Wirklichkeit weit auseinander. Gucken wir nur mal zur Nord- und Ostsee. Zwar sind große Teile des Wattenmeers bereits seit 35 Jahren dank des Engagements vieler Organisationen geschützt. Dort jedoch, wo das Meer eine Tiefe von 20 Metern erreicht, sieht es leider anders aus: Im Mai 2020 ist ein Bericht der Bundesregierung zur «Lage der Natur in Deutschland» erschienen. Er enthält unter anderem besorgniserregende Zahlen über den Rückgang vieler Vogelpopulationen und zieht das niederschmetternde Fazit, dass die gesamte Natur in Deutschland in einem schlechten Zustand ist. Auch im Kapitel über die Meere und Küsten wird ein katastrophales Urteil gefällt: Im marinen Bereich seien die zahlreichen Belastungen anhaltend hoch, resultierend aus Fischerei, dem Ausbau der Windenergie, der Berufsschifffahrt, dem Abbau von Sand und Kies und der Beseitigung militärischer Altlasten. Viele Lebensräume seien in einem ungünstigen Zustand, heißt es weiter. Man müsse «weiterhin an der Verbesserung der Lebensbedingungen» arbeiten, um die «Schutzgüter in günstige Erhaltungszustände zu bringen.»[92]

Das «Weiterhin» empfinde ich als Farce, denn Deutschland hat sich nicht mit Ruhm bekleckert, was den Schutz der Nord- und Ostsee betrifft – meiner Meinung nach, weil es komplett an politischem Willen fehlt. Dabei begann es durchaus vielversprechend: 2004 deklarierte Deutschland zehn Gebiete in Nord- und Ostsee als Schutzzonen und meldete diese an die EU. Damit folgte man der EU-Umweltgesetzgebung, die besagt, dass alle Mitgliedsstaaten dazu verpflichtet seien, gefährdete Arten von Pflanzen, Tieren und Lebensräumen zu schützen. Die so begründeten Naturschutzgebiete bilden das «Natura-2000»-Netz, das Europa überzieht. Drei Jahre später, also 2007, wurde dem Antrag durch die EU stattgegeben. So weit, so gut. Nun hätte das Papier in die Praxis umgesetzt werden müssen: Ganze sechs Jahre Zeit hätte Deutschland dafür gehabt, um für die gemeldeten Gebiete Regelungen aufzustellen – so sieht es die EU-Gesetzgebung vor. Doch es passierte: nichts. Erst als die EU 2015 ein Vertragsverletzungsverfahren gegen Deutschland einleitete, kam politisch Bewegung in die Sache – weil am Ende eines solchen Verfahrens millionenhohe Geldstrafen drohen. Das war der Anreiz, die seit Jahren blockierenden Streitigkeiten der beteiligten Ministerien aus den Bereichen Verkehr, Landwirtschaft (wozu Fischerei gehört), Forschung und Wirtschaft mit dem verantwortlichen Umweltministerium mehr oder weniger beizulegen, zumindest für die Nordsee. Für die Ostsee laufen weiterhin die Verhandlungen.

Das bedeutet: Bis heute gibt es in der Nord- und Ostsee keine ausreichenden Schutzmaßnahmen. Fischerei ist beispielsweise noch immer fast uneingeschränkt erlaubt, obwohl so viele Bereiche durch Fischereigeräte zerstört werden. Immer noch werden tote Schweinswale an die Ostseestrände gespült, die nachweislich in Netzen ertrunken sind. Arten wie Katzenhaie, Rochen oder Seepferdchen sind aus dem Wattenmeer praktisch verschwunden. Schleppnetzfischerei, Ölförderung auf der Mittelplate in Schleswig-Holstein, die Verbauung und Vertiefung der Zuflüsse bzw. Flussmündungen und Sand- und Kiesabbau finden noch immer statt, und es fließen weiterhin viel zu viele Nährstoffe ins Meer.

16 Jahre politisches Gerangel, 16 vergeudete Jahre, die wichtig gewesen wären, um einen besseren Umweltzustand zu erreichen. Leider müssen wir nun noch länger warten, bis schädliche Fischerei endlich aus den deutschen Schutzgebieten verschwindet, denn über die vergeudeten Jahre haben sich Gesetze verändert, das heißt, neue Prozesse und Abstimmungen müssen durchgeführt werden – weitere, jahrelange Verzögerungen sind da vorprogrammiert.

Deutschland steht mit seinem Versagen nicht alleine da: Weltweit gibt es eine Vielzahl an Abkommen zum Meeresschutz. Einige funktionieren, viele andere scheiterten – an fehlender technischer Ausstattung, den Interessen von Lobbyverbänden, mangelnder Kontrolle und insgesamt am nicht vorhandenen politischen Willen, den Worten auch Taten folgen zu lassen. Wir müssen am Ball bleiben, damit die Wichtigkeit der küstennahen Meeresgebiete erkannt wird.

Schutzbedürftig, das habe ich im Kapitel über die Fischerei schon ausgeführt, ist aber auch die Hohe See, jene Teile der Weltmeere, die – anders als die Küstengebiete in der 200-Seemeilen-Zone – nicht der Rechtsprechung einzelner Länder unterliegen. Bis jetzt ist hier erst rund ein Prozent geschützt – dabei bedeckt sie fast die Hälfte der Erdoberfläche. Ein großes Netzwerk an Schutzgebieten wäre aber wichtig, um die hohe biologische Vielfalt zu bewahren.

Im Grunde braucht es einen globalen Ozeanvertrag, an den sich alle Nationen rechtsverbindlich halten müssen. Neben den vielen Tiefseebergen würden dabei auch Wanderrouten von Walen, Haien, Thunfischen berücksichtigt. Und auch vor industrieller Ausbeutung durch Fischerei, Ölbohrungen oder dem geplanten Tiefseebergbau muss die Hohe See dringend geschützt werden.

Aktuell gibt es Verhandlungen dazu auf Ebene der Vereinten Nationen. Angesicht der Corona-Pandemie wurden Treffen auf 2021 verschoben. Wir alle sind gespannt, wie weit die Einsicht der Weltgemeinschaft dann sein wird.

Wie tief wollen wir sinken?

Auf dem Boden der Tiefsee befinden sich wertvolle Rohstoffe. Diese sollen schon bald abgetragen werden – ohne Rücksicht auf das fragile Ökosystem

Wir lieben unser Smartphone. Genau zwei Jahre. Dann erlischt unsere Liebe abrupt – zugunsten eines neueren Modells. Weil uns die Werbung suggeriert, ohne die neuesten Funktionen nicht mehr up to date zu sein, oder weil die gängigen Apps auf dem älteren Modell nicht mehr laufen oder es gänzlich seinen Geist aufgibt und nur teuer oder gar nicht zu reparieren ist. Für Letzteres gibt es sogar einen eigenen Begriff: «geplante Obsoleszenz». Er bedeutet nichts weniger, als dass das Kaputtgehen der Geräte von Anfang eingeplant ist, damit die Konsumenten immer wieder neue Modelle kaufen. Auch bei anderen Elektrogeräten hat sich die Verwendungsdauer eklatant verkürzt: Haben wir Röhrenfernseher noch über zwölf Jahre genutzt, sind es bei Flatscreengeräten nur noch gute fünfeinhalb Jahre; selbst eine Waschmaschine kommt im Schnitt nur noch auf kurze fünf Jahre Lebenszeit.

Was wir dabei völlig außer Acht lassen, ist, wie viel Energie, Wasser und im schlimmsten Fall Kinderarbeit in den Geräten stecken. Die meisten elektronischen Geräte enthalten wertvolle Rohstoffe und Edelmetalle wie Gold, Kupfer, Platin – allein in einem Handy befinden sich 30 verschiedene Metalle und sogenannte Seltene Erden. Ihre Gewinnung und Herstellung ist aufwendig und findet unter harten Arbeitsbedingungen statt.

Und da diese Rohstoffe mit der Zeit immer knapper werden, schaut man sich nach alternativen Quellen um – und man ist fündig geworden: im Meer, genauer gesagt, in der Tiefsee.

In Tausenden Metern Tiefe existieren drei mineralische Rohstoffquellen: Kobaltkrusten, Massivsulfide und Manganknollen. Kobaltkrusten finden sich an den Hängen der Seeberge und sind mit ihnen fest verwachsen. Sie enthalten Mangan, Eisen, Kobalt, Platin und Tellur. Massivsulfide sind Schichten von schwefelhaltigen Metallerzen, die sich an sogenannten schwarzen Rauchern bilden. Durch diese «Schornsteine» tritt bis zu 400 Grad heißes Wasser aus, das Erze aus dem Meeresboden wäscht, die sich um die heißen Quellen herum ablagern. In den Ablagerungen kommen Edelmetalle wie Gold und Silber vor, aber auch andere Metalle, darunter Kupfer, Zink, Platin und Blei. An einigen Stellen wiederum ist der Meeresboden übersät mit Millionen Tonnen von sogenannten Manganknollen. In etwa so groß wie Kartoffeln, haben sie sich vor Jahrmillionen um abgestorbene Kleinstlebewesen oder deren Körperreste gebildet, wie zum Beispiel um Haifischzähne. Ein bisschen wie eine Perle in der Auster, nur wesentlich größer und pechschwarz, aber genauso wertvoll. Die Schichten der Manganknollen bestehen nämlich neben Metallen wie Mangan und Eisen aus weiteren begehrten Elementen – Kupfer, Kobalt, Nickel, Lithium, Gold, Silber, Titan und Seltenen Erden. Ein Schatz für die Industrie, braucht sie doch genau diese Rohstoffe für eine Vielzahl der heutigen Hightech-Geräte – für Smartphones, Satelliten, Glasfaserkabel, aber auch für Speicherbatterien für Elektroautos und Windräder.

Das weckt Begierden, denn es geht um jede Menge Geld. In den letzten zehn Jahren hat ein regelrechtes Wettrennen um die Verteilung der unterseeischen Gebiete eingesetzt. Damit sich nicht jede Nation bzw. einzelne Firmen an dem Meeresreichtum, unserem «Erbe der Menschheit», frei bedienen kann, vergibt die Internationale Meeresbodenbehörde (ISA – International Seabed Authority) der Vereinten Nationen Lizenzen für Erkundung und probeweisen Abbau – und zwar an Regierungen, nicht an Unternehmen. Die Regierungen übertragen die Rechte dann weiter – an wen, liegt in ihrer Hand. 29 sogenannte Explorationslizenzen sind bereits vergeben, an Staaten der EU, an China, Russland und Japan. 17 davon betreffen Manganknollenfelder in der Clarion-

Clipperton-Bruchzone, einer Region im Indischen Ozean südöstlich von Madagaskar. Auch Deutschland ist dort auf Schatzsuche und hat sich zwei Lizenzen gesichert.

Die Ausbeutung soll schon bald starten, hoffen Firmen. 200 bis 300 Quadratkilometer wollen sie künftig im Jahr abtragen – pro Gebiet. Grundsätzlich sind die technischen Herausforderungen für den Tiefseebergbau sehr groß: Es ist dunkel, der Druck hoch, die Temperaturen sind niedrig und die erforderliche Technik somit sehr teuer. Doch wenn der Weltmarktpreis für knappe Ressourcen steigt, wird sich das finanziell lohnen.

In der Praxis ist das Wort Tiefseebergbau übrigens irreführend: Anders als beim Bergbau an Land werden keine Löcher gebohrt oder Schächte ausgehoben, sondern der Meeresboden wird schlichtweg umgepflügt, abgekratzt oder weggehobelt. Wenn man sich die Maschinen anschaut, wird klar: Das wird brachial. Bis zu 17 Meter lang und sieben Meter hoch, wühlen sie den Meeresboden auf, um die Knollen abzusaugen und dann an die Meeresoberfläche zu pumpen. Die panzergleichen Geräte erzeugen Lärm, Licht und Vibrationen in sonst ruhigen und dunklen Regionen. Vor allem wirbeln sie jede Menge Sedimentpartikel auf, sodass riesige Trübewolken entstehen, die wie Asche zurück zu Boden «regnen» und die zahlreichen, meist noch unerfassten Lebewesen (schätzungsweise sind gerade einmal fünf Prozent der Tiefsee erforscht), die dort leben, ersticken. Das weiß man, weil der Abbau von Manganknollen seit Ende der 1970er Jahre mehrfach simuliert wurde: Auch nach dreißig bis vierzig Jahren sehen die Testflächen aus wie frisch umgegraben, nach größeren Lebewesen sucht man meist vergeblich. Was in der Tiefsee zerstört wird, regeneriert sich sehr, sehr lange nicht!

Umweltschützer und Wissenschaftler auf der ganzen Welt fürchten also zu Recht um die noch nahezu unberührten und größtenteils unbekannten Ökosysteme der Tiefsee und warnen vor einem Kahlschlag. Bergbau-Unternehmen argumentieren dagegen,

Tiefseebergbau sei immer noch besser, als weiter Menschenrechtsverletzungen in Kauf zu nehmen. Es stimmt: Die Gewinne aus dem bisherigen Abbau, der meist in afrikanischen Ländern liegt, werden in der Regel ungerecht verteilt. Sie landen in den Taschen korrupter Eliten oder auf den Auslandskonten mächtiger Konzerne. Den Menschen in den Abbauregionen bleiben verschmutzte Gewässer, verseuchte Böden, Erkrankungen, Enteignung ohne ausreichende Entschädigung oder Vertreibung. Nicht selten arbeiten sogar Kinder in den Minen. Der stetig steigende Rohstoffhunger der industrialisierten Länder hat hier schlimme Auswirkungen. Im ersten Moment mag sich da Tiefseebergbau durchaus als das geringere Übel anfühlen, aber auf den zweiten Blick lauert hier eine große Gefahr für die marine Flora und Fauna. Wir wissen nicht, wie genau er sich langfristig auswirken wird, einfach, weil er noch zu wenig erforscht ist. Eines sollten wir aber eigentlich inzwischen gelernt haben: Intakte Ökosysteme zu zerstören ist nie eine gute Idee und hat mittel- und langfristig auch negative Folgen für uns Menschen. Moortrockenlegung, Mangrovenwaldabholzung, Deichbau, Flussbegradigungen: Es gibt so viele Beispiele, aus denen wir unsere Lehren ziehen können. Wir sind es künftigen Generationen schuldig, genau abzuwägen und die potenziellen Folgen zu verstehen, bevor wir in diesen unberührten Gebieten unsere Spuren hinterlassen.

Den Bergbau ins Meer zu verlegen, macht seine negativen ökologischen und sozialen Folgen zwar weniger direkt sichtbar. Aber der Ansatz bleibt von Grund auf falsch: Wir denken wieder einmal nur daran, wie wir noch mehr Rohstoffe gewinnen können, statt zu überlegen, wie wir verantwortlicher mit den vorhandenen umgehen können. Dabei gibt es einen Weg: die materielle Kreislaufwirtschaft. Und dafür könnten auch und gerade wir Verbraucher einiges tun: Allein durch unser Konsumverhalten können wir zeigen, dass wir nicht alle zwei, drei Jahre ein neues Smartphone brauchen. Die Deutsche Umwelthilfe geht davon aus, dass 124 Millionen Handys ungenutzt in deutschen Schubladen liegen. Darin enthalten sind 2,9 Tonnen Gold, 30 Tonnen Silber und 1100 Tonnen Kupfer, die recycelt werden könnten. Viele Verbände sammeln alte Smartphones und sorgen dafür, dass sie repariert und wiederverkauft werden. Die Erlöse gehen dann an Umweltprojekte. Mit Schutzhüllen, Displayfolien oder wasserdichten Taschen kann man außerdem Schäden vorbeugen; defekte Geräte lassen sich oft reparieren. Geht das nicht, kann man auch ein gebrauchtes Gerät kaufen.

Und auch beim Kauf anderer elektronischer Geräte können wir mit Bedacht vorgehen. Bei neuen Geräten zeigt der Blaue Engel oder das Umweltzeichen EPEAT vergleichsweise umweltschonende Produkte an. Schmeißen wir weniger weg und wird mehr wiederverwertet, sinkt automatisch der Bedarf an neuen Rohstoffquellen.

Eine fitte Natur gegen
die Krise

Auch Gebiete, die schon jetzt und in Zukunft besonders betroffen sein werden von der Klimakrise, müssen unter besonderen Schutz gestellt werden: die Polarregionen. Sie müssen als Rückzugsraum für Kälte, kälteliebende Arten anerkannt werden. Noch schützen sich die polaren Meere ganz gut selbst. Die meiste Zeit des Jahres herrscht klirrende Kälte und die dazukommenden peitschenden Stürme verhindern bisher, dass riesige Transportschiffe und Fischfangflotten zu weit vordringen und das fast unberührte Ökosystem stören könnten. Aber das ändert sich gerade – zum einen werden die Fischfangflotten immer moderner, und zum anderen wird es wärmer. Der starke Temperaturanstieg trägt dazu bei, dass im Sommer künftig große Flächen eisfrei sein werden und den Fischern ermöglichen, problemlos ihre Netze in den neuen Gefilden auszuwerfen. Kürzere Fahrtrouten werden sich ergeben, der Schiffsverkehr zunehmen, und damit wird das Risiko für schwere Havarien mit Millionen Litern austretendem Schweröl steigen. Genau diesen Stress können die dort lebenden Tiere bei ihrem Überlebenskampf mit den steigenden Temperaturen nicht gebrauchen. In dem feindlich anmutenden Gebiet aus Eis und Schnee leben immerhin um die 14 000 verschiedene Tierarten. Meeresbiologen vergleichen die Artenvielfalt der antarktischen Randmeere mit der von tropischen Riffen. Alleine zehntausende Kaiserpinguin-Paare und etwa eine Million Paare der kleineren Adeliepinguine brüten hier. Dazu gesellen sich zahlreiche Sturmvögel und Raubmöwen.

Das kalte, nährstoffreiche Wasser ist für zahlreiche Meeressäuger ein Schlaraffenland. Neben Robben sind dort Blauwale, Buckelwale und Orcas unterwegs. Außerdem tummeln sich hier erstaunliche Wesen wie die Eisfische, die mit Frostschutz-Proteinen ein Gefrieren ihres Blutes verhindern. 2007 haben Fischer aus Neuseeland sogar einen Koloss-Kalmar aus den eisigen Tiefen gezogen, der fast 500 Kilogramm wog.

Seine Augen waren mit 27 Zentimetern Durchmesser die größten, die Biologen bisher entdeckt haben.

Nun gibt es eine gute und eine schlechte Nachricht für die südlichste Region der Welt: 2016 wurde auf der einen Seite des Poles, im Rossmeer, ein Schutzgebiet festgelegt, in dem all diese eindrucksvollen Polarbewohner fast ungestört leben dürfen. Mit 1,55 Millionen Quadratkilometern ist das Rossmeer so groß wie Deutschland, Frankreich und Spanien zusammen. Auf mehr als 70 Prozent der Fläche des Schutzgebietes werden Fischer in den nächsten 35 Jahren gar nichts mehr aus dem Wasser holen dürfen. Es hat lange gedauert, bis die 24 Mitgliedsländer der Kommission zur Erhaltung der lebenden Meeresschätze der Antarktis, kurz CCAMLR (gesprochen: Kamlar), den Plänen zugestimmt haben.

Doch auf diesen Durchbruch folgte eine Enttäuschung: Das Weddell-Meer, ein Randmeer auf der anderen Seite des Südpols, mit 2,2 Millionen Quadratkilometern noch größer als das Rossmeer, hatte nicht so viel Glück. Die Pläne, es zum Schutzgebiet zu deklarieren, sind seit Herbst 2018 mehrfach gescheitert, weil Russland, China und zu Beginn auch Norwegen ihr Veto einlegten. Sie stellten die eigenen Fischereiinteressen über die des Schutzes. Den antarktischen Seehecht, einen Raubfisch, der bis zu zwei Meter groß werden kann, und die reichen Vorkommen des Krills wollten diese Länder nicht aufgeben. Dabei hat sich selbst der internationale Verband der Krillfischer für das Schutzgebiet ausgesprochen und bereits einen freiwilligen permanenten Fangstopp verfügt. In den weiter nördlich gelegenen, eisfreien Gebieten geht die Jagd auf Krill jedoch weiter, um daraus Fischfutter für Aquakulturanlagen und für Nahrungsergänzungsmittel wie Omega-3-Ölprodukte herzustellen. Im Herbst 2021 geht es in die nächste Verhandlungsrunde und die Hoffnung ist groß, dass endlich auch Russland und China der Einrichtung des größten Schutzgebiets der Welt zustimmen.

Der kurzfristige Profit Einzelner steht wieder einmal über einem langfristigen Schutz, der am Ende allen zugutekommt. So sind die Einflüsse des Menschen sogar in den Polregionen feststellbar – wie fast überall. Es gibt kaum noch unberührte Natur. Ein Forscherteam hat 2018 die Zahl 13,2 Prozent in den Raum geworfen – so viel marine Wildnis würde nach den Berechnungen der Wissenschaftler weltweit noch existieren.[93] Und das auch nur, wenn man die beginnende Versauerung und Erhitzung der Meere außen vor ließe. Die Zeit für den Schutz der Meere wird also knapp. Es geht jetzt darum, zu retten, was noch zu retten ist.

Das Meer erholt sich – am liebsten ohne uns

Das Faszinierende: In den meisten Fällen verlieren Ökosysteme ihre Regenerationsfähigkeit nicht ganz und erholen sich, wenn die Quelle der Belastung abgestellt wird. Die Heilkraft der Natur ist immens, sobald sie Raum und Zeit bekommt. Ein Beispiel dafür, wenn auch ein makabres, ist das Bikini-Atoll. Was den dort lebenden Menschen, aber auch der Natur angetan worden ist, als zwischen 1946 und 1954 über 20 Atombomben in dem Areal getestet wurden, ist unsagbar brutal und furchtbar gewesen. Die Bewohner wurden zwangsumquartiert, mehrere Inseln und alles, was sich im umliegenden Meer befand, wurde komplett pulverisiert. Und doch: Das Leben unter Wasser ist wieder zurückgekehrt. Wissenschaftler, die 2017 erstmalig auf einer Tauchexpedition in dem Gebiet waren, waren baff angesichts der blühenden Unterwasserlandschaft, die sie vorfanden: riesige Korallen, Krabben, Schildkröten, Thunfische, Haie in allen Variationen – nicht mutiert, sondern augenscheinlich gesund. Zur Genesung hat ganz eindeutig die Tatsache beigetragen, dass sich der Mensch 70 Jahre lang völlig aus dieser Gegend zurückgezogen hatte. Niemand konnte oder wollte dort fischen – und so kehrte das Leben zurück.

Ein weiteres Beispiel, welche Auswirkungen es hat, wenn der Mensch seinen Einfluss geringhält, ist die Corona-Pandemie. Angesichts von weniger Flügen, Abgasen und tourismusbedingten Abfällen verbesserten sich an einigen Orten der Welt Luftmesswerte und Wasserqualität. Unser Rückzug in die Isolation zeigte, wie extrem der Mensch auf seine Umwelt einwirkt. Und wie schnell sich die Natur erholt, wenn er das nicht tut. Höchstwahrscheinlich sind das aber kurzfristige Effekte. Durch die Konjunkturpakete zur Ankurbelung der Wirtschaft werden sich die negativen Einflüsse auf die Umwelt wieder verstärken. Aber wir können aus dem Wissen lernen. Wenn wir Lebensräume und Tiere schützen, Umweltverschmutzungen und die Emissionen senken, würde die Widerstandskraft der Meere wiederhergestellt – und schon in 30 Jahren, so ein Forscherteam um den von mir geschätzten Wissenschaftler und Meeresbiologen Callum Roberts, könnten sich die Ozeane wieder regenerieren.[94] Ist das nicht eine verheißungsvolle Nachricht?

Wie viele von uns nutzen das Meer, um sich zu erholen, Urlaub zu machen vom eigenen Stress oder zu relaxen, wenn der Alltag turbulent ist? Gönnen wir ihm also im Gegenzug ebenfalls Zeit und Orte, an denen es sich von uns erholen kann.

**«Alles, was gegen die Natur ist,
hat auf die Dauer keinen Bestand.»**

Charles Darwin
(Naturforscher)

Abschluss

Der Mensch braucht die Natur mehr, als sie ihn braucht. Wie wir ein Umdenken erreichen und gemeinsam für eine bessere Umwelt handeln.

Umweltkrise, Klimakrise, Artenkrise, Meereskrise – bei vielen hat sich das Gefühl festgesetzt, dass eine Krise auf die nächste folgt. Wenn ich Freunden von all dem erzähle, was ich auch in diesem Buch niedergeschrieben habe, ähneln sich die Reaktionen stets: Schweigen macht sich breit, die Betroffenheit ist bei allen spürbar. Dann folgen Sätze wie: «Alles ganz schön schlimm», «Das wusste ich so gar nicht» oder «Was ist eigentlich überhaupt noch in Ordnung?» Es sind Beklemmung und Angst, die da in uns hochkommen. Diffus, unbewusst oder auch ganz eindeutig.

Angst ist aber kein guter Berater, vor allem, wenn es um unsere Existenz geht, die durch all diese Krisen bedroht ist. Denn auf Angst reagieren wir mit Abschottung, Ignoranz, Ohnmacht, Resignation – und fragen schulterzuckend: «Was kann ich alleine schon ausrichten?»

Aber auch die, die etwas tun wollen, ertappen sich im Alltag dabei, den Einkaufswagen doch wieder mit in Plastik verpackter Ware zu füllen oder sehnsüchtig den nächsten Mittelmeerurlaub zu planen.

Viele kennen das Gefühl, das Richtige tun zu wollen, aber aus lauter Überforderung in alte und bequeme Strukturen zurückzufallen. Es ist zugegebenermaßen schwierig und auch mit Verzicht verbunden, den eigenen ökologischen Fußabdruck auf diesem Planeten möglichst klein

ABSCHLUSS

zu halten. Manchmal schließt es einen von den Dingen aus, die die Allgemeinheit als Genuss, Spaß, Entspannung definiert. Für den einen ist das, Fleisch zu grillen oder gedankenlos mit dem Auto durch die Gegend zu cruisen, für den anderen eine Party mit Wegwerfgeschirr und Luftballons zu schmeißen oder Speedboat zu fahren.

Wir wissen so viel wie nie zuvor über die Klimakrise und deren Folgen, aber wir tun trotzdem nicht genug. Die Mehrheit der Menschen verhält sich paradox. 2019 war beispielsweise das Jahr, in dem in Deutschland so intensiv über das Klima debattiert wurde wie nie, aber gleichzeitig mehr SUVs verkauft wurden und mehr geflogen wurde denn je.

Dieses Verhalten ist, wenn wir ehrlich sind, nichts Neues: Schon im Jahr 1972 hatte der «Club of Rome», ein gemeinnütziger Verband, in dem Persönlichkeiten aus Politik, Wissenschaft, Kultur und Wirtschaft zusammenarbeiten, gewarnt, dass die eingeschlagene Richtung der Weltwirtschaft nicht mit den Rohstoffvorräten der Erde kompatibel ist und dem globalen Wirtschaftswachstum natürliche Grenzen gesetzt sind. Die Ökonomen forderten in dem Bericht «Grenzen des Wachstums» dringend zu einem nachhaltigen Umgang mit den Ressourcen auf. Dafür wurde der «Club of Rome» mit dem Friedensnobelpreis ausgezeichnet, und der Bericht verkaufte sich millionenfach.

Seither sind fast 50 Jahre vergangen, doch allein auf die Meere bezogen ist die Liste der Belastungen seitdem nicht gesunken, sondern gestiegen: Überfischung, ungewollter Beifang, Plastikmüll, Gifte, Munition, Öl- und Gasförderung, Tiefseebergbau, (Kreuz-)Schifffahrt, Sand- und Kiesabbau, Salzgewinnung, Nährstoffeinträge aus der Landwirtschaft, Tourismus, Offshore-Windkraft, die Klimakrise mit ihren Auswirkungen wie Anstieg der Meeresspiegel, Überflutungen, Versauerung der Ozeane ... – aufhören, bitte!

Überall scheint etwas im Argen zu liegen – es ist die Summe aller Dinge, die unsere Lebensgrundlage bedroht und die uns schlichtweg lähmt.

So weiterzumachen wie bisher ist keine Option, das sollte bei der Lektüre dieses Buches klar geworden sein. Leider ist das Thema aufgrund der Corona-Pandemie komplett in den Hintergrund gerückt.

Aber es bleibt dabei: Die Menschheit hat eine Naturkrise zu bewältigen, die uns den Weg in die Zukunft versperrt und ohne deren Bewältigung es kein Weiterkommen für uns geben wird. Wir können es uns einfach nicht mehr leisten, so sorglos und verschwenderisch mit unseren natürlichen Ressourcen umzugehen.

Das Gute ist: Noch können wir die Krise aufhalten. Die immense Selbsterhaltungskraft der Natur verzeiht uns vieles. Sie kann sich regenerieren – wenn wir sie lassen, und zum Beispiel Schutzzonen einrichten. Das haben wir im vorangegangenen Kapitel gelesen.

Und darüber hinaus?

Hilfreich wäre es, unser Verhältnis zur Natur zu überdenken. Vergegenwärtigen wir uns trotz unserer biologischen und kulturellen Evolution, dass wir noch immer ein Teil von ihr sind – und es auch bleiben werden. Bisher hat der Mensch die Natur gänzlich in Besitz genommen, ohne sie jedoch vollständig zu begreifen. Seit Anbeginn des industriellen Fortschritts haben wir die Natur Schritt für Schritt an den Rand gedrängt. Das stetige Streben nach mehr Profit, mehr Wachstum und der damit einhergehende Über-Konsum hatten negative Auswirkungen: Seit Jahrzehnten gehen Wirtschaftswachstum und Umweltbelastung Hand in Hand.

Die Natur ist aber nicht nur bloße Lieferantin von Rohstoffen, sie hält uns am Leben. Wir brauchen sie – im Gegensatz zur Natur, die problemlos ohne uns zivilisierte Menschen auskäme. Bäume, Wasser, Tiere: Sie brauchen uns nicht.

Manche Menschen mögen von sich behaupten, dass sie ohne die natürliche Umgebung von Wäldern, Parks oder Bäumen existieren könnten. Manch einer würde sagen, dass es ihn zufriedener macht, nah an der Autobahn zu leben, um schnell von A nach B kommen zu können, anstatt von Natur umgeben zu sein. Aber: Jeder Mensch muss atmen, trinken und essen – und das in einer bestimmten Qualität. Wir sind auch nicht besonders anpassungsfähig, wenn es um die Außentemperatur geht. Bei dauerhaften 40 Grad Außentemperatur wird es ganz schön ungemütlich für unseren Kreislauf. Wir sind angewiesen auf die Serviceleistungen der Natur.

Die Vizepräsidentin des Umweltbundesamts, Dr. Franziska Kersten, hat im Zusammenhang mit dem Lockdown im Frühjahr 2020 in einem Interview gesagt, die Natur habe in dieser Zeit einen neuen Stellenwert bekommen. Die Menschen konnten während der Pandemie nicht viel machen, nicht ins Restaurant oder Kino oder auf den Spielplatz gehen. Was uns blieb, war, raus in die Natur zu gehen. Man sah Menschen auf jeder verfügbaren Grünfläche, wie sie spielten, lachten, lasen, spazieren gingen. Wie hätte es ausgesehen, wenn wir diese Möglichkeiten nicht gehabt hätten?

Das Bewusstsein, dass wir ein Teil der Natur sind, bringt eine Verantwortung mit sich: Es ist möglich, sich schlau zu machen, was der Umwelt schadet, es ist möglich, alternative Wege zu gehen oder sich einzuschränken, es ist möglich, dieses Wissen mit anderen zu teilen, damit deren Naturbewusstsein ebenfalls wächst. Nutzen wir unser geistiges Potenzial und treffen wir Entscheidungen, die dabei helfen, Frieden mit der Natur zu schließen.

Ändern wir unser Verhalten, helfen wir bei der Lösung gleich mehrerer Probleme. Denn ob Artensterben, Meeresversauerung, Plastikvermüllung: Am Ende sind sie alle Teil eines einzigen großen Problems. Unser Planet ist in Gefahr, denn die meisten Belastungen und Krisen bedingen einander, weil alles mit allem zusammenhängt. Das ist keine einfache Aufgabe, die Probleme sind komplex. Aber man kann in den wissenschaftlichen Berichten nachlesen, was unternommen werden muss. Wir stehen dem Problem nicht optionslos gegenüber. Jede unserer Entscheidungen für die Natur zählt. Was wir hier essen, entscheidet über die Zukunft von Fischbeständen und die Ernährungssicherheit anderswo, genauso wie über die Zukunft des Regenwaldes oder der Mangrovenwälder. Kaufen wir bewusster ein, stoßen wir weniger CO_2 aus, verbrauchen wir weniger Energie, dann helfen wir damit auch dem Klima. Weniger Plastik bedeutet nicht nur, etwas gegen die Vermüllung zu tun, sondern auch Rohölverbrauch und CO_2 zu reduzieren und gleichzeitig das Artensterben nicht zu befördern. Wer das Auto regelmäßig stehen lässt, auch mal mit dem Zug in den Urlaub fährt,

Netzbeutel fürs Obst oder den Mehrwegbecher für den Kaffee dabeihat und häufiger auf Fleisch und Butter verzichtet, der hat mitbekommen, dass sich etwas ändern muss. Das Umdenken hat bei vielen schon begonnen – und oft genug hat das den positiven Nebeneffekt, dass wir selbst gesünder sind.

Und kurz zur Erinnerung: Wir haben auch andere Krisen in den Griff bekommen. Die Vergrößerung des Ozonlochs ist aufgehalten, ja, es hat sich sogar verkleinert. Viele Flüsse in Deutschland haben heute Badequalität, der saure Regen wurde gestoppt.

Mindestens genauso wichtig ist das Umdenken in der Industrie, initiiert durch die Politik. Wir brauchen einen demokratischen und menschenrechtsbejahenden Umweltschutz. Wirtschaft und umweltschützende Maßnahmen dürfen nicht als Gegensatz gesehen werden. Ja, wir werden nicht einfach aufhören können, die Natur zu nutzen – das ergibt sich ganz allein aus der Tatsache, dass wir die Naturressourcen zum (Über-)Leben brauchen. Aber es darf nicht mehr sein, dass, wie im Falle der Fischerei, endliche Ressourcen unendlich ausgebeutet werden. Wozu dieser Überkonsum, wenn wir das auf Kosten unserer Zukunft machen?

Ich sehe zu dem jetzigen Zeitpunkt vor allem die deutsche und europäische Politik in der Pflicht. Sie muss ein Leitbild vorgeben und demokratische Regeln und Anreize schaffen, die diese Ausbeutung in nachhaltige, kreislauffreundliche Bahnen lenkt. Von selbst kommt das nicht. Die Emissionen müssen möglichst zügig gesenkt werden, alleine um den armen Ländern, die unfairerweise am härtesten von der Klimakrise getroffen werden, zu zeigen, dass die Länder, die durch ihre kohlenstoffbasierte Ökonomie Hauptverursacher der Klimakrise sind, bereit sind, Verantwortung zu übernehmen.

Vor allem sollte die Politik klimafreundliches und nachhaltiges Verhalten belohnen und nicht wie bisher das zerstörerische, das sie auch noch subventioniert, z. B. durch die Steuerbefreiung von Treibstoffen in der Flug- und Schifffahrt oder der Fischerei, wodurch «Billig-Fliegen» oder Überfischung ja überhaupt erst möglich werden.

Es wird nicht funktionieren, vom Einzelnen zu verlangen, im Einklang mit der Natur zu leben, wenn das System, Politik und Industrie, darauf keinerlei Rücksicht nimmt. Eines haben wir in der Corona-Krise gelernt: Solidarität hilft. Es ist gut, wenn Menschen gemeinsam an einem Strang ziehen.

Damit die Politik sich aber so verhält, braucht sie uns. Umweltschutz lässt sich vor allem dann erreichen, wenn Menschen selbst aktiv werden, wenn sie die Missstände nicht mehr ignorieren, wenn sie hinsehen, wenn sie den Mund aufmachen. Eine gut informierte Öffentlichkeit kann den nötigen Druck ausüben, um politische Änderungen zu bewirken. Nur so können wir den Beweis führen, dass Wohlstand, Schutz der Biodiversität und Klimaschutz vereinbar sind.

Wir dürfen nicht mehr darauf warten, dass alle anderen endlich mitmachen. Jeder kann und muss einen Beitrag leisten. Sobald immer mehr mitmachen, werden nicht zuletzt auch die mitgezogen, die sich vorher verweigert haben.

«Wenn wir die Meere retten, retten wir die Welt» ist als Titel dieses Buches mit Bedacht gewählt: Denn auch wenn sie für die meisten gefühlt weit weg sein mögen, sind wir abhängig von gesunden Ozeanen: Jeder zweite Atemzug, den wir tun, stammt aus der Sauerstoffproduktion der Meere. Sie sind von großer Bedeutung für unsere Ernährungssicherung. Sie kühlen unseren Planeten und puffern viele CO_2-Sünden ab. Wir Menschen brauchen die Meere. Wie wir mit ihnen umgehen, ist von großer Bedeutung für unsere eigene Existenz. Der Mensch muss sich ändern, oder er wird geändert werden. Es hängt an uns, an den Beiträgen von 7,7 Milliarden Menschen auf der Erde, ob wir die Meere retten. Noch haben wir eine Chance, ergreifen wir sie!

Retten wir all die faszinierenden Lebewesen, wie den Schweinswal, den Blauwal, den Vaquita, den Granatbarsch, die Haie, die Schildkröten, den Krill, die Mangroven, die herrlichen Korallenriffe. Retten wir unseren Sehnsuchtsort, die Ozeane, die so wild, gigantisch und geheimnisvoll sind und die unser aller Leben bedeuten.

Retten wir also uns selbst.

Anhang

Danksagung

Wo fängt man an, wenn man sich bedanken will? Es gibt so viele Menschen, denen ich dankbar bin, für das Stück Weg, das wir gemeinsam gegangen sind, für ihre Ehrlichkeit, für ihre klugen Gedanken, für ihren Humor, dafür, dass sie für mich da gewesen sind, für ihre Geduld mit mir, ihren Zuspruch und ihre Kritik. Die Liste ist lang und das Risiko, jemanden zu vergessen, hoch.

Aber es geht ja um dieses Buch und nicht um mein ganzes Leben. Um also mutig anzufangen, gilt mein allererster Dank Janina Jetten, meiner Co-Autorin, die einen großartigen Job gemacht hat. Ihr ist es zu verdanken, dass aus meinem Wissen, meinen Erfahrungen und Gedanken ein Buch geworden ist, denn ich bin ja Umweltschützerin und keine Schriftstellerin. Die vielen frühen und späten Stunden, in denen wir zusammen hart gearbeitet haben, habe ich sehr genossen. Krankheit und Corona haben wir getrotzt, das war eine lehrreiche und intensive Zeit.

Dann danke ich natürlich meinen Literaturagenten Peter Käfferlein und Olaf Köhne, vor allem für ihren unerschütterlichen Glauben daran, dass dieses Buch geschrieben werden sollte.

Julia Vorrath und Antje Röttgers, unseren Lektorinnen, gilt mein Dank für die gute kritische Begleitung und den letzten Schliff.

Meinen beiden WWF-Kolleginnen Ina Grandinetti und Claudia Nir ist es zu verdanken, dass in der richtigen Form und in guter Auflösung Bilder ihren Weg ins Buch gefunden haben.

An den Themen, über die ich hier erzähle, arbeiten viele kluge Menschen, davon angetrieben, positive Veränderungen für Meere und Menschen zu bewirken – ich bin sehr dankbar für meine großartigen

Kolleginnen und Kollegen beim WWF und dafür, ein Teil dieses Teams zu sein.

Und natürlich danke ich meinem Mann, der immer mein Buddy geblieben ist, auf den ich mich blind auch im Leben verlassen kann; meinen Töchtern dafür, dass sie die Dinge hinterfragen und Bequemlichkeiten nicht gelten lassen wollen, wenn es um die Zukunft geht, und meinen Eltern und meiner Schwester für ihren Glauben an mich.

Ich kann es mir nicht verkneifen, angesichts der bewegten Zeit, in der wir uns gerade befinden, C. F. Kettering zu zitieren:

«Niemand hätte jemals den Ozean überquert, wenn er die Möglichkeit gehabt hätte, bei Sturm das Schiff zu verlassen.»

Quellen

Alle Online-Quellen wurden, sofern nicht anders vermerkt, zuletzt abgerufen am 17. September 2020.

1   Marc Röhling, Wie Sprache unser Denken über die Zukunft verändert (2019); www.bento. de/nachhaltigkeit/klimawandel-wie-framing-den-blick-auf-die-klimakrise-veraendert-a-01b18d55-d2a9–4b14-a276-dce86c7ad75a.
2   International Whaling Commission, Whales-Population Status (2020); https://iwc.int/status (zuletzt abgerufen 19. September 2020).
3   Elmar Ballstedt, Plastikmüll in Seevogelnestern: Systematische Analyse der Herkunft und Auswirkungen auf Brutpopulationen in der Deutschen Bucht. Eine Kooperation von GEO, Greenpeace, Verein Jordsand e. V. und dem Institut für Vogelforschung «Vogelwarte Helgoland» (o. J.); www.basstolpel-und-meeresmull.de/deutsch/ueber-das-projekt/.
4   Dr. Volker Dierschke, Bruterfolg von Eissturmvogel, Basstölpel und Dreizehenmöwe im Jahr 2019 auf Helgoland (2019); www.ftz.uni-kiel.de/de/forschungsabteilungen/ecolab-oekologie-mariner-tiere/laufende-projekte/montrack/berichte/bruterfolg_helgoland_2019.
5   Umweltbundesamt. Indikator: Kunststoffmüll in der Nordsee (2019); www.umwelt bundesamt.de/indikator-plastikmuell-in-der-nordsee.
6   WWF (Hrsg.), Plastik – Gefahr in unseren Meeren (o. J.); https://www.wwf.de/fileadmin/user_upload/WWF-Flyer-Plastikmuell-im-Meer__1_.PDF.
7   David Hambling, Huge amounts of abandoned fishing gear litter the world's oceans (2019); www.newscientist.com/article/2222516-huge-amounts-of-abandoned-fishing-gear-litter-the-worlds-oceans/#ixzz6EErp5lb6.
8   ICES Fisheries Overview: Baltic Sea Ecoregion – Fisheries Overview (2019); www.ices.dk/sites/pub/Publication%20Reports/Advice/2019/2019/BalticSeaEcoregion_FisheriesOverviews.pdf.
9   www.wwf.de/themen-projekte/meere-kuesten/plastik/geisternetze/
10 BUND, Heinrich-Böll-Stiftung (Hrsg.), Plastikatlas (2019); www.bund.net/fileadmin/user_upload_bund/publikationen/chemie/chemie_plastikatlas_2019.pdf (abgerufen am 14. September 2020).
11 Kurt Schüler, Umweltbundesamt. Aufkommen und Verwertung von Verpackungsabfällen in Deutschland im Jahr 2018 (2020); www.umweltbundesamt.de/publikationen/aufkommen-verwertung-von-verpackungsabfaellen-in-13.

12 RaboDirect Deutschland (Hrsg.), Männer greifen häufiger zu Einwegprodukten, Forsa-Studie zum Verpackungskonsum (2019); www.rabodirect.de/ueber-uns/neuigkeiten/2019/einwegverpackungen.

13 Deutsche Umwelthilfe, Problem Kaffeebecher (2019); www.duh.de/becherheld-problem/#:~:text=F%C3%BCr%20die%20Herstellung%20der%20j%C3%A4hrlich,%C3%B6ffentliche%20Pl%C3%A4tze%20und%20die%20Natur.

14 Laurent C. M. Lebreton et al., River plastic emissions to the world's oceans, Nature Commun 8, 15611 (2017), www.nature.com/articles/ncomms15611/tables/1.

15 Massentourismus gefährdet Ökosystem (2020); www.wwf.de/themen-projekte/fluesse-seen/wasserverbrauch/wasserkrise-mittelmeer.

16 Ellen MacArthur Foundation, The New Plastics Economy: Rethinking the future of plastics & catalysing action» (2017); www.ellenmacarthurfoundation.org/publications/the-new-plastics-economy-rethinking-the-future-of-plastics-catalysing-action.

17 Gesellschaft für Verpackungsmarktforschung (2018); http://kunststofftragetasche.info/wordpress/daten-erhebungen/.

18 Jürgen Bertlin et al., Studie Mikroplastik und synthetische Polymere in Kosmetikprodukten sowie Wasch-, Putz- und Reinigungsmitteln (2018); https://www.umsicht.fraunhofer.de/content/dam/umsicht/de/dokumente/publikationen/2018/umsicht-studie-mikroplastik-in-kosmetik.pdf.

19 BUND, Heinrich-Böll-Stiftung (Hrsg.), Plastikatlas (2019); www.boell.de/de/plastikatlas.

20 Gernot Kramper, Mikroplastik – wie die Industrie mit Rohplastik die Meere verseucht (2019); www.stern.de/digital/technik/mikroplastik—wie-die-industrie-mit-rohplastik-die-meere-verseucht-8911624.html.

21 Lucian Haas, Plastikmüll als Giftsammler (2013), www.deutschlandfunk.de/plastikmuell-als-giftsammler.676.de.html?dram:article_id=237808.

22 Christliche Initiative Romeo, Fast Fashion. Desaster für Mensch und Umwelt (2019); www.ci-romero.de/kritischer-konsum/produkte/kleidung/fast-fashion/.

23 Ellen MacArthur Foundation, A new textiles economy: Redesigning fashion's future (2017); https://www.ellenmacarthurfoundation.org/assets/downloads/A-New-Textiles-Economy_Full-Report_Updated_1-12-17 pdf.

24 Ellen MacArthur Foundation (2019); www.ellenmacarthurfoundation.org/assets/downloads/Completing_The_Picture_How_The_Circular_Economy-_Tackles_Climate_Change_V3_26_September.pdf.

25 Insa Wrede, Der Altkleider-Wahnsinn: Mit Spenden Schlechtes tun (2018); www.dw.com/de/der-altkleider-wahnsinn-mit-spenden-schlechtes-tun/a-46450796.

26 Peter Carstens, Schutz für Wale. Wir ignorieren die wissenschaftlichen Fakten (2013); www.geo.de/natur/oekologie/11562-bstr-wir-ignorieren-die-wissenschaftlichen-fakten.

27 Ungewollter Beifang (2018); https://www.wwf.de/themen-projekte/meere-kuesten/fischerei/ungewollter-beifang.

28 New Economics Foundation, Fish Dependence 2018 update (2018); https://neweconomics.org/uploads/files/NEF_FISH-DEPENDENCE-18_DIGITAL.pdf.

29 European Commision, The EU fish market – 2016 edition (2016); ec.europa.eu/fisheries/eu-fish-market-2016-edition_en.

30 Food and Agriculture Organization of the Unites Nations, SOFIA Report (2020); www.fao. org/state-of-fisheries-aquaculture.

31 Boris Worm, Ransom A. Myers, Meta-Analysis of Cod-Shrimp Interactions Reveals Top-Down Control in Oceanic Food Webs, Ecology Vol. 84, No. 1/2003.

32 Government of Canada, Canadian Environmental Sustainability Indicators, Status of major fish stocks (2018); www.canada.ca/en/environment-climate-change/services/ environmental-indicators/status-major-fish-stocks.html.

33 United Nations, UN Sustainable Development Goals, Goal 14: Conserve and sustainably use the oceans, seas and marine resources (o. J.), www.un.org/sustainabledevelopment/ oceans/.

34 National Oceanic and Atmospheric Administration Fisheries, To manage global trawling impact, think local (2020); www.fisheries.noaa.gov/feature-story/manage-global-trawling-impact-think-local.

35 Kaltwasserkorallen im Nordmeer, Überlebenskünstler in der Tiefe (2005); www.scinexx. de/dossierartikel/kaltwasserkorallen-im-nordmeer/.

36 WWF (Hrsg.), Artenportrait Kaltwasserkorallen (o. J.); https://mobil.wwf.de/fileadmin/ fm-wwf/Publikationen-PDF/WWF-Arten-Portraet-Kaltwasserkorallen.pdf.

37 Inselhelden. Die Wal-Retter von Campobello Island (Arte-Dokumentation 2020); https:// programm.ard.de/TV/arte/inselhelden/eid_287242425623425.

38 Food and Agriculture Organization of the Unites Nations (FAO) (Hrsg.), SOFIA Report (2020); www.fao.org/state-of-fisheries-aquaculture.

39 Heinrich-Böll-Stiftung, Aquakultur: Hoffnung aus der Fischfarm? (2017); www.boell.de/ de/2017/05/10/aquakultur-hoffnung-aus-der-fischfarm.

40 FAO, Microplastics in fisheries and aquaculture (2017); www.fao.org/3/a-i7677e.pdf.

41 FAO, Growing momentum to close the net on illegal fishing (2018); www.fao.org/news/ story/en/item/1137863/icode/#:~:text=IUU%20fishing%20is%20estimated%20to, came%20into%20force%20in%202016.

42 Environmental Justice Foundation, Sklaverei auf See (o. J.); https://ejfoundation.org/de/ was-wir-tun/ozeane/sklaverei-auf-see.

43 Magdalena Hamm, Blauwale nehmen den Mund ziemlich voll (2010); www.spiegel.de/ wissenschaft/natur/skurrile-meeresforschung-blauwale-nehmen-den-mund-ziemlich-voll-a-733626.html.

44 Fischinformationszentrum, Marktanteile 2020, https://www.fischinfo.de/index.php/ markt/92-datenfakten/5018-marktanteile-2020.

45 Enric Sala, Sylvaine Giakoumi, No-take marine reserves are the most effective protected areas in the ocean, ICES Journal of Marine Science, Volume 75, Issue 3, May-June 2018; Pages 1166–1168 (2017); https://doi.org/10.1093/icesjms/fsx059.

46 Reinhold Leinfelder, Korallenriffe – Zentren der Artenvielfalt und Evolution (2002); http:// userpage.fu-berlin.de/leinfelder/palaeo_de/edu/pdf_divers/Leinfelder_in_Hansch03. pdf.

47 Great Barrier Reef schwerer beschädigt als befürchtet (2020); www.spiegel.de/ wissenschaft/natur/great-barrier-reef-schlimmste-bleiche-in-der-geschichte-a-4d0542a6-38ee-412b-98dc-c406b8dade6b.

48 Frieler, Katja et al., Limiting global warming to 2 °C is unlikely to save most coral reefs, (2012); http://dx.doi.org/10.1038/NCLIMATE1674.

49 Prowildlife, Europäische Bürgerinitiative gegen Finning und Handel (2020); https://www.prowildlife.de/aktionen/kein-handel-mit-haiflossen-in-der-eu/#:~:text=Europ%C3%A4ische%20B%C3%BCrgerinitiative%20gegen%20Finning%20und, allem%20in%20Asien%20begehrt%20sind.

50 Ulrich Karlowski, Haie: Gejagte Jäger (2016); www.stiftung-meeresschutz.org/themen/artenschutz/haie-gejagte-jaeger/.

51 Gerardo Ceballos et al., Proceedings of the National Academy of Sciences (2020); doi: 10.1073/pnas.1922686117.

52 Ozeane so warm wie nie seit Beginn der Erfassung; www.sueddeutsche.de/wissen/klimawandel-ozeane-1.4755901.

53 Cheng, L., et al., Record-setting ocean warmth continued in 2019 (2020); https://doi.org/10.1007/s00376-020-9283-7.

54 Heidi Keller, Wärmere Meere – weniger Fisch und Getreide (2016); www.swr.de/swraktuell/klimawandel-beeinflusst-ernaehrung-waermere-meere-weniger-fisch-und-getreide/-/id=396/did=18085150/nid=396/1g26ean/index.html.

55 Oceans losing oxygen at unprecedented rate, experts warn (2019); www.theguardian.com/environment/2019/dec/07/oceans-losing-oxygen-at-unprecedented-rate-experts-warn.

56 BIOACID – Biologische Auswirkungen von Ozeanversauerung (o. J.); www.oceanacidification.de/.

57 Antarctic temperature rises above 20 C for first time on record (2020); www.theguardian.com/world/2020/feb/13/antarctic-temperature-rises-above-20c-first-time-record.

58 John Lang (Illustrator), special report on the ocean and cryosphere in a changing climate as one page graphic (2020), https://eciu.net/analysis/infographics/ipcc-srocc.

59 Ebd.

60 Ist nicht Wasserdampf statt CO_2 das wichtigste Treibhausgas? (2013); www.umweltbundesamt.de/service/uba-fragen/ist-nicht-wasserdampf-statt-co2-das-wichtigste.

61 E. G. Nisbet et al., Very strong atmospheric methane growth in the 4 years 2014–2017: Implications for the Paris Agreement (2019); https://doi.org/10.1029/2018GB006009.

62 Prof. Dr. Mojib Latif et al., Zukunft der Golfstromzirkulation; hrsg vom Deutschen Klima-Konsortium e. V. und dem Konsortium Deutsche Meeresforschung (2017); www.cen.uni-hamburg.de/about-cen/documents/zukunft-der-golfstromzirkulation.pdf.

63 Joachim Wille, Wer hat am Golfstrom gedreht? (2018); www.klimaretter.info/meinungen/kolumnen/kolumne-wille/24484-wer-hat-am-golfstrom-gedreht.

64 Volker Mrasek, Waldbrand-Risiko steigt mit jedem Grad Celsius (2020); www.deutschlandfunk.de/klimawandel-waldbrand-risiko-steigt-mit-jedem-grad-celsius.676.de.html?dram:article_id=467969.

65 Axel Wagner, Katharina Bueß, Gletscherschmelze (2019); www.planet-wissen.de/natur/klima/gletscher/gletscherschmelze-100.html.

66 Global warming of 1,5 °C (o. J.); www.ipcc.ch/sr15/.

67 Victoria Chomo, Cassandra deYoung, Towards sustainable fisheries in the face of climate change (2016); www.fao.org/in-action/globefish/fishery-information/resource-detail/en/c/445812/.

68 Alex Randall, Climate refugee statistics (o. J.); http://climatemigration.org.uk/climate-refugee-statistics/.

69 Deutschland im vergangenen Jahr unter den am stärksten von Extremwetter betroffenen Staaten weltweit (2019); www.germanwatch.org/de/17330.

70 Dr. Michael Bilharz, Klimaneutral leben – Persönliche CO_2-Bilanz im Blick (Interview) (2019); www.umweltbundesamt.de/klimaneutral-leben-persoenliche-co2-bilanz-im-blick.

71 Laura Cozzi, Apostolos Petropoulos, Growing preference for SUVs challenges emissions reductions in passenger car market (2019); www.iea.org/commentaries/growing-preference-for-suvs-challenges-emissions-reductions-in-passenger-car-market.

72 Radverkehr (2019); www.umweltbundesamt.de/themen/verkehr-laerm/nachhaltige-mobilitaet/radverkehr#gtgt-umweltfreundlich-und-klimaschonend.

73 Steffen Noleppa, Klimawandel auf dem Teller, Studie hrsg. vom WWF (2012); www.wwf.de/fileadmin/user_upload/Klimawandel_auf_dem_Teller.pdf.

74 The price of fast fashion. Nature Clim. Change 8, 1 (2018); https://doi.org/10.1038/s41558-017-0058-9.

75 Umweltbewusstseinsstudie 2018: Bevölkerung erwartet mehr Umwelt- und Klimaschutz von allen Akteuren (Pressemeldung des BMU) (2019); www.bmu.de/pressemitteilung/umweltbewusstseinsstudie-2018-bevoelkerung-erwartet-mehr-umwelt-und-klimaschutz-von-allen-akteuren0/.

76 Stiftung Warentest (Hrsg.), Kreuzfahrt. So klappt es mit der Traumreise (2018); www.test.de/Kreuzfahrt-So-klappt-es-mit-der-Traumreise-5138504-5416858/.

77 Zeitreise: AKW im Wattenmeer (2014); www.ndr.de/fernsehen/sendungen/schleswig-holstein_magazin/zeitreise/Zeitreise-AKW-im-Wattenmeer,zeitreise759.html.

78 Silke Ahlborn, Lebensraum Salzwiese, hrsg. vom Nationalpark Wattenmeer (2017); www.nationalpark-wattenmeer.de/sites/default/files/media/pdf/lebensraum-salzwiese-web-08-2017.pdf.

79 Birgitte Svennevig, Top 5 most efficient ecosystems for carbon storage. Where on earth can we store carbon? (2018); www.sdu.dk/en/om_sdu/fakulteterne/naturvidenskab/nyheder2018/2018_10_29_eelgrass.

80 Dem Meeresspiegelanstieg begegnen (o. J.); https://worldoceanreview.com/de/wor-5/kuesten-besser-schuetzen/meeresspiegelanstieg-begegnen/.

81 Ralf Chami et al., Nature's Solution to Climate Change (2019); www.imf.org/external/pubs/ft/fandd/2019/12/natures-solution-to-climate-change-chami.htm#:~:text=The%20carbon%20capture%20potential%20of,of%20the%20atmosphere%20for%20centuries.

82 Ebd.

83 Das Seegras ist zurück (2019); www.awi.de/im-fokus/nordsee/seegraswiesen-im-wattenmeer.html.

84 Seegraswiesen gegen den Treibhauseffekt (2019); www.bundesregierung.de/breg-de/aktuelles/klimasenker-seegras-1646036.

85 Andréane Williams, Tulum: Vom Traumstrand zum Albtraum für Natur und Umwelt (2018); www.dw.com/de/tulum-vom-traumstrand-zum-albtraum-f%C3%BCr-natur-und-umwelt/a-43232268.

86 Mangrovenwälder (2010); www.pro-regenwald.de/hg_wald/mangroven.

87 Yoshihiro Mazda et al., Hydraulic functions of mangroves in relation to tsunamis (2007); www.researchgate.net/publication/272181274_Hydraulic_functions_of_mangroves_in_relation_to_tsunamis.

88 Anke Sparmann, Mangroven: Lebenskünstler zwischen Land und Meer (2006); www.geo.de/natur/8871-rtkl-mangroven-lebenskuenstler-zwischen-land-und-meer.

89 Moore – unheimlich und unheimlich wichtig (2020); www.ndr.de/ratgeber/Klimaschutz-Moore-sind-effektive-CO2-Speicher,moore158.html.

90 Warum Moore so wichtig sind (2020); https://greifswaldmoor.de/moore.html.

91 WWF (Hrsg.), Protecting our ocean. Europe's challenges to meet the 2020 deadlines (2019); www.wwf.de/fileadmin/fm-wwf/Publikationen-PDF/WWF-Protecting-Our-Ocean.pdf.

92 Bundesministerium für Umwelt, Naturschutz und nukleare Sicherheit (Hrsg.), Die Lage der Natur in Deutschland Ergebnisse von EU-Vogelschutz- und FFH-Bericht (2020); www.bfn.de/fileadmin/BfN/natura2000/Dokumente/bericht_lage_natur_2020.pdf.

93 Kendall R. Jones et al., The Location and Protection Status of Earth's Diminishing Marine Wilderness (2018); https://doi.org/10.1016/j.cub.2018.06.010.

94 International community has a narrow window of opportunity to save marine life, scientists say (2020); www.york.ac.uk/news-and-events/news/2020/research/save-marine-life/.

Fotonachweis